国境を越える市民社会
地域に根ざす市民社会

現代政治経済学論集

八木紀一郎〔著〕

桜井書店

まえがき

　私は専門としては経済思想史および社会経済学の理論の研究者であるが，知命の歳を越え，2000年紀にはいると現代的な問題に対して発言を求められる機会が多くなった。また私自身，1990年代の半ばに自分の理論的立場を進化的な政治経済学と思い定めるようになったので，それを現実の素材と結びつけて発展させたいと考えて，いくつかの研究プロジェクトに携わるようになった。本書はそのなかで執筆・公表したもののうちいくつかを，現時点で一般読者向けの一書に編むために必要な改変をほどこしたうえで公表するものである[1]。

　以下では，本書の構成と，収録された文章のそれぞれの意図や執筆経緯や関連研究について簡略に説明するが，言うまでもなく一書の評価はそれ自体としてなされるべきである。著者としては，この「まえがき」は読み飛ばすか，後まわしにして，まず本書を拾い読みでも通読していただきたい。そのうえで興味を感じた方は，以下での背景にわたる説明を参照していただければ幸いである。なお，本書に収録された文章の執筆・公表にあたって直接・間接に関係のあった方のお名前をあげることがあるが，それは著者の謝意の表明として解していただきたい。なお，本書は系統だてて執筆したものではないが，便宜上，それぞれの論考を章として扱って順番をふっていることをお断りしておきたい。

　書名からおわかりいただけるように，本書は社会科学としての「市民社会論」を発展させることを意図している。専門領域の経済思想史や社会経済学理論の研究に

❖1……収録の方針として，純理論的な論文や自分が編者となっている本からの再録を避けているが，関連する既公表のものについては，この解説で参照を求めることとしたい。

おいても同じだが，私の研究者としての出発点は，1970年前後に学生を含む日本の社会科学研究者のあいだで活発な議論をよんだ市民社会論であった。18世紀19世紀の西欧の古典的著作家の思想を把握する枠組みとして戦時下の日本に生まれたこの市民社会論は，現在では西洋近代の理想化と結びついた規範的な偏向をもった理論であったとみなされることが多い。しかし，その頃に社会科学の研究者となった私たちにとっては（少なくとも私にとっては），それは「すべての歴史のかまど」（『ドイツ・イデオロギー』）としての「市民社会」を探求するための包括的な研究プログラムであった。

私は当時の「市民社会論」の代表者であった平田清明さんの指導を名古屋大学の大学院で受けたが，平田さんも市民社会論を時代の経験とともに発展していく思想と考えて現代の問題と結びついた探求を続けられていた。また狭義の市民社会論の外部にも，アルチュセール学派の『資本論を読む』，フランクフルト学派の批判理論，廣松渉さんの物象化論，滝村隆一さんの権力論，吉本隆明さんの共同幻想論などが清新な刺激を与えていて，私たちは「市民社会論」も，それらの新しい理論が切り開いた領域を取り込むことによって，さらに深めることができるだろうと考えていた。

本書に収録した14の論考のうち，はじめの4つは，私なりの市民社会論の立場からする世界認識と理論的な基礎にかかわる総論をなすものとしてよいだろう。

本書と同じタイトルの最初の論文を執筆・公表するきっかけになったのは，2003年に立命館大学でボブ・ジェソップを囲んでおこなわれた市民社会論シンポジウムに参加したことであった。このシンポジウムを企画したのは名古屋大学大学院で同門であった篠田武司さんであったが，それには政治学の領域で市民社会論を開拓されていた山口定さん（大阪市立大学名誉教授）を囲む立命館大学のグループも参加していた。ジェソップはマルクスの市民社会概念を忘却しているようであったし，また山口さんも市民社会の概念を世界大にまで及ぼすことに対してはためらいをみせていた。そのため，山口さんを中心にした「公共研」の現代市民社会・国家論集に寄稿を依頼されたときに，マルクスをベースにしてもグローバル市民社会を論じることができることを示そうとした。

第2の論考はその続篇とみなせるような文章であるが，やはり同門の先輩で，中

期マルクスの経済学批判の探求を示す『経済学批判要綱』(グルンドリッセとも呼ばれる)の重厚な研究を公表したあと，フランスで生まれたレギュラシオン学派のアプローチの日本への導入のリーダーとなった山田鋭夫さんの記念論文集に寄せたものである。グローバル・ガバナンスの問題を取り上げたことには，レギュラシオン学派が各国資本主義の類型比較に傾いていることに対する批判の意味も込められていた。

　第3と第4の論考では理論的な構想のスケッチが含まれるが，その背後には1990年代末における制度的政治経済学の体系化への私なりの取り組みがある。これは2000年紀にはいったあと集中力が維持できずに中断され，その一部をばらばらに公表したにとどまっている。❖3 その後深化した進化的視点をさらに精錬し，再度体系化に取り組んで別著とする余力あることを望むのみである。

　第3の論考は，当時の到達点のまとめともみなせるもので，2001年に北京香山の臥仏寺で開催された「中国制度経済学理論検討会」に招待されたとき用意した2つの原稿のうちのひとつである。1995年に鹿児島経済大学(現鹿児島国際大学)の学長在任中に亡くなられた平田先生の追悼論文として翌年に公表した論考を利用している。招待状が進化経済学会宛だったので，実際の講演では進化経済学について説明した原稿の方を用いたが，当時の中国人学者には「進化経済学」という語は奇異に思えたらしく，コメンテーターはこの名称(中国では「演化経済学」)のことばかり述べていた。

　第4の論考は，市民社会論を進化的な公共ガバナンス論として現代化することを試みたものである。これは篤志の実業家である矢崎勝彦フェリシモ会長の支援のもとに設立された京都公共哲学研究会に，「公共哲学」という呼称に若干の違和感を

　❖2……その起源は戦時下の高島善哉さんのスミス論に求められるであろうが，戦後になって大塚久雄さんの西洋経済史像をふまえた内田義彦さんの経済思想史で確立したと考えていいだろう。私が師事した平田清明さんは，それを既存社会主義の批判の基礎となりうる本来のマルクスの思想として論じたために多くの論者から批判を受けた。現代の市民社会論の評価としては，坂本達哉『ヒュームの文明社会』(創文社，1995年，371-372ページ)，植村邦彦『市民社会とはなにか──基本概念の系譜』(平凡社，2010年)を参照せよ。
　❖3……協力者とともにおこなった共同研究は，暫定的に1999年4月科学研究費補助金研究成果報告書「制度の政治経済学の体系化」にまとめた。公表論文としては，「経済的交換と社会的交換：制度経済学におけるミクロとマクロ」(『千葉大学経済研究』第25巻第3号，2010年12月)および「社会契約から承認の理論へ：断片的試論」(『経済論叢』第186巻第3号，2013年4月)の「付録：社会的承認の理論・摘要」がある。

いだきながらも数年間参加させていただいた成果である。私は「公共性」をどのように確保するかという問題を市民社会の進化とガバナンスの問題として捉え、「公共性」論、「ガバナンス」論を体制変動と結びつける図式を描こうとした。

実はこれも中国とかかわりがある。北京香山を訪ねた前年の2000年5月に、この研究会の主催者である金泰昌さんや山脇直司さん、小林正弥さん、今田高俊さんらと中国社会科学研究院との共同シンポジウムに参加している。そのときに受けたアドバイスは、「中国では〈市民社会〉という言葉よりも〈公共〉という言葉の方が受け入れられやすいので、代替可能であれば後者の方を使用するとよい」というものだった。いまでは、事態は日本と中国で逆転しているかもしれない。

5番目から11番目までの7つの論文は、私なりの現実の同時代的問題への探求の成果である。2000年を過ぎた頃に私が取り組んだのは移行経済の問題と欧州統合の問題であった。どちらも専門的研究というにはほど遠く、わずかな実地での見聞をたよりにEBRD(欧州復興開発銀行)、EU、OECDなどの公式文書を読み漁って問題像を推し量る程度の底の浅い研究にとどまっている。本格的な研究のレベルに達するには、系統的な実地調査や精密な統計分析をおこなわなければならないことは私もわかっている。それでも、私なりの現代世界像・現代市民社会論を形成することに役立ったので、その成果を本書に再録しておきたいと思った。

まず、第5、第6の論文が取り上げている移行経済の研究の方から、それに取り組んだ動機を説明しよう。もちろん私は、資本主義と社会主義が二大経済体制と言われていた時代から経済体制論に関心をもっていた。しかもベルリンの壁が崩れた1989年秋から翌春にかけて、私はドイツに滞在していて、大きな歴史的変動を実感することができた。1990年代にはいってからも、国際学会出席などの機会を利用して数回の東欧・ロシア探訪をおこなっているが、そのときはまだ関心をもった素人にすぎなかった。私が移行経済を研究対象にしたのは、1990年代の後半から私の探求の方針および目標と思い定めてきた進化経済学を発展させるための絶好の素材であると考えるようになったからである。

1989年秋にドイツにいたのは、長期在外研究の機会を与えられていたからである。この在外研究は私の経済思想史研究にも役立ったが、あわせて現代的な理論研究の面でも交流を求めようと思った。2つの新しい学会「欧州進化政治経済学会

(EAEPE)」と「国際シュンペーター学会(IJSA)」に参加できただけでなく，ジェフ・ホジソン，ウルリッヒ・ヴィット，クリストファー・フリーマン，ジョバンニ・ドシ，さらにレギュラシオン学派やネオ・シュンペーテリアンの理論家と知り合った。私は帰国以来，日本でもそのような方向の学会を創りたいという願望をもち続けていたが，1990年代半ば，経済学の現状に対する不満の高まりをみて，京都大学で同僚であった瀬地山敏さん，吉田和男さんと相謀って新学会の創設に乗り出し，1997年春に進化経済学会を発足させることができた。私はこの学会の事務局を10年近く担当した。

歴史は進化的な社会変動の事例の宝庫であるが，比較分析が可能なかたちで大規模な体制変化が短期間で起こることは稀である。1990年代に東欧の10ヵ国以上の国で同時並行的に起きた体制移行は，同時期のアジア社会主義国の市場経済と分析が可能な豊かなデータを提供しているという意味で，またとないフィールドであった。幸いなことに，俄か勉強を始めた私を助けてくれるロシア・東欧の専門研究者が，国内にも国外にもいた。当時私が勤務していた京都大学の溝端佐登史経済研究所教授や経済学部のディミター・ヤルナゾフ講師，立命館大学の田中宏さん，進化経済学の同志である富森虔児さん，またパリのベルナール・シャバンスとエリック・マーニャン，ポーランドのカジミール・ポズナンスキ，いまはアジア開発銀行のエコノミストになっているハンス・ペーター・ブルンナーらである。

私は，移行経済への進化的アプローチとタイトルをつけた国際シンポジウムを開催し，また進化経済学会の名前を借りて『社会経済体制の移行と進化』(シュプリンガー・フェアラーク東京，2003年)を編集・刊行した。シンポジウムの企画・開催は溝端さんと一緒におこなったが，わが国での社会主義経済体制研究の権威であった佐藤経明さんが，「移行経済についてはいろんな人が発言するようになったね」とからかうように言われながら快く参加してくださったことを思い出す。実は，私は名古屋での大学院生時代に佐藤さんの社会主義経済論の集中講義をとって経済体制論に開眼し，それを自分の専攻領域の有力候補と考えていた時期があった。この論集では，編者である私は，その第1章で「体制移行における進化的視点」と題して体制移行のパラダイムを試論として描いた。本書の第5論文は，その試論を執筆した数年後に，『季刊 経済理論』誌上で，東欧の移行経済諸国の成り行きがほぼ確定し，その多くがEUへの加盟という目標を与えられた段階での移行経済諸国の動きを概

観したものである。

　第6章は，欧州およびロシア経済の専門家である蓮見雄さんから移行経済についての政治経済学の視点からする総括的な論考を求められて執筆したものである。蓮見さんとは欧州地域政策研究の方面から識り合ったが，私の標榜する制度的政治経済学にも関心を寄せてくださった。本稿では移行の出発点になった東独の政治転換についてボイス（発言）・エクジット（退出）論を適用したA. O. ハーシュマンにならって個人の行動選択を移行の動態に組み込むとともに，中長期的な移行についてその経路を形成する要因について考察した。

　しかし，数年のあいだ移行経済に取り組んだ結論は，東欧にせよ，東アジアにせよ，研究対象とした「移行」過程は社会主義経済体制から資本主義的市場経済へという概念的整理だけでは扱いきれない巨大な歴史的過程であったということである。21世紀の最初の10年紀の半ばを過ぎると，東欧の移行経済諸国は欧州統合に加わる諸国と資源・軍事大国ロシアと結ぶ諸国に分かれるようになった。欧州統合の進展とそのリパーカッションが「移行」問題を超えて前面に登場した。他方で中国では，対外開放経済と国内在来経済を両立させる「双軌制」方式によって，共産党の政治支配を維持しながら経済の市場化／資本主義化を達成した。欧州ではかつてCOMECONで結びついていたはずの社会主義共同体だけでなく，ソ連邦自体までも解体したが，集権的指令経済の解体は市場経済の活性化にすぐにはつながらなかった。制度の整備が追いつかないままに価格の自由化と企業私有化がおこなわれた結果は，国によって長短はあれ，国民の生活水準を絶対的にも引き下げる「移行不況」であった。西欧の政治指導者は，ロシアへの従属が再現することを怖れる中東欧の移行経済諸国に，EU加盟という目標を与え，加盟前援助をおこないながらこれらの諸国の経済制度の整備をガイドした。これらの諸国にとっては，「移行経済」の出口が欧州経済統合への合流であった。したがって私にとっても，移行経済研究から欧州経済統合研究に進むことは自然な成り行きであった。

　私は2002年に，若森章孝さん（当時関西大学教授）を代表とする欧州地域政策研究のプロジェクトに加わり，いくつかの越境地域協力の事例を見てまわったが，私の関心は労働市場の統合を核とする地域間収斂の問題にあった。私はこの共同研究をもとにした論文集のために「欧州経済統合と地域格差・地域政策」と題する考察を執筆したが，多様性を保ちながら所得の地域格差を縮小するという欧州地域政策

の困難を認識するにとどまった。

　科研費による欧州統合の共同研究は，数年のあいだをおいたあと，2010年に「新リスボン戦略と社会経済イノベーション：欧州統合と地域政策」という後継プロジェクトとして再開され，私はその代表者になった。「新リスボン戦略」はすぐに「欧州2020」という名称の成長戦略に再編成され，地域政策と成長戦略の整合性の確保がこの時期の大きな課題となった。第11章は，この共同研究をまとめる際の基調として執筆したもので，日本ではあまり知られていないが市場統合の重要な補完的政策（「結束政策」）となっている欧州地域政策を概観したものである。

　この第二次の欧州統合研究の成果は本書と並行して刊行される，清水耕一さん，徳丸宜穂さんと共編の『欧州統合と社会経済イノベーション』（日本経済評論社，2017年）にまとめられている。私はそこで，序章を清水さんと共同執筆したほか，地域政策と結びついた環境エネルギー政策，地域政策のなかでの新コンセプト（ソーシャル・イノベーションとスマート・スペシャリゼーション），そして科研費補助期間の終了後に，2015年における欧州移民危機の急進展に促されて執筆した欧州の難民・移民問題についての3章を担当している。

　欧州の環境エネルギー政策を研究したのは，再生可能エネルギーを普及させることで低炭素経済を実現しようとする欧州の試みが日本にとっても参考になるはずだという確信にもとづくものであった。福島の原発事故をきっかけにして原発を最終的に放棄したドイツ人たちは再生可能エネルギーの普及をはかれば，欧州全域でも原発なしで低炭素経済の実現が可能であると確信していた。しかし，原発の維持・新設国をかかえるEUとしては低炭素化の目標は定められるとしても，その実現の手段は各国の主権事項であると言わざるをえなかった。そのうえ，ドイツやスペインが再生可能エネルギーの普及促進のために用いていたフィードイン・タリフの手法への批判も強かった。エネルギーの分野では，政策における分裂だけでなく，市場統合に必要なインフラ（送電線，パイプライン等）の未整備が目立つというのが実態であった。

　年代が前後するが，2000年代の初頭の東アジア経済統合の機運のなかで，私も欧州における越境地域協力や広域地域政策の経験が東アジア経済協力に役立て

❖4……若森章孝・清水耕一・長尾伸一・八木編『EU経済統合の地域的次元：クロスボーダー・コーペレーションの最前線』（ミネルヴァ書房，2007年）第12章。

られないかというようなことを考えたり語ったりしたこともあった。しかし，東アジア研究に深入りすることにはならなかったので，この領域では本書に収録できるような文章はない。むしろ，自分にも予想外だったことは，京都大学在職の最後の年（2010年1～2月）にメキシコに一時滞在する機会があって，EUとは対照的な地域経済統合について考えさせられたことであった。それが第8章になった論文である。

私はメキシコシティにある大学院大学エルコレヒオ・ディメヒコの日本学の学生に日本経済の基礎知識を与える授業を依頼されたのだが，私が教室でマキラドーラ（輸出向け加工工場）が集中している米国との国境地帯を見たいというと，その地帯出身の学生が案内役を買って出てくれた。労使紛争が起きていたため工場見学はできなかったが，シウダーファレス市内のインダストリアルパークのほとんどを自動車で見てまわることができた。国境になっているリオグランデ河の対岸に立ち並ぶ照明灯は，越境者を威嚇するかのように，昼間から煌々と川面を照らしていた。マキラドーラの製品を米国に運び出すトラックは専用レーンで国境を速やかに通過できるが，特別な通行ビザを持たない労働者の移動は危険な不法越境によっておこなわれている。私はNAFTA（北米自由貿易協定）下の米国・メキシコ両国の市場統合のあり方を，域内における労働者の同権をもった自由移動を実現しようとするEUと対比して，労働市場統合の「非制度化」と特徴づけた。国境を越えた労働市場がすでに存在しているにもかかわらず，それは存在しないものとして，制度化が放棄されるか，非合法化されているのである。

外国籍労働者の権利の「制度化」をはかりながら労働の自由移動を実現しようとするEUと，労働市場の統合を否認して経済統合の「制度化」を貿易と資本の領域にとどめようするNAFTAの対比をもとにして経済グローバル化について論じたのが，米墨国境経済論の前に置いた小論（第7章）である。これは私の最初の勤務先であった岡山大学で識り合った岩間一雄さんの依頼に応えて執筆したものであるが，研修名目で外国人労働者を差別的な労働条件のもとで就労させる日本のやり方は，明らかに「非制度化」の側に属し，人権上でも問題を残している。

域内において労働者の流動性を高めて人的資源の有効活用をはかろうとしているEUにおいても，非加盟国からの移民や難民については，制度的な権利保障も労働市場への実質的統合も満足できる状態にはない。1970年代に2度の原油危機の直撃を受けて高失業率時代にはいった欧州の先進国経済は，それ以前の外国人

労働力受け入れ政策を停止した。しかし，すでに受け入れていた外国人労働者を強制帰国させることはできなかった。彼らが長期在住者となり，滞在国で結婚するか，母国から家族を呼び寄せるかして子孫を設けるようになると，移民労働者たちは滞在国内で，ひとつの移民社会(平行社会)を形成するようになった。EU全体としては，域外からの公然たる労働力移入政策はとられなかったが，EUの数次の地理的拡大によって南欧東欧のかつての移民送り出し国の国民に域内での就業のための自由移動が保障された。さらに2000年期にはいると米国にならって高度技能を備えた人材や投資をおこなう資産家を呼び込む選択移民受け入れ政策が採用されるようになった。

他方でアルジェリア，モロッコ，トルコ，旧ユーゴスラビア，アルバニアなどの域外第三国からの移住者の権利保障にはさまざまな条件が付された。東欧，アフリカ，中近東で紛争が起こるたびに，欧州には難民が押し寄せ，政治的迫害を受けているとはかぎらない「経済難民」の群れがそれに加わった。1970年代以来の移民抑制にもかかわらず欧州社会内に生活基盤をきずいた旧移民とは対照的に，新たに欧州にはいってきた新移民は生活の不安定性に加えて，欧州社会の価値観を拒絶するような文化的亀裂を蔵していた。2000年紀にはいって以来，欧米主導の世界の秩序にイスラムの名前で公然と反逆する勢力が登場すると，新移民だけでなく社会的統合を果たしたはずの旧移民の2世からもテロリストが出現するようになった。

こうした欧州での移民問題について上記共著収録論文を補うために統計的な整理をおこなったものが第9章である。これはさきに言及した第二次科研の報告書での移民・難民の章と並行して執筆した文章である。ここでは，欧州社会が米国に比肩する移民統合型の社会になりながら，その統合が不十分で「被差別集団」の意識をなおも持たせる状態にあることを指摘している。これは2015年の欧州難民危機とパリ，ブリュッセル，ミュンヘンと引き続くテロ事件を背景として書かれた文章であるが，国際移民の入国管理と人権保証，そして社会的協働は，国境を越えた市民社会の枢要な課題である。

2000年代にはいって以来，欧州統合にかかわってEUの共通地域政策を研究したことは，2010年に移った関西の私学(摂南大学)経済学部での地域経済の教育・研究にも役立った。欧州における共通地域政策は市場統合のなかでの地域の競争

力の維持に向けられているが，その発足以来の発展のなかで，雇用政策，包摂政策，中小企業政策，イノベーション政策，環境政策，エネルギー政策などの政策統合の基盤となっているからである。摂南大学では地域の実務家たちをゲスト講師として迎える講義や，和歌山県のすさみ町や大阪府の交野市をフィールドにしたPBL授業，その他，ゼミ学生を総動員した商店街調査などを積極的におこなった。それを通じて知ったことは，日本の地域社会はその土地に根ざすさまざまなタイプの人びとによって支えられていることであった。その過程でいく点かの調査報告を書いているが，本書に収録するのに適当なものはなかった。

2014年には大学の立地する北河内地域の総合研究をスタートさせた。第12番目の論考は，この総合研究のなかで実施した地域リーダーに対するアンケート調査にかかわって書いた文章に統計的分析を加え，半分以上加筆して分析を深めたものである。

私たちのグループは地域総合研究の手始めとして，この地域の各分野リーダーが地域の現状と課題，将来の希望と地域の発展のために期待する主体について，どのように考えているかを知るためのアンケート調査をおこなった。その際には，地域社会の維持・発展にとって鍵になるのは，地域に信頼と交流をもたらす「社会関係資本(ソーシャル・キャピタル)」であるという近年の理論動向を参照した。その結果は，私たちのアンケート調査が捕捉しえた範囲では，「社会関係資本」はそれなりの意義をもってはいるが，市民社会自体の自立性は弱く，市政・府政・国政への依存意識が高いというものであった。地域市民社会としては，日常面では自治会・町内会などの地域住民組織と基礎自治体＝市との連携関係が軸になっていて，それに各部面の専門NPOや経済団体等が補完的な活動をおこなうという構造になっているものと推測された。

この章では，このアンケート調査の分析に私の知りえたNPOや経済団体の活動の紹介を加えて，私の理解した近郊都市地域の市民社会像を描いている。私の暫定的な感想では，日本の地域市民社会は「自立型」とはいいにくいことは事実であり，ベッカネン＝村中のいう「行政媒介型」と特徴づけられるであろうが，近年の行政(基礎自治体)のアプローチの変化と連動して「協働型」の性格を強くなっている。いわば「行政補完ないし協働型」の市民社会である。それは，地域の問題に直接関与しようとする人的リソースを有する組織の集合であって，近所づきあいが一切ない「都市

砂漠」，金持ちだけの「門番つきコミュニティ」への頽落を避けるために，その維持・強化自体が重要な課題になっている。行政自体が市民協働型に変容しているのであり，欧州でいわれる「ソーシャル・イノベーション」も，このような日本型の市民社会のなかでおこなわれることになるであろう。

次に2万人近い死者・行方不明者を出した東日本大震災と10万人近い人に避難を余儀なくさせた福島原発事故にかかわって，市民的公正の視点から災害への補償について論じた一篇（第13章）と，資本主義の（いますでに始まっている）将来について論じた小論（第14章）を配した。

前者は，経済理論学会が他学会に呼びかけて大震災の翌年3月に福島市で開催した東日本大震災・原発事故問題を考える福島シンポジウムの記録を読まれた吉原直樹さんから招待されて寄稿した文章[5]である。「生存権」の具体化のもとで新しい国民形成（新しい「社会契約」）がおこなわれること，被災地域であらゆる既存の権威から自立して開始された自主的なガバナンスを，国家的な画一性に対して優位に置くことが地域主導の国家形成につながると論じている。その推進原則は現状の是正を求める共感と結びついた「公正性」であり，それは世界に開かれている。この論文は，福島のシンポジウムやその前後での住民および研究者との交流のなかで，地域—国民—世界に国家を超えて通底する原理があると確信したものなので，本論集にとって不可欠な章であると考えた。初出後間もないにもかかわらず再録を許可された編者・出版社に感謝したい。ただし，この章は実定法のレベルを超えて議論を展開しているので，既存の実定法を出発点とした責任追求と損害補償の論理と結びついていない。津波の高さの想定や原発事故の可能性についての専門家の（無視された）警告があったことを考えれば，原発関連企業や国家や政治家の責任追求は十分可能であろう。

最後の章は，もともとは全電通の調査部であった生活経済研究所の刊行している雑誌『生活経済研究』が「資本主義の将来」についての特集を組んだ際に執筆したも

❖5……似田貝香門・吉原直樹編『震災と市民1：連帯経済とコミュニティ』（東京大学出版会，2015年）。出版後間もないなかで収録を許可していただいたことについて，出版社および編者に感謝します。

のである。「ニーズ志向の経済」というビジョンは，2008年のリーマン・ショック後の世界金融危機のなかで得たもので，経済理論学会がその創立50周年を祝った際のシンポジウム（2009年11月）でも述べたことがあった。また私の摂南大学での年来の講義（「社会経済学Ⅰ」）のしめくくりでも示してきた展望であった。この章は短いけれど，本論文集を結ぶものとしてふさわしいと考えた。

　「市民社会」が国境を越えることを実感したのは，研究活動においてだけではない。私は最初の赴任地である岡山で，同僚であった植松忠博さんに誘われてアムネスティ・インターナショナルの地域グループの活動に参加したことがある。全世界の「良心の囚人」のための手紙書きのほかに，インドネシアの政治犯（「良心の囚人」）の救援活動が主要な活動だった。この政治犯の救援では，岡山のグループとともにアメリカとオランダの地域市民グループが協働した。海外のグループの活動はとても活発で，アメリカ・グループの若い女性参加者は，休暇をとって現地に行き，支援者とともにその政治犯が捕えられた収容所に行ってその様子を詳細に伝えてくれた。オランダのグループは，インドネシア政府に対する債権国会議に対して人権擁護のためのロビイングをおこなっていた。最後は，釈放された「良心の囚人」の生計のために3グループでミシンを贈って支援活動を打ち切った。そのあと，3期目にはいるスハルト政権に対して，日本からも注文を出せということになり，日本の市民グループからの声を短波放送で送ることになった。Voice of Tokyo のディレクターが差し出すマイクを前にして，インドネシアでの人権尊重を訴えるとき，この声が国境を越えると思って震えそうになったことをいまも思い出す。

　「地域に根ざす市民社会」のあり方について現実的に考えられるようになったのは，摂南大学に勤務するようになって以来，機会をみつけては地域の人びとと交流するようになってからである。大学の所在地である寝屋川の名前は，2015年夏の中学生2人の痛ましい誘拐殺人事件で大きく傷ついたが，地域住民の自治会活動もしっかりしているだけでなく，ボランティア活動も盛んな地域である。地域の商工業の振興に日々心を砕いている商工会議所，工業会，商業会の人たち，ロータリークラブや青年会議所の人たちとも知り合いになることができた。国際的な関心をもつ市民ボランティアのなかには，海外の親善都市との交流事業のような社交的なものだけでなく，学童をもつ外国人母親に対してお弁当の作り方を教えるというような実質的

な活動をしているサークルもある。

　日本では反移民運動が政党をつくるような動きはないが，国としての日本が世界のなかで閉鎖的な部類にはいることは明らかである。人口が減少するなかで，日本は経済面で海外との連携をより強めるとともに，国内社会においてもより開かれた国になる必要があるだろう。そのような未来のなかで，国境を越えて拡がる市民社会が地域に根ざす市民社会と調和するように，そのために私たちはどのようなことをしなければならないのだろうか。そのような課題を確認しながら，この書名を選んだ。

　この本書を大学以来の友人であった西川知治君にささげたい。彼は10年近く世界を放浪したあとに腰を落ち着けた米国バークレーで社会学の助手をしていたが，2003年に脳腫瘍が悪化して亡くなった。この論文集成において，労働移動や移民問題がはからずも複数の章の主題としてあらわれていることに気づき，彼の研究テーマがアジア・太平洋地域の移民問題であったことを，人懐っこい笑顔とともに思い出したからである。

❖6……入門用教科書として用いていた八木紀一郎・宇仁宏幸『図解雑学・資本主義のしくみ』(ナツメ社，現行版，222-223ページ)も参照されたい。

初出・利用一覧

本書に収録した論文について，初出，および利用した既公表原稿の媒体(雑誌ないし出版物)について記し，再録ないし利用を許諾されたことについて，関連する権利者に感謝します。

著者　八木紀一郎

1．「国境を超える市民社会——グローバル化のもとでの世界市場と市民社会」，山口定ほか編『現代国家と市民社会』ミネルヴァ書房，2005年11月刊
2．「世界市場の統合とガバナンス問題——「全般的危機」から「埋め込まれた自由主義」へ」，山田鋭夫ほか編『現代資本主義への新視角』昭和堂，2007年1月刊
3．旧稿利用：「制度形成の理論と市民社会論」，『鹿児島経大論集』第36巻第4号(1996年1月)
4．「社会経済体制の変動と公共性」，佐々木毅・金泰昌編『公共哲学10　21世紀公共哲学の地平』東京大学出版会，2002年
5．「移行経済と経済統合——進化的視点の再定位」，経済理論学会『季刊 経済理論』第42巻第3号(2005年10月)
6．「体制転換と制度の政治経済学」，ユーラシア研究所『ロシア・ユーラシア経済　研究と資料』第928号(2009年11/12月号)
7．「グローバリゼーションと地域経済統合：労働移動の視点から」，岡山人権研究会『人権21・調査と研究』第212号(2011年6月号)
8．「NAFTAのもとでの米墨国境経済：経済統合の(非)制度化」，『摂南経済研究』第1/2号(2011年3月)
9．図表の一部を，「移民・難民問題に反映した欧州の内外地域構造」，八木・清水耕一・徳丸宜穂編著『欧州統合と社会経済イノベーション』日本経済評論社，2017年1月刊と共用
10．「EUの結束政策の現段階」，明石書店『現代の理論』第15号(2008年春)
11．旧稿利用：八木「地域政策の新しい役割と欧州統合」，『摂南経済研究』第6巻1/2号(2016年3月)を大幅に縮約
12．旧稿ほか利用：摂南大学地域総合研究所『北河内総合研究1　地域リーダー・アンケート(市民社会活性度調査)調査報告書』2015年5月，および「2014年北河内地域の地域リーダー意識調査の結果概要」，『摂南大学地域総合研究所報』第2号(2017年3月)
13．「災害の空間・時間構造と市民的公正」，似田貝香門・吉原直樹編『震災と市民1　連帯経済とコミュニティ再生』東京大学出版会，2015年
14．「ニーズ指向の経済への転換」，生活経済研究所『生活経済政策』第187号(2012年8月号)

目次 国境を越える市民社会／地域に根ざす市民社会
現代政治経済学論集

まえがき ……003

第1章 国境を越える市民社会
——グローバル化のもとでの世界市場と市民社会

- 023 はじめに
- 024 1. 市民社会と世界市場
  - 024 ▶1.1……市民社会と国家
  - 026 ▶1.2……市民社会と世界市場
- 030 2.「帝国」と「市民社会」
  - 030 ▶2.1……「帝国」の市民社会的実体
  - 034 ▶2.2……プロレタリアートとしてのマルチチュード
  - 035 ▶2.3……「転覆」のプログラム?
- 037 3. グローバル市民社会の対抗戦略
  - 037 ▶3.1……「世界社会フォーラム」
  - 039 ▶3.2……国際的なコーポラティズム
  - 041 ▶3.3……「補完性」の原理
- 043 おわりに

第2章 世界市場の統合とガバナンス問題
——「全般的危機」から「埋め込まれた自由主義」へ?

- 047 はじめに:「全般的危機」論を裏返せば
- 048 1. 第二次大戦後の世界市場統合
  - 048 ▶1.1……挫折した国際貿易機関（ITO）
  - 051 ▶1.2……地域経済統合の構想
- 052 2. 旧東欧諸国の欧州経済への統合
  - 052 ▶2.1……統合の経緯
  - 054 ▶2.2……統合過程の特質
- 059 3. 世界市場のガバナンス機構の成立と試練
  - 059 ▶3.1……世界貿易機関（WTO）の成立
  - 061 ▶3.2……ゆらぐガバナンス構造
- 063 4.「埋め込まれた自由主義」は成立するか?

第3章 制度形成の理論と市民社会論

- 069　はじめに
- 070　1. 市民社会のマテリアリズムとアイデアリズム
- 075　2. 秩序の形成：交換・所有・分業・階級
  - 075　▶2.1……メンガーの貨幣成立論
  - 077　▶2.2……交換手段の普及過程
  - 079　▶2.3……所有制度と社会的ジレンマ
  - 082　▶2.4……分業の進展
  - 083　▶2.5……階級の形成
- 086　3. 暫定的総括：社会的与件の発展と認知構造の変容

第4章 社会経済体制の進化と公共性

- 091　1. 経済における進化とガバナンス
  - 091　▶1.1……進化的な変動理論
  - 094　▶1.2……ガバナンス
- 097　2. 市民社会における公共的ガバナンス
  - 097　▶2.1……ガバナンスの場としての市民社会
  - 099　▶2.2……経済における公共性
  - 103　▶2.3……社会的公平性の実質化
- 107　3. 日本における展望
  - 107　▶3.1……戦後型開発主義からトヨティズムへ
  - 110　▶3.2……ボイスをもつ市民社会と経済

第5章 移行経済と経済統合 ――進化的視点の再定位

- 115　1. 「移行」の終焉か？
- 117　2. 移行観と経済統合観における二重の視点
- 119　3. 進化的発展の問題群
  - 120　▶3.1……「市場社会主義」の進化？
  - 125　▶3.2……資本主義のアノマリー？
- 130　4. 世界市場への統合とガバナンス問題
  - 130　▶4.1……移行の初期課題と後期課題
  - 133　▶4.2……移行におけるガバナンス問題
- 136　5. 進化的な移行観の位置づけなおし

第6章 体制転換と制度の政治経済学

- 139　1. 「転換」以前の「移行」論：ベトレーム再訪
- 143　2. 「制度の経済学」から「制度の政治経済学」へ
- 150　3. 移行の内生性と外生性
- 155　4. 結語にかえて：「短い20世紀」と移行にいたる20世紀

第7章
グローバリゼーションと地域経済統合
労働移動の視点から

- 157　1. 国境を越えた制度化と非制度化
- 159　2. 欧州統合と労働移動
- 162　3. 非制度化された経済統合
- 165　4. 国境を越えた労働移動の制度化

第8章
NAFTAのもとでの米墨国境経済
経済統合の(非)制度化

- 167　1. シウダーファレス
- 174　2. マキラドーラとNAFTA
- 181　3. 隠れた横断労働市場
- 185　4. 経済統合の(非)制度化

第9章
動揺する欧州統合と移民問題
統計的概観

- 191　1. 国民投票の悪夢
- 193　2. 現代の欧州移民
- 201　3. 地位と権利からみた欧州移民
  - 203　▶3.1……在留許可
  - 204　▶3.2……非正規入国者
  - 206　▶3.3……国籍取得(帰化)
- 208　4. 移民の社会的統合
  - 211　▶4.1……労働市場への統合
  - 212　▶4.2……移民の経済に対する効果

第10章
グローバリゼーションとEU結束政策

- 215　1. リスボン条約調印による再出発
- 217　2. 結束政策とその問題群
- 223　3. 労働市場における「結束」?
- 226　4. 埋め込まれたネオリベラリズム、あるいはその再編?

第11章
欧州統合と地域政策の新しい役割

- 229　1. 市場統合の補償から新しい成長の手段へ
- 231　2. 地域政策をめぐる論議:2000年から2006年
- 235　3. 第5期の地域政策に向かって

第12章 地域市民社会とソーシャル・キャピタル
大阪府北河内地域の場合

- 249　はじめに：大都市圏近郊都市地域の市民社会
- 252　1. 2014年北河内市民社会アンケート
  - 253　▶1.1……3種の地域リーダー
  - 255　▶1.2……調査票の設問
  - 257　▶1.3……調査票の配布と回収
- 258　2. アンケート調査の結果
  - 258　▶2.1……自市への評価の構造
  - 259　▶2.2……重要課題・将来目標・問題に取り組む主体
  - 260　▶2.3……地域リーダー層の特性
- 265　3. 北河内地域の地域リーダーとその組織
  - 265　▶3.1……市長・市議・市職員
  - 266　▶3.2……自治会・町内会
  - 268　▶3.3……市民活動団体
  - 269　▶3.4……経済団体
- 270　4. 地域市民社会の構造と性格について：暫定的なまとめ

第13章 災害の空間・時間構造と市民的公正

- 275　はじめに
- 276　1. 災害の空間・時間構造
- 279　2. 2012年福島シンポジウム
- 282　3. 災害リスク認識の再形成
- 284　4. 市民的政治体形成の理論
- 288　5. コモンウィールの再形成

第14章 資本主義に未来はあるか
ニーズ指向の経済への転換

- 295　1. 「長い20世紀」の終焉
- 296　2. 新興経済大国が台頭した世界
- 297　3. 潜在成長率の低下
- 299　4. 人口減少社会へ
- 300　5. 資本主義の選択肢

あとがき　305

国境を越える市民社会　地域に根ざす市民社会
現　代　政　治　経　済　学　論　集

国境を越える市民社会
グローバル化のもとでの世界市場と市民社会

はじめに

　「市民社会」ということばは，魅力的なことばではあるが，いつまでも両義性がともなう概念のようである。日本では，経済生活を含む包括的な社会概念として「市民社会」を捉えるか，それとも，近年の「新しい市民社会論」のように，経済を除いた社会領域に限定して「市民社会」の語を用いるか，その用語法が分かれている。いうまでもなく，1960〜70年代に日本の市民社会論の典拠となったマルクスおよびヘーゲルの市民社会概念は前者に属する。この場合には，「市民社会」は個人の人格や財産にかかわる一定の秩序を備えた社会ではあるが，その経済が資本主義的な営利経済であってもかまわない。したがって，同じ語(bürgerliche Gesellschaft)が，一方で資本主義的な経済社会であることを強調する場合には「ブルジョア社会」と訳され，他方でそこにおける人格的な意思や権利の要素を重視する場合には「市民社会」と訳されることになった。この二重性あるいは両義性は混乱のもととされることが多いが，私は，それは「市民社会」の概念を歴史的な現実と結びつける際に当然あらわれる事態であって，そのことの認識自体が重要であると考えている。

　しかし，「市民社会」の概念については，いまひとつ重要な対立点がある。それは「国際的な市民社会」あるいは「グローバル市民社会」は考えられるのかどうかという問題である。山口定氏は近著『市民社会論』で，1990年代以降の「新しい市民社会論」がグローバリゼーションと時をおなじくして出現したため，一挙に「地球・世界・

❖1……ヘーゲルでは『法の哲学』，マルクスでは『ドイツ・イデオロギー』，『経済学批判要綱』および『経済学批判』が主要な典拠とされる。

国際的規模での『市民社会』のあり方をめぐる論議に発展」したことを指摘しているが，その詳細な検討は後の機会に譲っている。「地球市民社会」が言われる場合でも，その実態は「世界中の国々で『市民社会』化が進行し始めている」ことを指すにすぎないとしていることから推測して，おそらく否定的な立場をとっているものと考えられる（山口 2004，155-159ページ）。

たしかに国際的なレベルにおける市民社会，とくに地球的規模の市民社会を想定することには多くの困難がともなう。たとえば，マイケル・ウォルツァーは「今や新たな社会運動の目的は国家超越的な共同社会である」として『グローバルな市民社会に向かって』（ウォルツァー 2001，4ページ）を編集した。しかし，9.11事件のあとになるとアメリカの戦争を「正義の戦争」として擁護する声明に参加した。[2] ウォルツァーは，もともと「民主主義国家のみが民主主義的な市民社会を創出しうる。つまり，民主主義的な市民社会のみが民主主義国家を維持しうる」（同前 30 ページ）という立場をとっていて，この考えをそのまま地球規模にまで拡大しうると考えていた。彼の「グローバルな市民社会」は，彼が恣意的に「民主主義国家」と認定するアメリカとその同盟国の軍事力によって創出・維持される存在にすぎなかった。

いうまでもなくウォルツァーは資本主義的な経済活動を捨象する「新しい市民社会論」の代表の一人である。それに対して，私のようなヘーゲル＝マルクス型の市民社会論者は，こうした「グローバルな市民社会」について，その存在，あるいはその形成を承認するべきなのであろうか。また，それを承認するとすれば，そのなかでの政治的・社会的課題（公共性問題）についてどのように考えるべきなのであろうか。これが，本章で考察したいことである。

1. 市民社会と世界市場

▶1.1……市民社会と国家

まずヘーゲルの市民社会論からみていこう。周知のように，彼の『法哲学』において，「欲望とその充足の体系」としての「市民社会」は，「家族」と「国家」のなかにはさまれている。それは，結婚し子どもを育てる「家族」によって人間的基礎を得るとともに，「市民社会」自体のなかで活動する「警察・行政（ポリツァイ）」と「職業団体（コルポラチオン）」によって欲望の衝突が生み出す対立を規制しながら，理性が支配する「国

家」に総括される。したがって，ヘーゲルの「市民社会」は，国家を超えるものではなく，むしろ国家に包摂される低次の存在である。

　注意しなければならないことは，国家はそれ自体としては絶対ではないことである。国家は複数存在するから，国内については権力を独占（公権力）しうるが，他の国に対してはその主権の侵害を防止するとともに，外交および戦争によって国外の権益を確保しなければならない。この対外的国家の相互関係のなかで進行するのが「世界史」である。

　プロイセンの首都の大学でおこなわれた将来の官僚や法曹たちを育成する講義にふさわしく，ヘーゲルの国家観は公式の法-政治体系にぴったりと適合している。「市民社会」は，分裂をはらんだ体系とされながらも，（それだからこそ）「家族」と「国家」のあいだに身動きがとれないように位置づけられている。「市民社会」が，家族という基礎に固定され，さらに国家に包摂・支配されつくすとすれば，「市民社会」は国家を超えることはできない。世界史の帰趨は，諸国家の闘争と秩序形成による以外にないことは明らかである。

　しかし，ヘーゲルがベルリンで講義していた時代においても，現実の「市民社会」はひとつの国家内で完結していたわけではなかった。ヘーゲルが「市民社会」を「国家」のもとに位置づけることができたのは，プロイセンだけでなく他のドイツ諸国家においても，ほぼ同一の家族的基礎と経済関係，そして類似の市民社会内部の規制が存在したからである。彼の時代にあっては，「市民社会」を「国民」単位で限定しながら，その統一の「世界史」による実現が待望されていたにすぎない。

　マルクスはヘーゲルの『法哲学』を批判することによって，その社会観を確立した。それは，一言でいえば，ヘーゲルとは逆に，市民社会の原理が国家に浸透するということであった。国家は市民社会における矛盾を止揚することはできず，むしろ，その矛盾が運動する条件を整備し，市民社会における闘争の場となるにすぎない。

❖2……この声明は，『ワシントン・ポスト』のホームページ（http://www.washingtonpost.com/wp-srv/nation/specials/attacked/transcripts/justwar-letter020102）に掲載された。サイードのこれに対する辛辣な批判は，Thought about America, "Edward Said warns against the return to a shameful episode in the US's intellectual history", http://web1.ahram.org.eg/weekly/2002/575/op2.htm に掲載されている。日本では中山元氏がその個人ホームページ「哲学クロニクル」第272号（2002年4月10日）（http://www.melma.com/mag/58/m00026258/a00000270.html）でいち早く紹介した。上記ホームページもその教示による。

彼は，そこから，近代の社会を解明するのに適しているのは，国法学ではなく市民社会の学，すなわち経済学であると結論した。有名な文章を引用しよう。

> 法的諸関係ならびに国家諸形態は，それ自体からも，またいわゆる人間精神の一般的発展からも理解できるものではなく，むしろ物質的な諸生活関係に根ざしているものであって，これらの生活諸関係の総体をヘーゲルは，18世紀のイギリス人およびフランス人の先例にならって「市民社会」という名のもとに総括しているのであるが，しかしこの市民社会の解剖学は経済学のうちに求められなければならない（マルクス 1966，15ページ）

▶1.2……市民社会と世界市場

「市民社会」と「国家」の関係について，マルクスがヘーゲルを転倒させたと考えるならば，「市民社会」が「国家」に包摂されるというヘーゲルの議論も転倒させられているだろう。「国家」は市民社会の形成における枢要な契機であるが，市民社会自体は国家を超えて拡がっている。『経済学批判』の「序言」における6部体系のプランは，このことを念頭において理解されなければならない。

> 私はブルジョア経済の体制をこういう順序で，すなわち，資本・土地所有・賃労働，国家・外国貿易・世界市場という順序で考察する。はじめの3項目では，私は近代ブルジョア社会〔近代市民社会とも訳せる：八木〕が分かれている3つの大きな階級の経済的諸生活条件を研究する。その他の3項目のあいだの関連は一見して明らかである。（同前13ページ）

マルクスがはじめの3項目で「近代市民社会」の構造的編成を論じようとしていたことは，文章のとおりである。この3項目の相互関係については興味深い問題があるが，ここでは立ち入らない。私がここで関心をもつのは，後半の3項目が，「近代市民社会」とどう関連するかということである。

経済学史家の目で見ると，19世紀の経済学の体系的著作においてあらわれる「国家」は，まず財政であり，次に通貨政策を含む経済政策である。マルクスの意図が実現した場合にも，批判的な分析が含まれるにせよ，扱われる内容は変わらな

いであろう。「外国貿易」も，推測は容易である。労働移動に制約があり，労働生産性が異なる国のあいだでの商品の取引においては，労働価値説にせよ生産価格にせよ直接にはあてはまらない。また，ポンド，フラン，ドルといった各国通貨の為替比率の変動問題もある。したがって，「外国貿易」は，国内における価値の理論と別に論じられるのが通例である。問題は，最後の「世界市場」である。「外国貿易」を論じたあとでもさらに残る「世界市場」とはなにか。ヘーゲルの『法哲学』の構成をさきにみた私たちはこの「世界市場」がヘーゲルの「世界史」と対応しているという直感すら抱く。

「外国貿易」に直接結びつくトピックからいえば，為替の決済がある。国家財政との関連でいえば，公債の発行がある。戦争があれば，戦費の金融や賠償なども登場する。これらは，すべて国際的な金融市場を前提とする。金融市場は市場ではあるが，商品市場とは異なる高次のレベルの市場である。

また，私たちは『資本論』の第1巻の貨幣論において，世界市場においては貨幣はその国民的衣裳を脱ぎ捨てて，商品世界のなかからあらわれた貴金属貨幣という原生的な姿に復帰する(「世界貨幣」)とされていることも想起する。しかし，注意しなければならないのは，ここで「世界貨幣」としての金は，単なる原生的な価値尺度，原生的な流通手段として復帰したのではないということである。それは，国家的な単位で総括される貨幣の価値尺度機能，流通手段機能が果たされていることを前提して，その最終的な調整者として出現している。世界貨幣としての金は，国際的な金融市場と決済機構のなかで，あるいはそれとの緊張のなかで運動しているのである。

『経済学批判』の直前の草稿である『経済学批判要綱』においては，「世界市場」は恐慌と社会革命に結びつけられている。

> 最後に世界市場。市民社会が国家をのりこえて押しひろがること。恐慌。交換価値のうえにうちたてられた生産様式と社会形態の解体。個人的労働を社会的労働として，またその反対に，社会的労働を個人的労働として実在的に措定すること。(マルクス 1981，311ページ)

しかし，ヘーゲル『法哲学』の「世界史」とは異なって，「世界史」の主体は国家ではなく，国家を超えて拡がった「市民社会」である。

青年マルクスがヘーゲルの法哲学体系の転倒を果たした時点においては，経済

活動としての市民社会は狭小なプロイセン国家よりも事実として大きかった。ナポレオン戦争後にプロイセンに帰属したラインラントに育ったマルクス自身,「プロイセン人」とみなされることを嫌い, 自らプロイセン国籍を放棄した。しかし, 1848年の三月革命への参加に見られるように, 最左派(共産主義者)ながらドイツの統一国家の形成に反対したわけではない。市民社会が国家によって再編成され, 外に対してその国民的性格を主張するようになることについては, マルクスはそれを不可避なことと考えていたのであろう。『ドイツ・イデオロギー』にはこうある。

> 市民社会は, 生産諸力の一定の発展段階の内部における諸個人の物質的交通全体を包括する。それは, ある段階の商業的および工業的な生活全体を包括し, そのかぎりで国家と国民を越える。とはいえ, それは, 他方でまたもや外に向かっては国民性として現われ, うちに向かっては, 国家として編成されざるをえないのであるが。(マルクス=エンゲルス 1998, 170ページ)

『要綱』のなかのいくつかのプランのなかにある表現で言えば,「市民社会の国家の形態での総括」(マルクス 1981, 62ページ)である。

問題は, 経済活動としての側面において市民社会が国家を超えることは明らかであるが, 市民社会の社会的あるいは政治的側面においてはどうなのかということである。より具体的に言えば,「資本」「土地所有」「賃労働」の前半3部体系において提示されるはずであった階級関係が国境を越えて展開されると考えるべきなのか, それとも「国家」による総括をへて, 階級関係にかわって国民性, あるいは国民的利害関係が前面にあらわれるのかという問題である。

ここでは2つのことが想起される。

第一は, 国際的な資本家階級, あるいは国際的な労働者階級は存在するかという問題である。第二は, 国際的な経済関係においてあらわれるすべての国あるいは社会が, 資本家・土地所有者・労働者の三階級から構成される典型的な「近代市民社会」ではないことである。

まず国際的な階級の想定の是非という問題から考えると, それぞれの国の資本家階級, 労働者階級の性格や利害関係が異なることは明らかである。労働者の文化・知識・思考様式は各国ごとに異なるし, 各国の労働者間の生活水準や労働条件

の差異，輸出輸入や生産の国外移転にともなう雇用問題などは，これらの問題についての国際的な利害の一致を想定不可能にしている。また，日本資本主義論争以降の日本のマルクス経済学的研究が教えるように，国際貿易を支える生産関係では，その呼称は多様であるが，非資本主義的な要素が大きな役割を占めている。

労働者の国際移動に制約が多いことは事実であるにせよ，資本主義の成立以来，それがさまざまなかたちで存続したことは事実である。この国際的労働移動の流れには，初期社会主義や労働運動の普及に貢献した移動性の高い熟練職人たちもいたが，その多くは資本主義的産業のバックグラウンドをもたない流亡的な農民・雑業者とその家族であった。

他方，資本の国際移動は，労働移動以上に自由である。もちろん労働者を確保し，生産設備を据えつけ，販売の体制を整えなければならない生産拠点の移動は，容易なことではない。それでも，長期的な利益が見込まれるならば資本家がそれに躊躇する理由はない。資本の場合には，しかし，そのような支障を軽減する，あるいはまったくまぬがれさせる制度が発展している。たとえば，株式によって国外企業に出資する場合にはそれを売却可能であるし，またすでにある金融資産の売買の場合には相手にするのは市場だけである。

国際的な金融取引において如実にあらわれるように，世界市場においては市場の高度化と原生化が同時にあらわれる。高度な金融技術を駆使した取引がおこなわれるかと思えば，一大金融資本が瞬時にして解体したり，国家破産が生じたりする。商品と貨幣が出会う原生的な市場では，非資本制的な農漁民あるいは隷属民の生産物であろうと商品でありさえすれば取引に支障はない。いや，生産がまだおこなわれてさえいない資源自体も，世界市場での有力な取引対象である。

このように考えると「世界市場」においてあらわれる「階級」あるいは社会集団は，統一性をもった資本家階級や労働者階級ではない。資本家階級に対応するものは，生産・流通・金融の一体性からむしろ遊離し，世界的な規模での取引活動を追求しようとする資本（家）群であり，労働者階級に対応するものは，多様な国民的規定性と非資本主義的属性を含む差異を蔵した労働者群である。これは，第二の問題への解答につながる。注意すべきなのは，こうした資本群，および労働者群は，貨幣と資本の運動が純経済的に展開して生まれたものとはかぎらず，階級関係・経済諸制度の国家的な総括をへて差異化され，また国内とは異なる規制あるいは無規制

によって再編成された世界市場のなかに存在するということである。

　市民社会と国家，そして国家と世界市場との関係は，時代によって，また国によって多様である。青年時代のマルクスが目にしていた国民国家の形成期，ヒルファーディングやレーニンが目にしていた帝国主義の時代，管理通貨制度と労使関係の制度化が有効に機能した第二次大戦後のフォーディズムの時代，そしていま私たちが目にしている規制緩和とグローバリゼーションの時代である。このそれぞれの時期において，国家の国内市民社会に対する関係（対内政策）と国外市民社会（世界市場）に対する関係は連動していたのである。

2. 「帝国」と「市民社会」

▶2.1……「帝国」の市民社会的実体

　経済を軸とした市民社会は，国境を越える。それでは，国境を越えたところでは，原生的な市場関係しか存在しないのであろうか，それとも「国家」とはいえないにせよ，なんらかの統御（ガバナンス）が成立するのであろうか。

　前節で考察したように，マルクスは世界市場では原生的な市場関係と高度な市場関係が結び合わさってあらわれると考えていたと思われる。マルクスが「世界市場」を「恐慌」と結びつけたことも，こうした高度化と原生化が同時にあらわれる「世界市場」の特質にもとづくものであろう。マルクスは恐慌の周期性の基礎を固定資本の更新に求めようとしたこともあるが，好況（ブーム）とその崩壊としての恐慌の発生については，世界市場の拡大（あるいはその期待）にもとづいた商業的・金融的投機を重視した。

　国際金融という高度な市場関係は，国内のように中央銀行を頂点とした金融ピラミッドに統合されておらず，戦争や天変地異，そして投機によって変動する不安定性を有している。それでも平穏な場合には，世界全体にわたる資本の経済活動を保証している。「政府（ガバメント）」は存在しないにせよ，単なる個別取引（策略・脅迫をも交えた闘争）ではなく，多数の資本を満足させる公平さをもつ「市場」が存在するかぎり，その程度の統御（ガバナンス）が存在する。それが失われた状態が「危機」＝恐慌である。

　市場のかたちをとって拡がる経済活動を「市民社会」と呼ぶことは，それ自体，そこに秩序づけ，あるいは統御（ガバナンス）の作用を想定することである。近年では，

フーコーにならって社会における権力の遍在が言われるが，すでに1960年代末の市民社会論でも，滝村隆一のように「市民社会」を「マハトの総体」として捉える理論が出現していた。滝村がいうように，国家の特質は，社会・経済活動にとどまる市民社会内部の多数の「社会的マハト」に対して，政治的・イデオロギー的活動をおこなう統合的な「政治的マハト」が存在することである(滝村1971)。国家を超えた市民社会においては，このような独占的な政治的・イデオロギー的権力とそれに向かう政治領域(議会民主制など)が存在しない。しかし，ヘーゲルは，同業組合と官僚機構(警察・保健・行政)を市民社会に属するものとしている。憲法や軍隊は市民社会にはないが，部分的な範囲での共同の利益の確保や自治的な治安・衛生活動は市民社会の統御の内部に属するだろう。マルクスの「経済学批判体系」のもとで，経済的なマハトにあたる資本についても，そうした市民社会レベルでの共同的なマハトの活動が想定されるであろう。

「市民社会」をそのような「権力の体系」として捉えることは，同時にそれが権力をめぐる闘争の場であることを認めることである。「階級闘争」は「市民社会」内部の闘争であり，それは直接の暴力的闘争である以上に，さまざまな制度に支えられた社会的・政治的闘争であると同時にイデオロギー的文化的な闘争である。市民社会における「ガバナンス」のあり方についても，そこで争われる。

ネグリ=ハートが「帝国(Empire)」と呼んでいるものの実体は，マルクスの用語でいえば，「世界市場」に対応した「市民社会」(つまり，現代の用語で言えば「グローバル市民社会」)であるように思われる。しかし，彼らは「市民社会」を，ヘーゲル流に国家の範囲内に限定して捉え，そこからグローバリゼーションにともなう「社会の平滑化」=「市民社会の衰退」を引き出している[3]。また，「グローバル市民社会」の概念を，ロック的な自由主義的政治理論の延長として捉え，それが「帝国」の作動にともなう「暴力」・「加速」・「必然性」の認識を妨げるとしている。つまり，ネグリ=ハートの「市民社会」概念の理解は，前節の整理でいえば，国内レベルではヘーゲル的，国

❖3……ネグリ=ハート(2003)416ページ。彼らの場合には，国家(権力)は市民社会からではなくその外部から出現するとされ，「帝国」も同様である。現実にいえば，遊牧民族の征服国家に見られるように，そのような成立がないわけではない。しかし，それはすべての要因を外部に押しやるだけであり，現実の再生産の秩序を説明しえない。社会科学としては，外部から生じた権力をも同化するとともに，それを秩序の支えとしてさらに外部まで拡大する市民社会の再生産の論理がより重要ではないだろうか。

際レベルでは非経済的なそれであって，マルクスのそれとは異なる。マルクスの場合には，「市民社会」は「権力の体系」であると同時に「階級闘争」（市民戦争＝内乱）の場であり，経済活動とともに容易に国家を超えるものである。

　もちろんネグリ＝ハートの論じ方にも，利点がないわけではない。それは「転換」＝「主権」の変容という現象を直接に問題にできるからである。市民社会における統御（ガバナンス）は，形式的には当事者の共同利害とそれにもとづく承認・協働によるものであり，当事者の意思を超えた強制についての権限は存在しない。しかし，ネグリ＝ハートは当事者の意思を超えた「介入」とそれを支える「正統性」が，国民国家の範囲を超えて世界レベルで出現していると主張している。

　おそらくネグリ＝ハートの「帝国」論の形成に影響を与えたのは，国連決議にもとづいて軍事介入がおこなわれた1991年の湾岸戦争と1997〜1999年の旧ユーゴスラヴィアの民族紛争に対する「人道的介入」であろう。直接に国家的な安全保障問題にかかわる前者のような軍事行動については，たしかに「市民社会」の概念は適切ではない。しかし旧ユーゴスラヴィアの例について，軍事介入やNATO空爆にいたる経過を振り返るならば，その正統性は米国やEU諸国の国家的な安全保障に求められたのではなかった。むしろ，西欧諸国のごく近辺で，強制収容所やレイプを含む蛮行が拡がるのを放置できないという「市民社会」的な人道感情に訴えて武力行使が正当化された。武力による「介入」を引き出すのは，「市民社会」であった。2001年の9.11事件以降，米国とその有志同盟国がおこなっている軍事行動も，国家間の戦争というだけでなく，テロ防止の警察行動という要素が加わっている。「国家主権」の領域が「市民社会」の領域と融合しはじめているのである。

　「介入」をおこなった武力も，湾岸諸国や旧ユーゴスラヴィアの人びとにとっては「外部」であっても，世界経済という意味での「市民社会」にとっては外部ではない。旧ソ連のような国家主義経済の崩壊後においては，組織された国際的な軍事行動をおこないうる軍隊を維持する経済的基盤は資本主義的な経済以外には存在しない。中央政府の統制が失われた諸国では部族やマフィア的結合，あるいは宗教・イデオロギーを基礎にした地方軍閥が存在し，また広範に拡がったなんらかのルサンチマンを基礎にしたテロリズムが蔓延しているが，それは「介入」する側の武力ではない。「介入」する武力は，（軍事的請負業者をも含むにせよ）「国家」およびその連合の軍隊であり，またその経費は「国家財政」によって負担されている。一足飛びに

「帝国」と概念化する以前に，やはり，「市民社会」と「国家」の国境を越えた態様として十分に理解可能である。

　「主権の変容」というネグリ=ハートの主張は，国際機関の活動とその背後にある動因について光をなげかけている。国際連合は，その決定に大国とりわけ米国の拒否権を許すように注意深く組織されているが，世界政治・外交のアリーナになっていることは疑えない。それは大国の軍事行動を抑止する力はもっていないが，その正当化については大きな役割を果たしている。経済面では，各国の経済危機に対して，IMFや世界銀行の「介入」・「管理」がおこなわれ，新興市場諸国に対してWTOなどの加盟条件が強制されたことが思い浮かぶ。これらの国際機関もまた，国境を越えた市民社会の展開＝「世界市場」に対応した組織である。それは，形式的には主権をもった国家を加盟者として組織されているが，機能面では，通貨および金融の国際調整・協力を通じて国際的に発達した市民社会に奉仕している。WTO，IMF，世界銀行などの，国家連合型の組織形態と高度の通貨・金融機能の二重性は，マルクスの「経済学批判体系」における「世界市場」の位置づけに照応する。その活動の目的を，国際貿易・資本移動による利益の実現と捉えるにせよ，世界市場に展開する金融資本と世界企業の共通利害の表現とみるにせよ，それはグローバルに拡大した市民社会に属する概念である。

　マルクスの「経済学批判体系」における「市民社会」は，資本の各種の結合（金融市場，株式会社，資本集中）を含んでいる。したがって，同じく「市民社会」内部の階級である「賃労働」についても，その結合（分業，協業，生産組合，労働運動）を含むであろう。また，「土地所有」者の結合（地主組合，レント維持のためのカルテル，ロビー活動などの政治活動）も当然含まれるであろう。これらの「階級」を基礎にした組織間の相互関係は，たとえば企業あるいは企業家団体と労働組合との団体交渉やそこで取り結ばれる労働協約のように，市民社会内部での階級関係をより具体的に規定する。それは，一国内部では国家による「総括」に先行するが，同時に国家からの規制と干渉も受ける階級関係である。

　それでは，直接に生産活動に結びつかない組織や階級を基礎にしない組織はマルクスの「市民社会」に含まれるであろうか。それは市民社会の「再生産」をどれだけの範囲で考えるかに依存しているであろう。それを「労働力の再生産」に限定したとしても，そこには家事労働や消費活動，教育活動も含まれるから，それにかかわる

人間関係と組織が視野にはいってくる。より広範囲に，社会の基礎をなす知識や文化，さらに支配関係の再生産も含めるならば，学校制度，研究機関，メディア，文化活動やスポーツの団体，芸術家，医師，その職能団体，イデオローグ，宗教組織，慈善組織，政党組織，組織暴力等々のほとんどの社会活動とそのための組織が含まれるであろう。制度的には国家の一部の公的団体とされる地方自治体も，その活動のかなりの部分は，市民社会の領域に属するであろう。

　このように再生産の範囲を拡大すると，それらに対する階級的な規定性は弱くなる。それらの組織は，階級的な利害という固定的な実質をもった組織ではなく，自由意思による選択に依存する市民的な組織としての性格が強くなるであろう。それは強制を含まない点で国家レベルの組織化の前段階にとどまるが，そうしたものであるためにかえって，国家の範囲を活動面でも空間領域の面でも超えることができる。いいかえれば，「市民社会」の「再生産」の範囲を広義にとるならば，マルクス的な市民社会概念のなかに，NGOあるいはNPOを含む各種の組織とその活動を加えて，それらの国境を越えた発展を包含させることは，決して無理ではない。

▶2.2……プロレタリアートとしてのマルチチュード

　国境を越えた市民社会，あるいは「世界市場」において，世界的な階級や階級的連帯の成立をアプリオリに想定することの困難さについては前節で指摘した。ネグリ＝ハートは「帝国」に対する新しい抵抗主体を「マルチチュード」と名づけている。ネグリ＝ハートは「資本」がグローバル化していることを認め，「帝国」の名のもとに世界的な資本家階級を実質的に語っている。それなのに，なぜグローバル化した「（賃）労働」については，労働者階級とは言わずに別の名前を用いるのだろうか。

　いくつかの理由があるだろう。『〈帝国〉』の著者たちは，国境を越えた人びとの「移動」，「国民」の範囲を超えた「混交」を重視するので，社会的な階級を形成するための安定した社会的属性を想定しにくいこと，また，生産過程がもはや規格的な労働を時間単位でおこなうものではなくなり，知識や創意，異質な要素の結合が重要なものになっていると認識していることがあるだろう。さらにそれ以上に，経済的な機能から抵抗主体を導出するのでなく，「帝国」としてあらわれる世界の存在論的な実体を求め，そこに抵抗あるいは「転覆」の「潜在性」を認めているからであろう。彼らは「産業労働者階級」を拒否するが，「プロレタリアート」の語は拒否しない。

ここに現われるのは，新しいプロレタリアートであって，新しい産業労働者階級なのではない。……「プロレタリアート」は資本によってみずからの労働を搾取されるあらゆる人びと，つまり協働するマルチチュード全体を指示する一般概念である。産業労働者階級が表象＝代表したのは，プロレタリアートとその革命の歴史のなかの，資本が価値を尺度に還元できた時代のほんの一部分のみである。……しかし〈帝国〉の生政治的な文脈においては資本の生産は，社会的生それ自体の生産と再生産にますます収斂していく。それゆえ生産労働，再生産労働，不生産労働のあいだの区別を維持することはますます難しくなっていくのである。労働──物質的労働であれ非物質的労働であれ，精神労働であれ肉体労働であれ──は社会的生活を生産し再生産するのであり，その過程で資本によって搾取される。（ネグリ＝ハート 2003，499 ページ）

この引用から明らかなように，「マルチチュード」は経済的生産ではないにせよ，社会的再生産のなかでの労働に関連づけられた概念である。それは，私たちの用語では，やはり「市民社会」に属する概念である。青年マルクスが，「プロレタリアート」を，「市民社会のいかなる階級でもないような市民社会の一階級」と規定した（マルクス 1974，90 ページ）ことが想起されるにせよ。

しかし，ネグリ＝ハート自身が「マルチチュード」の具体的形態の研究を将来の課題としているように，この概念がどのような人びとを指示しているかを明解に示した文章は『〈帝国〉』のなかには見あたらない。推察がつくのは，資本の世界的運動（グローバリゼーション）と身体生活にまでおよぶ支配（「生政治」）のなかで過去の生活形態から解き放たれ混交させられている人びとのありようを指しているということである。それは，世界をまたにかけて活動するビジネスマンやエンジニアも含むであろうし，住みなれた土地を追われたスラムの住人や出稼ぎ労働者も含むであろう。

▶2.3……「転覆」のプログラム？

ネグリ＝ハートの『〈帝国〉』は，反グローバリズムの書ではない。彼は「ヘーゲルに媚を呈すれば」と断ったうえで，「〈帝国〉の構築は即自的には善いことだが，対自的にはそうでない」（同前 64 ページ）という。結局のところ，訳者が紹介しているように『〈帝国〉』の著者たちは，「反グローバリズム」ではなく，グローバル化のプロセスを民

主化し,「その流れを転換させ再組織する運動,つまり,オルタナティヴなグローバリゼーションの運動」(同前516ページ)を支持しているのである。

彼らが提出する政治プログラムは,自分自身の移動の自主的な管理を可能にする「グローバルな市民権」,性別分業を前提せず,また失業者も含めた「保証賃金」に発展可能な「万人に対する社会的賃金」,生産設備だけでなく知識・情報・コミュニケーション・情動への「自由なアクセスとそれらの統御」である「再領有の権利」の3点である(同前496-504ページ)。

これは国家レベルの権力の奪取・転覆と結びついて表象されている政治革命の要求ではないため,政治プログラムとしては,拍子ぬけするほど穏健な要求のようにも思われる。しかし,「グローバルな市民権」は,それ自体としては特定の「国家」からの人びとの解放を含意し,「社会的賃金」は雇用関係による人びとの分断を廃止する。そして,両者は最後の「再領有」と結合するならば,「資本」による人びと(社会的再生産の全域において労働する人びと)の支配の転覆につながると考えられている。私たちの視点からすれば,それは世界大に拡大した「市民社会」レベルでの要求である。しかし,とくに第三の「再領有」は,政治革命によって一挙に実現される要求ではないし,前二者についてもその実現の可能性と態様は,各国ごとの複雑な政治展開に依存する。「国民国家」の次元よりも,地方レベルの方が国際的展開に好便な場合もあるかもしれない。それらは,相互依存しあった世界のなかで,ローカル,ナショナル,そしてグローバルな三層にわたる「市民社会」を変革しつつ長期にわたって追求される困難な要求であることにちがいない。

私は,この節でネグリ=ハートのいう「帝国」がマルクスの「世界市場」に対応するもので,彼らの提示する概念群が少なくともその基底および実体において「市民社会」に属すると論じてきた。そのように論じることになにかのメリットがあるのだろうか。

私たちの理解では,「市民社会」は,互いに依存しあいながら社会的再生産をおこなっている人びとの領域であって,そこには,多数の社会的勢力が存在し,時にはしばしば相克しあうような複数の規制原理が存在する。資本運動を軸とした人間関係によって富と勢力が形成される経済原理(資本主義)は,現在の「市民社会」のなかで優越的な規制原理であるが,生産・流通・消費の全部面において非資本主義的な要素に依存している(労働者の連帯心と創造性,仲介者の本能と冒険心,消費者の欲求と好奇心)が,これはそれこそネグリ=ハートが「マルチチュード」の特性

として指摘する事柄である。また，資本主義は，法制度，国家，通貨金融機構，文化・イデオロギー機構などの他の多数の制度・機構による補完を必要としていて，時にはそれと衝突することすらある。また，社会的再生産のなかでは，非市場的・非営利的要素が優勢な家庭生活，地域生活，文化・政治活動などとの関連のなかに立たざるをえない。したがって，国境を越えた「市民社会」においては，資本の世界的運動を保証するための，意識的・無意識的な制度形成や政策調整が不断におこなわれると同時に，それにはい組むようにして非資本主義的な要素あるいは規制原理が生成する。

　私が「帝国」よりも，「市民社会」の概念を好むのは，こうした相互に錯綜した関係を認識することによって，「帝国」対「マルチチュード」という二元図式が生み出す弊害を埋め合わせられると考えるからである。「帝国」というスーパー国家とそれに抵抗する「マルチチュード」＝「プロレタリアート」という二元的図式のもとでは，「帝国」に与するか「マルチチュード」に与するかという敵味方の政治的裁断が恣意的に導入される恐れがある。すでに『〈帝国〉』においても，「社会民主主義」が「敵」とされていたり，国際的なNGO活動が「帝国」の別働隊と規定されていたりしているのを読むにつけ，この懸念は深まる。

　ネグリ＝ハートのいう「帝国」「転覆」は，実際には「市民社会」の変革のことである。20世紀の変革思想が，さまざまな挫折のもとで改良主義と化したことへの彼らの苛立ちは，私にもある程度理解可能である。しかし，情動的な言語をいくら重ねても，現実の変革にはつながらないだろう。

3. グローバル市民社会の対抗戦略

▶3.1……「世界社会フォーラム」

　現在「帝国」あるいは「世界市場」においては，一方では多国籍企業やその他の資本の国際的な経済活動があるとともに，その条件を整えることによってグローバル化を推進するWTO，IMF，世界銀行などの国際機関が存在する。1995年に従来の物品貿易を中心にしたGATTがサービス取引や知的財産権などの新領域をも含むWTOに改組されたことにあらわれているように，これらの経済関連の国際機関は，資本の自由な活動と移動を促進することが世界的な福祉の向上につながるとい

う新自由主義を体現している。しかし，他方では，これらの国際機関が大きな会合を開くたびに，反グローバリゼーションの抗議運動が組織され，全世界から数万人の人びとを集めている。2001年にポルトアレグレで生まれた「世界社会フォーラム」は，資本によるグローバリゼーションに対抗する運動の結集体となって，それぞれの社会運動の多様性を有したままに，討議と協働の空間を提供している。※4

　これを見ると「帝国」対「マルチチュード」という二元図式はすでに現実の対抗図式になっているかのようにも思われる。しかし，「帝国」とされる側も一枚岩ではない。※5 国際機関の形式的には上位にある国連総会では，各国1票の投票原理から，発展途上国の見解が通りやすく，それにしたがって多くの提案が生まれている。WTO，IMF，世界銀行などでは大国の意向に反することを実質的に不可能にする仕組みが存在するが，UNICEF，UNESCOなどのように，発展途上国を重視することを嫌って米国が脱退したような組織もある。また，ILOのように労働者の代表が制度化されている国際機関もある。米国，とくにブッシュ・ジュニアの共和党政権は，こうした国際機関による制約を嫌い，直接に米国の基準や制度を適用させたり，二国間交渉で問題を解決しようとしたりする傾向が強い。また，近隣諸国との経済自由化を全世界一律の自由化に優先する諸国は，WTOでの合意の進展を待たずに，自由貿易協定の締結や地域経済統合を進展させている。

　他方で，対抗する側も統一されているわけではない。「世界社会フォーラム」では，国際機関との交渉やその改革に期待をかける改良主義的な潮流とそれを否定する急進主義の潮流が並存している。また，グローバリゼーションを推進する政府に近い社会民主主義や原子力発電を支持する労働組合とも完全に分離しているわけではない。第2回ポルトアレグレ・フォーラムの文書の訳者たちは，フランスのNGOのリーダーの次のような発言を紹介している。このような見解は，「世界社会フォーラム」の運動のなかでは，国際組織の改革に期待する改良主義に属するものであろうが，この対抗的社会運動の現在の状況をうまく言いあらわしているように思えるので全体を引用する。

　　まず，第一に，私たちが「唯一の思想」と名づけた「ワシントン・コンセンサス」というイデオロギーを崩壊させたことである。これは新自由主義思想の正統性終焉の兆候である。第二に，私たちは，まだ本当には勝利していないけれども，

物事が動きはじめている兆候のいくつかを見いだした。たとえばエイズ薬の問題について、WTOは貧しい国が特許料なしで薬を買うことを受け入れざるをえなくなった。数多くの限界や、アメリカ合衆国が道を阻もうとする可能性はあるとしても、これ自体は前進である。エイズ薬に関するWTOの合意が最良のものでないにしても、また、合意に多くの留保がつけられているとしても、これは、運動の力を示す証拠なのである。

しかし、私たちは、依然として新自由主義的資本主義とは異なる、主要な思考方法を持っていない。世界大恐慌時には、資本主義の枠内においてすら、ケインズ主義やその他の分配モデルがあり、そうしたオルタナティブのうちでどのような道を選ぶのかということが、選択肢としてあがっていた。いまの私たちには、これがない。というのも、すべての左翼の古典的モデルが危機にあるからである。私たちは今、社会運動によって新しい要求を表明することで、新たなオルタナティブをつくりあげている最中なのだ。(大屋・木下 2003、454ページ)❖6

▶3.2……**国際的なコーポラティズム**

「世界社会フォーラム」の運動は、国内の社会運動におきかえるならば、参加者の自発性と多様性の点から、政党や労働組合の組織を前提とした運動とは区別された市民運動に対応するものである。人びとの関心に訴える運動は、広範な人びとの参加を可能にするが、他方では、持続的な運動にとってマイナスになる極端な表現に走りやすく、一般に熱しやすく冷めやすいという特徴がある。それに対して、各レ

❖4……その記録文書(フィッシャー／ポニア編 2003)では、「市民運動」あるいは「市民社会論」の言語と「帝国」「マルチチュード」というネグリ=ハートの言語が入りまじって用いられている。

❖5……「世界社会フォーラム」に結集した社会運動家からは、「社会運動が使う用語としての『帝国』とは、国際通貨基金(IMF)や世界銀行、世界貿易機関(WTO)や企業、銀行、G8のような機構やグループによってつくりあげられ維持されている実体を表現したものである」(フィッシャー／ポニア編 2003、18ページ)とされる。しかし、まだ公的な性格をもっていて外部からの影響を受けやすいそれらの組織よりも、「世界経済フォーラム」(ダボス会議)のような閉鎖的な私的会議の方が、資本のグローバリゼーションの戦略形成にとって重要であるとネグリ=ハートは示唆している(同前 6ページ)。

❖6……大屋・木下(2003)454ページ。これは投機的資金移動に課税を求めることから活動を開始したフランスのNGO運動組織ATTACの国際問題担当者クリストフ・アギトンへのインタビュウの要約である。

ベルの代議制議会主義の制度に対応して組織された政党や各レベルの労使関係に対応して活動する労働組合とその連合体は，制度化された日常活動によって影響力を行使している。いまは国際レベルの市民社会が念頭にあるので，政党ではなく労働運動について考えよう。

　国内の労働運動が制度改革において影響力を行使しようとする場合，連携関係をもつ政党に頼るという方法だけでなく，政府や使用者団体と交渉したり，政策の形成段階から各種の審議会などに加わったりするという方法があった。政府の側でも，そうした方式の方が，実情に即し，実効的な実施が可能になると考えることが多かった。この方式が制度化された場合，代議制方式ではなく，団体を通じて実質的な政策が形成される「コーポラティズム」の一変種として，「社会コーポラティズム」あるいは「労働の加わったコーポラティズム」と呼ばれる。多くの西欧諸国では，政治勢力としての社会民主主義と結びついてこうしたコーポラティズムの機構が成立しているが，日本でも，「連合」結成にいたる労働運動の転換とその後の「連合」の活動は，こうしたコーポラティズム体制の構築により組織労働者の利害を擁護しようとするものと考えられる。こうした「社会コーポラティズム」は，1980年代以降の新自由主義的な規制緩和政策によって逆風にさらされているが，北欧諸国やドイツ，オランダなどではなお健在である。

　「世界市場」に対応した「市民社会」においても，こうした労働運動のコーポラティズム戦略がある程度想定可能である。もし，国際的に拡大した企業活動に対応して労働組合が国際的に組織されるならば，「グローバルな団体交渉」をおこなうことができる。全世界的な労使交渉は不可能であるが，労使の対話と国際労働基準の形成機構として，政労使の3者構成によるILOが活動を続けているし，国連やその他の国際機関も国際的企業に対して社会的基準を遵守するよう求める方向に進んでいる。また，地域レベルでの労働団体と使用者団体の対話も取り組み始められている。[7]労働運動は，グローバル化に対応しておこなうべき多数の課題をもっているし，またそれをおこなわなければその機能も低下するだろう。

　ジェフ・フォは労働運動がグローバル化にかかわる際の注意点として，「権利と労働基準を区別する」ことが重要であるという。団体交渉や最低賃金に対する権利は各国の状況を問わず普遍的に承認されなければならないが，労働条件や最低賃金の水準は各国・各地域の実情に適合したものにならざるをえないということである。

彼は，このことの確認を出発点として，先進国の労働者が要求する「社会的基準」と開発途上国の労働者の「権利」を守る「総合的交渉(grand bargain)」が企画できるという。開発途上国の成長のためには，先進国以上の柔軟性と資本投資が必要であることは否定できない。社会的権利を広範に含む「グローバルな社会契約」を基礎にした持続可能な開発によって，開発を生活水準の向上に結びつけることが，「総合的交渉」の目的である(同前124ページ)。

たしかに，国際機関が労働運動の諸組織の発言を歓迎することもあるし，また自国の政府に圧力をかけてその対外政策に影響を及ぼすことも可能であろう。しかし，ILOの国際労働基準の批准は，各国政府に任されているし，たとえ批准したとしてもその履行がサボタージュされた事例も多数存在している。労働団体と使用者団体が組織的に確立している国どうしであれば，国境を越えた労使対話も可能であろうが，多くの場合には，そこには一番問題になる多国籍企業や中小企業の代表者は参加することがない。グローバルなレベルにおいては，労使関係を包括するコーポラティズムの制度の形成は，それ以上に困難である。フォのいうように，グローバルなレベルにおいて問題になるのは，労働条件の数量ではなく「権利」そのものであるとすれば，このレベルにおける労働運動が市民運動と連携し，市民運動的な方式に近づくのは自然であると言わざるをえないであろう。

▶3.3……「補完性」の原理

各種の国際組織は，それぞれに関連の専門組織と提携しているし，また「市民社会との対話」と称して各種のNGOとの定期的な協議をおこなっている。そこに，関連団体やその専門家を参加させた国際的なコーポラティズムの形成の萌芽を見ることもできるかもしれない。しかし，コーポラティズムの弱点のひとつは，その代行主義的な性格である。構成員の利害の組織としての集約とプロによるその具体化に重点がおかれるために，構成員個々人の自発性が沈滞することが多い。組織がいかに改革されても，それが底辺から離れれば離れるほど，底辺の人びとの感覚や意

❖7……アジア地域ではこの地域のほぼ唯一の国際労働組合組織である「国際自由労連アジア太平洋地域組織(ICFTU-APRO)」がILOと連携してさまざまな政策活動をおこなっている。経営者側では，2001年8月に「アジア太平洋経営者団体連盟(CAPE)」が発足した。双方の首脳は懇談会を通じて意見交換をおこなっているが，具体的な問題をめぐる協議の段階にまではいたっていない。鈴木宏昌・連合総研編(2002)67-91ページ参照。

である。

は、「補完性(subsidiarity)」の原理がしばしば言及されていることが。これは「世界社会フォーラム」に提出された文書では、「意思決定ができ民衆に近いところで行われなければならない」(同前371ページ)原則として説明されている。それは、元来は欧州統合のプロセスのなかで、重層的な組織構造のなかに地方自治を位置づけるために用いられた組織原則で、下位の団体で可能な課題についてはその自治を尊重し、それが不可能な場合に上位の団体が関与するという原則である。これは、国連の「世界地方自治憲章草案」にも盛り込まれたが、より上位レベルでEUと各国政府との関係についても援用されている。もちろん、全体として達成すべき課題についての共通の枠組みがなければこの原理も機能しないが、その枠内で分権化をできるだけ推進するための原理である。しかし、最近ではこの原理は、個人—家庭—地域コミュニティやNPOなどのインフォーマルな社会領域にまで拡大されている。[8]「世界社会フォーラム」の文書では、それは文化的な領域にも適用され、グローバル化のなかで文化的な多様性を保障する原理として取り入れられている。

　グローバル市民社会における資本と労働の関係においては、企業レベルあるいは国内レベルとは異なって、すでに生産された生産物あるいは経済的価値の分配をめぐる闘争としての性格は希薄になる。むしろ、労働者の権利やそれと結びついた制度(あるいはルール)をめぐる闘争としての性格が強い。これもまた、国際的な領域における労働運動が、市民運動と結びつく可能性を示している。市民運動は既存の社会関係にもとづいた特殊的な利害闘争には通常関心を示さないが、労使関係という特殊領域であっても、顕著な権利の剥奪や排除は、その普遍的な関心事項に属するからである。もちろん、賃金や雇用をめぐる闘争ではないからといって、資本側にとっても労働側にとっても、副次的な闘争というわけではない。資本にとっては将来の収益機会とその条件、労働にとっては将来の労働と再生産の条件にかかわるものであり、またいったん決定されると経路依存的に持続するために、それだけ真剣にならざるをえない課題である。

　さきに言及した「権利と基準を区別する」というフォの提言は、ローカル、あるいはナショナルなレベルでの自律的決定を尊重するという「補完性の原理」に適合する。それは、労働運動や社会運動の組織原理でもあるだろう。グローバルな「市民社

会」が問題であるといっても，人びとの日常の社会的再生産がおこなわれているローカルな領域(コミュニティ)を無視することは許されないし，経済・政治・社会的諸過程の総括的制度が整備されているナショナルな国家領域は，グローバルな活動をおこなう場合でも，制約というよりも重要な跳躍台である。

　グローバルな市民社会は，経済的な関連を除けば，文化的あるいは民族的基礎を欠くのではないかという問題は，差異を承認し，多様性を評価するかどうかということであろう。旧ユーゴスラヴィアにおける悲劇を考察すればわかるように，市民社会の分断は差異を排除する政治意識の出現とともに生まれた。多様性をもった統一，差異の評価が，公式の政治過程でも社会運動でも，そして基底となる社会的再生産の連関のなかでも定着するならば，グローバルな世界においても差異を超えた市民社会が存在するであろう。

おわりに

　政治学・社会学的な「新しい市民社会論」に立たなくても——マルクス的な視点に立っても——「グローバルな市民社会」はすでに存在すると考えてよい，そのもとで適切な変革の戦略と政策を構想しなければならないというのが，本稿の結論になる。

　その際，私がネグリ=ハートの「帝国」論を意識しながら，「世界市場」に対応した「市民社会」をいうことによって強調したかったことは，ここで振り返ってみれば以下の諸点である。これをもって本稿の総括にかえたい。

（1）「世界市場」で高度な市場関係と原生的な関係が同時にあらわれるように，「グローバルな市民社会」でも，高度に洗練された社会関係と原生的な権力関係が同時に，しかも地域的・領域的な多様性をもってあらわれ，制度化によるガバナンスが必要とされる。

（2）利害関係が錯綜し，多数の規制原理と勢力が存在する市民社会の次元では，「敵味方」を明確に区分することは不可能なことが多く，むしろ有益・有効な政策およびルール(権利体系および制度)の構想が必要である。

（3）団体組織と専門家によるガバナンスのグローバル・レベルでの制度化は不可

❖8……昇(2003)は「補完性原理」を地方自治との関連から整理している。

欠ではあるが，その具体化や内容，実施法については，「補完性の原理」が注目されているように，当事者となる人びとに近いところで，その人たちを参加させて決定すべきである。

（4）国内では乖離することもある労働運動と市民運動も，グローバルな市民社会の改革の課題においては，両者の協働が国内における以上に必要とされる。

参照文献

◆ウォルツァー，M.(2001)『グローバルな市民社会に向かって』(石田淳ほか訳)日本経済評論社(Walzer, M., *Toward a global civil society*, Friedrich-Ebert Stiftung, 1995)。

◆大屋定晴・木下ちがや(2003)「反グローバル化から『もうひとつのグローバル化』運動へ」フィッシャー／ポニア編(2003)の訳書所収。

◆鈴木宏昌・連合総研編(2002)『開かれたアジアの社会的対話』日本評論社。

◆滝村隆一(1971)『マルクス主義国家論』三一書房。

◆ネグリ，A.／ハート，M.(2003)『〈帝国〉——グローバル化の世界秩序とマルチチュードの可能性』(水嶋一憲ほか訳)以文社(Negri, A. and Hardt, M., *Empire*, Harvard University Press, 2000)。

◆昇秀樹(2003)「『補完性の原理』と地方自治制度」，『都市問題研究』2003年7月号。

◆フィッシャー，W. F.／ポニア，T.編(2003)『もうひとつの世界は可能だ——世界社会フォーラムとグローバル化への民衆のオルタナティブ』(加藤哲郎監修)日本経済評論社(Fisher, W. F. and Ponniah, T. eds., *Another world is possible*, Palgrave/Macmillan, 2003)。

◆ヘーゲル，G. W. F.(1967)『法の哲学』(藤野渉・赤沢正敏訳，岩崎武雄責任編集『世界の名著35 ヘーゲル』中央公論社，1967年所収)(Hegel, G. W. F., *Grundlinien der Philoshphie des Rechtes*)。

◆マルクス，K.(1966)『経済学批判』(杉本俊朗訳)大月書店国民文庫版(Marx, K., *Zur Kritik der politischen Oekonomie*, 1959)。

◆マルクス，K.(1974)『ユダヤ人問題によせて・ヘーゲル法哲学批判序説』(城塚登訳)岩波文庫(Marx, K., *Zur Judenfrage, Einleitung zur Kritik der Hegelschen Philosophie des Rechtes*)。

◆マルクス，K.(1981)『資本論草稿集①』(資本論草稿集翻訳委員会訳)大月書店(Ökonomische Manuskripte 1857-58, Teil 1)。

◆マルクス＝エンゲルス(1998)『草稿完全復元版 ドイツ・イデオロギー(Deutsche Ideologie)』(渋谷正編訳)新日本出版社。

◆山口定(2004)『市民社会論——歴史的遺産と新展開』有斐閣。

世界市場の統合と
ガバナンス問題
「全般的危機」から「埋め込まれた自由主義」へ？

はじめに：「全般的危機」論を裏返せば

　かつての正統派マルクス経済学者によって支持された「全般的危機」論は，社会主義経済体制の成立による世界市場の分断が帝国主義の危機を生み出し，それを乗り切るために独占資本と国家が結合した国家独占資本主義が成立するとするものであった。社会主義経済体制の存在が資本主義の世界的危機をもたらすという議論は，1920年代の初頭や第二次大戦後の一時期を除けば，少なくとも経済面に限っていえば，現実に反していた。しかし，1990年前後の社会主義経済体制の消滅という歴史的事態を踏まえて，世界市場の統合の将来と帰結を考える際には，その反省も含めて，ひとつの手がかりになるだろう。

　この理論を裏返せば，社会主義経済体制の消滅は世界市場の統一性を復活させ，資本主義を「全般的危機」から救出することになる。もし，この前提を認めるならば，次に危機から脱した資本主義が帝国主義的な対立を再燃させるか，それとも対立を解消した「超帝国主義」的な発展が生まれるかどうかという論点があらわれる。危機から解放された資本主義が，国家への従属を解消して世界市場に羽ばたけるかどうかも興味深い論点である。

　しかし，社会主義体制が消滅したからといって，等質な世界市場が成立したわけ

❖1……資本主義の「全般的危機」論は，1920〜30年代の緊迫した欧州の政治経済情勢をもとにコミンテルンで提起されて以来，正統派共産主義者の世界認識の基本枠組みであった。ソ連の成立による危機を第一段階とすると，第二次大戦以降に社会主義経済体制がブロックとして成立したことによる世界市場の分裂が危機の第二段階であるが，フルシチョフ時代にはソ連の経済力が米国を凌駕するというオプティミズムのもとに，危機が第三段階までに進んだと称された（不破1988）。

ではない。また，世界市場において争われるのは，各国の資本の利害だけではない。先進国・後進国双方の労働者や農民の利害，消費者の利害，あるいは世界市場から取り残されている諸国民の利害も存在する。それらが通商政策における対立に影響する。さらに経済的利害の問題に加えて，安全保障問題，環境問題や貧困・人権問題が争点として浮かび上がり，国家だけでなく，市民社会組織を加えて，政策をめぐる言説が行きかう空間が形成されている。資本による世界市場統合の要求は，これらの利害と言説の配置に影響を与えるが，逆に，公共的空間のなかで形成される政策，制度，合意によっても影響を受ける。世界市場の形成は，すぐれて政治経済学的な過程である。

1. 第二次大戦後の世界市場統合

▶1.1……挫折した国際貿易機関(ITO)

　世界市場の統合問題について考える際に興味深い事実は，貿易については世界のほとんどの国を包括する多国間協定とその交渉・履行・監視のための国際機構である世界貿易機関(WTO)があるが，投資については世界的規模での多国間協定が存在しないことである。現在，世界全体をポートフォリオ投資と直接投資の波が覆っているが，各国政府が外国人投資家にどのような権利と保護を与えるか，あるいは外国人投資家はどのような義務を負うのか，係争が起きたときの解決法，投資家の母国政府と投資先国政府との関係は，関係国ごとに異なる。最近では，自由貿易地域(FTA)その他の二国間協定で投資関連の条項が盛り込まれることが多いが，それは利害関係の強い二国間の資本移動を優先し，排除された国の立場を悪化させる可能性がある。また，協定内容自体も，大国と小国のアンバランスな関係を反映させるものが多く，公正な国際基準とはみなしがたい場合が存在する。

　投資に関する多国間協定が存在しないのは，第二次大戦後の国際経済関係の再構築の際に，その設立が合意された国際貿易機関(ITO)が挫折したことによる。それは，世界全体で自由無差別の国際貿易を実現して，第二次大戦後の国際経済の支えとなるはずの国際機関であった。その基礎になる国際貿易機関憲章(通称ハバナ憲章)は，国際連合の決議によって設置された小委員会で起草され，1948年3月のハバナ会議で53ヵ国の署名を得ていた(ただし，ソ連は不参加)。

この構想は，戦争を生んだ国際対立の根源を世界経済のブロック化に求めた米国国務省によって主導され，英連邦市場への進出を望む米国実業界によって支持されていた。しかし，帝国特恵関税の存続に固執する英国議会で強固な反対にあっただけでなく，提唱国である米国の議会でも国際関係で新たな義務を負うことに対する抵抗が高まり，批准ができなかった。そのため，ハバナ会議の前年に合意が成立し，1948年に発効していた「関税および貿易に関する一般協定」(GATT)が貿易自由化の唯一の支えとなり，その巧妙な運用によって，第二次大戦後の貿易秩序は形成されたのであった。

　最近では，平成9(1997)年版の『通商白書』が戦後の通商システムの成立を振り返るなかでITOの挫折を取り上げ，さらに平成13(2001)年度の『通商白書』も，国際的投資協定の必要性を論じた「制度構築」論のなかでITOに言及している。このITOへの関心はGATTからWTOへの発展のなかで，非貿易的事項も取り上げられることになったことにもとづいている。しかし，ITOを投資協定という限定された視点だけから位置づけるのは間違っている。❖3 ITOは現在のWTO以上に野心的な構想であった。

　それは，1941年8月にルーズベルト大統領とチャーチル首相の共同声明として公表された「大西洋憲章」の経済条項に由来している。第二次大戦後の戦後構想の出発点となったこの共同声明は，貿易における無差別主義の原則をすべての国の「権利」として承認するとともに，「労働水準の向上，経済発展，社会保障の改善を達成する目的をもって経済面で最大限の協力をおこなう」ことを「要望」していた。これは，ITOハバナ憲章で，「国際連合憲章に定めた諸目的，ことに同憲章第55条に予見する生活水準の向上，完全雇用並びに経済的及び社会的の進歩及び発展の諸条件を達成する目的をもって，この憲章の締約国は，貿易及び雇用の分野において，相互に及び国際連合と協力することを約束する」(第1条)と目的を定めたことに受け継がれた。

❖2……マルクスが，資本・土地所有・賃労働の前半3部と国家・外国貿易・世界市場の後半3部からなる経済学批判体系の構想をもっていた(1859年の『経済学批判』の「序言」)ことはよく知られている。本稿の読者に，この最終篇「世界市場」の現代的意味について論じた八木(2005b)の参照を請いたい。

❖3……ITOについては，丹羽(1974);(1975-76)，ガードナー(1973)，Drache(2000)を参照されたい。

ハバナ憲章は，均等・互恵的に貿易を促進することだけでなく，雇用および労働条件を重視し，資本移動を途上国の経済開発と結びつけていた。国際通貨基金，国際復興開発銀行に加えて，各国の通商政策および国内雇用政策の足並みを合わせる機能をもつ国際貿易機関が加わることによって，第二次大戦後の世界市場の統合の条件が整うはずであった。雇用問題については，「失業および低位就業の回避」を「すべての国の福祉のための必要条件」とみなし，対策は主として国内的措置によるものとされているが，同時に国際的な「協調的行動によって補充されるべき」としている。これは輸出ドライブによる国内雇用の改善（失業の輸出）を回避するためで，ITO憲章は雇用維持のための防衛手段として，国際収支が悪化した際の輸入数量の制限を認めている。

　経済開発と資本移動の結合は，ITO憲章作成の後期の段階になって途上国の要求によって浮上したもので，ITO憲章は，ここでも各国の国内政策に加えて国際協力を規定している。国内政策としては，一定の条件付きで産業保護や政府の特別援助を許容しているが，国際協力においては，国際投資を重視し，投資機会と投資の安全保障によってそれを奨励することを規定している。ただし，国際投資が投資受け入れ国に対する干渉と結びつかないように，投資受け入れ国が「適当な防衛策」をとる権利を規定している[4]。

　現実のITO構想は，帝国特恵関税を残存させて英連邦＝スターリング・ブロックを維持しようとする英国と，対英借款と引き換えにそれを解体しようとする米国とのせめぎあいのなかに存在した。英国は「既存の義務の尊重」を名目として帝国特恵の全面撤廃に応じなかった。他方，米国はITO構想を推進しながらも，米国の影響力の強いキューバ，フィリピンとの貿易協定で特恵制度を導入していた。また，米国の輸出の急増を恐れた英国，フランスは，無差別条項の緩和を求め，数量制限の一時的導入が認められた。これらの妥協は，米国の自由貿易派の不満を買うとともに保護主義派を勇気づけた。雇用にかかわる条項は，他国による国内政治への干渉であるとみなされた。さらに，憲章の作成作業の場が，米英両国の手を離れて国連の準備委員会（19ヵ国）に移ると，オーストラリア，インド，ブラジル，チリなどの諸国が開発問題を主要目的に入れることを要求し，それを実現した。また，投資について規制や収用をおこなえる権利や，数量制限の実施権を要求した。発展途上国のこうした要求によって，ITO構想のスポンサーであった米国実業界の熱

意も薄れていった。最後にITOの命運を規定したのは，1948年の中間選挙によって，保護主義的で孤立主義的な共和党が優勢な議会が成立したことである。ハバナ会議でITO憲章に署名して帰国した国務省首脳は議会での批准のための支持の獲得のために奔走したが，実業界が離反したことを知り進退窮まった。結局1950年12月に国際貿易憲章を再び議会に提出することはないという政府声明によって，ITOは葬られた。憲章署名国53ヵ国のうち，批准したのはオーストラリアとリベリアの2ヵ国だけであった。

　ITOはあまりにも理想主義的で野心的な構想であった。それは，雇用と開発を包括したグローバル・ケインズ主義の先駆けである[5]。D.ドレイクは，それを「社会的な市場をグローバルに創出する」構想とみなし，挫折が必然であったとはいえ，「短命ながら驚くほど意義深い」と総括している[6]。

▶1.2……地域経済統合の構想

　現実には，第二次大戦後の国際関係においては，ITO―GATT―WTOとつながる多角的通商体制とは別の系譜の地域的な統合構想が存在していた。1947年6月にマーシャル国務長官は，欧州復興のための大規模な援助計画を提案し，ITO憲章が議会に提出されたとき，米国はこの援助プランの実施に心を奪われていた。1948年4月には，この援助資金の使途と配分を決定するために西欧14ヵ国が加盟した欧州経済協力機構(OEEC)が発足し，この援助を受け入れる諸国をソ連ブロックに対抗する西側陣営として再編成した。ドレイクはマーシャル・プランを「ITOに対する競合的アジェンダ」[7]と呼んでいるが，当を得ている。ソ連は，それに対抗してその勢力圏にあった諸国をCOMECONに統合した。それを理論的に表現したものが，社会主義が資本主義に対抗する世界市場になったという「全般的危機の第2段階」論である。

　欧州統合の起源も，多角的通商体制とは別の系譜から生まれている。EU(欧州

❖4……ITOの目的・目標および雇用，投資条項について，丹羽(1975-76)の整理を参照した。
❖5……事実，ITO憲章の草案は1946年のケインズを感激させた。彼は，英国指導層を大英帝国の復活の夢想から覚ませ，多角的自由通商の方向に導こうとする決意を固めていたが，それを果たせないまま急死した(ハロッド 1967, 680-682ページ)。
❖6……Drache(2000), pp. 1, 22.
❖7……Drache(2000), p. 34.

連合)は，1951年の欧州石炭鉄鋼共同体(ECSC)をへて1957年に調印されたローマ条約によって設立された関税同盟である欧州経済共同体(EEC)が発展したものである。GATTは，域外に対する障壁を総体として引き上げないなどの条件のもとで関税同盟などの余地を残している(GATT 24条)が，GATT成立時にその対象と考えられていたのは，オランダ，ベルギー，ルクセンブルクのベネルクス関税同盟のような規模のものであった。EEC(欧州共同市場)はフランス，ドイツ，イタリアにベネルクス3国の計6ヵ国を原加盟国として発足したが，発足時からすでにGATTが例外として想定した以上の規模の存在であった。しかし，加盟国だけでなく，欧州統合を安全保障上の観点から支持した米国の意向もあって，GATT締約国はEECについて判定をくだすことを回避した。現在のEUは，25ヵ国にまで拡大しているが，GATTとの法規上の整合性の問題は公式には解決されないままである。

まとめていえば，第二次大戦後の世界市場の統合は，ITOハバナ憲章の理想主義の挫折をへて，多角的通商体制の原理と，二国間通商体制および地域的経済統合の原理という二元的な原理のもとに進行することになったということである。

2. 旧東欧諸国の欧州経済への統合

▶2.1……統合の経緯

1989年以降の旧東欧諸国の世界経済への統合の過程でも，多角的通商体制の原理と地域経済統合の原理が重なって進行した。先に進行したのは多角的通商体制への統合で，チェコ，ハンガリー，ポーランド，スロバキア，ルーマニアはWTOの発足した1995年にそれへの加盟を実現している。CIS諸国や，紛争の影響が残る旧ユーゴ連邦諸国を除いて，他の諸国も2000年前後には，WTO加盟を果たしている。それに対して，地域経済統合の方は紆余曲折があり，その一応の結末が2004年のEUの東方拡大であった。[8]

体制転換の政策をとった旧東欧諸国の新政権がまずおこなったのは，価格の自由化，企業設立の自由化とともに対外貿易と金融の自由化であった。したがって，市場経済への移行とともに，無防備といえるほど急激に世界経済への開放がおこなわれた。当然起こったインフレーションに対して，西側諸国とその意を体した国際機関(IMF，世界銀行など)は財政と金融の引き締めを条件とする支援をおこない，そ

れにより激烈な転換不況が引き起こされた。ポーランド，ハンガリー，チェコなどの中欧諸国は1990年代半ばにこの転換不況から抜け出し経済成長を実現するようになったが，外国資本を戦略的な顧客とした，銀行などの金融機関を含む大規模民営化をひとつの核にした成長であった。移行の第1段階が市場開放であったとすれば，その第2段階は資本自体の国際統合であった。原油価格の上昇で息を吹き返したロシアのような資源大国を除けば，移行経済諸国の経済成長における二分化は，移行の第2段階に進んで安定的に直接投資(FDI)を受け入れられるかどうかにかかっている。

　2004年5月のEUの東方拡大によって，現在は中欧と呼ばれることの多い旧東欧5ヵ国(ポーランド，ハンガリー，チェコ，スロバキア，スロベニア)およびバルト3国(エストニア，ラトビア，リトアニア)のEU加盟が実現した。ブルガリアとルーマニアの2007年加盟も予定され，条件が整えば加盟させるというEUの方針が明らかにされている西バルカン諸国からも，クロアチアが加盟を申請し，トルコとともに加盟に向けた交渉が開始されることになった。

　これは当初にはとても予想できなかった発展である。1990年前後のEU(当時の名称はEC)は域内市場を完成させ，統合の深化をはかっている最中で，COMECONを脱して西欧志向を明らかにした東欧諸国に対しても，通商・協力のための連合協定の締結を提案する程度の対応しかできなかった。加盟条件を示したのはようやく1993年6月のコペンハーゲン欧州理事会である。それが，民主主義・法の支配・人権の保護と尊重を保証する制度が確立しているという政治的基準，機能する市場経済が存在し，かつEU内の競争と市場圧力に耐えられるという経済的基準，さらに，政治・経済・通貨にわたる同盟の目標達成を含む加盟国の義務を達成する能力という3基準である。しかし，それは加盟交渉を開始するためというより，これらの条件が達成されるまで，これらの諸国を自由貿易によってEUにリンクする欧州協定締結国の地位にとどめることを主眼としていた。具体的な加盟手続きが明らかになるのは1997年7月にEU委員会が作成した「アジェンダ2000」が公表され，欧州共同体の法規の集成であるアキ・コミュノテールとそれを受け入れるための31項目にわたる加盟基準が示されたときである。それ以降，EU委員会は加盟希望各国につ

❖8……この過程は社会主義計画経済から市場的資本主義への移行の過程でもあった。田中(2005)，八木(2005a)を参照。

いて毎年定期的にレビュウをおこない，加盟交渉にはいれる国を選定して欧州理事会に提案することになった。その結果，1998年の3月に，ハンガリー，ポーランド，エストニア，チェコ，スロベニアがキプロスとともに加盟交渉にはいり，翌年には，ルーマニア，スロバキア，ラトビア，リトアニア，ブルガリアがマルタとともに続いた。数年続いた加盟交渉のあいだ，交渉国は31項目の詳細にわたって国内の法規と制度の整備，現実の達成状態と将来の見込みについての審査を受け，ようやく2002年の12月に，ルーマニアとブルガリアを残した上記10ヵ国の加盟が許されることとなった。

▶2.2……統合過程の特質

EUの東方拡大という結果を生んだこの地域経済統合の過程において，特徴的な点は次の3点である。

①安全保障政策との結合

第一には，この地域経済統合と一方では地域的に重なりあうが，他方ではそれを超えて，ロシアとCIS諸国，地中海，中東地域にまで及ぶ広大な近隣地域にまでおよぶ外交および安全保障問題が存在し，それとの密接な結びつきのなかで，EU拡大が進行したことである。それは，一方ではEUの拡大と並行してNATOの拡大が実現したこと，他方ではEUが共通外交政策および安全保障政策をとるようになったことにあらわれている。

旧東欧およびバルト諸国にとっては，米国の軍事力が中枢に存在するNATOに加盟することは，ロシアの潜在的な軍事的脅威から自国を守る最大の保障であった。NATOも1991-95年の旧ユーゴ紛争，1998年からのコソボ紛争に介入し，域外地域で活動するようになっていたが，1999年4月には欧州の周辺地域においても紛争の予防と危機管理のために行動するという「新戦略概念」を採択した。他方，マーストリヒト条約によって，経済にとどまらない政治同盟としての性格を強めたEUは，「共通外交・安全保障政策」(CFSP)の明確化と制度化の方向に進んだ。2003年6月にテッサロニケで開催された欧州理事会はEU拡大をふまえて近隣諸国との関係も含めた外交・安全保障政策を採用することを決定し，ソラナCFSP担当上級代表にその立案を命じた。ソラナは，2003年12月のブリュッセル欧州理事会に「よ

りよい世界における安全な欧州」と題した安全保障政策方針を提出するとともに，NATOとの協力体制を構築しながら最大6万人の独自兵力を欧州の危機管理のために用いるという共通防衛政策を示して承認された。

　しかし欧州独自戦力は，強力な攻撃力と核戦力を有するNATO軍に匹敵するものではない。ソラナの構想の重点は，短期の軍事行動を主眼としたNATOに対して，中長期的な視点に立って軍事力に限られない包括的な手段を用いて平和の維持と予防的な関与を引き受けたところにある。これは，欧州およびその隣接地域の安全保障におけるNATOとの任務分担と言えるだろう。NATOが攻撃的制圧的な軍事力によるハードな安全保障を分担するのに対して，EUは局地的紛争に対処する限定的な軍事力は有するものの，その主要分担領域は，司法・警察活動によって，組織犯罪，核流出，麻薬取引，密輸，人身売買，密入国，テロなどを防止すること，あるいはより一般的に経済協力や文化協力によって国際紛争を防止することにある。

　地域政策における安全保障政策の優位は，1989年以来の東欧・ロシア地域における政策の特質である。そもそも，エリツィン政権に対して，米国と欧州が多額の金融支援をおこなったのが，米国と欧州に向けられた旧ソ連の核戦力・通常戦力の脅威を削減するためであったことは明らかである。それはロシアの経済の再建と民衆の福祉のためには役立たなかったにせよ，ロシア軍を欧州から撤退させ，核ミサイルの解体には役立ったのである。現在でも，EUがロシアに与えているTACIS基金はソフトな安全保障のための支出であると考えられる。

　もともとはオランダ・ドイツの国境地帯などで発展したユーロリージョン（越境地域経済協力）が多数の旧東欧地域で取り組まれているのも，直接に口には出されないものの，経済面の効果だけでなく，安全保障面の効果をねらったものと考えられる。経済的競争力や法の支配において問題の残るブルガリアやルーマニアのEU加盟が認められたり，少数民族になったロシア人の権利保護について問題の残るバルト諸国の加盟が認められたりしているのは，地政学的な意味での安全保障面での考慮が働いているものと考えられる。

❖9……1999年3月にハンガリー，チェコ，ポーランドが加盟，2002年11月にバルト3国，スロバキア，スロベニア，ブルガリア，ルーマニアの7ヵ国に対して加盟招聘，2004年3月にこの7ヵ国も正式なNATO加盟国となった。

②「コンディショナリティ」による外部からのガバナンス

　第二には，EU加盟後だけでなく，加盟にいたる過程においても，旧東欧諸国にはさまざまなかたちでの政治的な制約が課され，国内面と国際面でガバナンスが二重化していたことである。EUの加盟候補国になるには，前述のコペンハーゲン3基準を満たす見込みがなければならず，さらに加盟申請が受理されたならば，EUの現行法規を総体として受容しうるよう詳細な項目にわたってその進捗状況についてレビュウを受けなければならない。EU加盟を推進する政府は，国内で民主主義的な選挙によって正統性を獲得するだけでなく，国際政治においては，EUその他の国際機関が示す基準をどれだけ達成するかによって評価される。達成率が低いか，達成の意欲に問題があるとされるならば，EU加盟などの外交的目標が実現されないだけでなく，公的資金による融資だけでなく，民間投資の流入にも響くので，その達成は国内での政治的意思形成に依存しない優先事項となる。国内の政治システムによる政府の形成は保証されているが，そのとりうる政策は国際政治によって，一国ではなく国際機関によって方向づけられていた。小川有美によれば，国際政治における強制の一方式である「コンディショナリティ」方式が採用されているのである。[10]

　「コンディショナリティ」という語が有名になったのは，IMFが救済融資に対して，緊縮財政，金融引き締め，為替管理の撤廃などの厳格な条件を付し，それが履行されるかどうかの監視を実施したことによる。ロシアも含めて，旧東欧諸国は1990年代においてしばしばIMFによる救済を受け，そのたびに一時的あるいは長期的に政策的選択肢を手離した。IMFの「コンディショナリティ」の場合は，融資返済が直接の目標であるから，制度の積極的形成を目標とした「コンディショナリティ」ではない。

　EU加盟交渉における「コンディショナリティ」は，現行EU内でおこなわれている法規に応じた制度形成を要求する点で，IMF「コンディショナリティ」よりも積極的であるが，二国間関係のような特殊利害を前提した条件交渉としての性質は強くない。加盟国にとっては，EU内ですでにおこなわれている地域内の一般性をもった法規を一方的に受容するという「コンディショナリティ」である。

　この外部からのガバナンスは，もっと緩い形態では，それぞれの援助プロジェクトごとに支援が行われるPHARE（中東欧諸国支援）やISPA（環境運輸支援），SAPARD（農業農村支援）などの加盟前戦略による援助やIBRDの融資にも貫かれている。それ

は，EU加盟交渉国の範囲を超えて，CARDS（西バルカン復興支援）やTACIS（ロシア支援）でも同様である。これらの援助プロジェクトは，支援対象国の政府を援助するのではなく，自治体や各種経済組織，企業などのプロジェクトの実施主体に資金援助がおこなわれる。EUは，「市民社会」のなかの団体やネットワークも含んで，それらの組織が時には国境を越えて連携して地域振興にあたるを歓迎している。EUはその支援によって，支援対象国家の内部にはいり込み，地域振興と市民社会の活性化を実現しようとしている。ここでは，国際レベルでのガバナンスとサブ地域あるいはローカル・レベルでのガバナンスが結合している。

③**経済的利益**——加盟前援助と通商利益

　貧しい旧東欧諸国のEU加盟は，既加盟国にとっては負担を増加させるだけではないかという危惧がしばしば表明されている。しかし，EU加盟にいたる旧東欧諸国の統合がEU既加盟国の諸種の援助や公的融資および民間投資によって支えられたことは事実であるが，通商上の利益はEU既加盟国の方に生じている。これが第三の特徴である。

　EU委員会はそのEU拡大を取り扱ったホームページで，2004年に加盟を実現した10ヵ国の加盟支援にEUが投じた経費を，EUのGNP総額，およびEUの前10ヵ国に対する貿易黒字と比較している（**表2-❶**）。これによれば，EUが要した経費は，単純に足せば総額695億ユーロになるが，これは1999年のEU諸国のGDPの1パーセント以下である。他方で，EU諸国が2004年加盟10ヵ国とおこなった貿易では，1995〜2000年の6年間だけで貿易収支残高の黒字分は総計で1044億ユーロに達している。これは，17年間で総額695億ユーロという加入支援経費よりも大きい額である。

　EUは旧東欧諸国と加盟交渉にはいる以前から，自由貿易協定によって工業製品について旧東欧諸国に市場を開放したが，農業製品については1999年時点で単純平均16.7パーセントの関税率が適用されていた。工業製品についても，東欧諸国の輸出品である衣料品や金属製品などは輸入制限などの措置が許される「センシティブ」商品が多かった。中欧およびバルト諸国の対EU輸出品全商品についてITCウェイトで加重平均した場合の保護関税率もなお，8.8パーセントになっていた。

❖10……小川有美（2001），233ページ以下。

表2-❶：EU拡大の経費と利益

2004年加盟10ヵ国に対する加盟前経費（単位：百万ユーロ）*

年	1990～1999	2000～2003	2004～2006
PHARE（移行国支援）	6,767.16	6,240.00	4,680.00
ISPA（加盟前構造改善事業）		4,160.00	3,120.00
SAPARD（農業・農村発展）		2,800.00	1,560.00
小計	6,767.16	13,200.00	9,360.00

2004年加盟10ヵ国に対する加盟後経費（単位：百万ユーロ）*

年	1990～1999	2000～2003	2004～2006
農業			9,577.00
構造改善事業			25,567.00
内務政策			3,343.00
行政			1,673.00
小計			40,160.00

拡大のためのEU経費の総計（単位：百万ユーロ）*

年	1990～1999	2000～2003	2004～2006
総計	6,767.16	13,200.00	49,520.00
年あたり総計平均	676.72	3,300.00	16,506.67
1999年EUのGNPに対する総計の割合	0.08%	0.16%	0.62%
1999年EUのGNPに対する年あたり総計平均の割合	0.008%	0.04%	0.21%

2004年加盟10ヵ国とのEUの貿易，1995～2000年（単位：億ユーロ）

年	1995	1996	1997	1998	1999	2000	計
輸入	44.4	47.2	56.9	67.9	75.8	97.5	389.7
輸出	53.2	63.8	78.9	90.5	93.2	114.7	494.1
EUの収支	8.8	16.6	21.8	22.6	17.4	17.2	104.4

*加盟前経費は2000年価格，加盟後経費は1999年価格。1990～1999年は実支出ベース，1999年以降は約束ベース。
出所：http://europa.eu.int/comm/enlargement/faq/faq2.htm#22

逆に，貿易を自由化した旧東欧諸国には投資財だけでなく西側の消費物資が流入し，旧コメコン市場の消失とともに貿易収支の赤字が構造化された。

　FDI投資には，政治的原因や法的不備，あるいは通貨危機によるカントリーリスクがともなうが，EU加盟が実現すればこのリスクはほとんどなくなる。EUの全域で基本的に整合的な規制がおこなわれ，資本移動の制限はなくなるからである。ユーロの導入まで進めば，為替変動によるリスクもなくなる。他方，旧東欧諸国にとって，EUという政治的側面も含めて深化した国家連合への加盟によって，国際経済政策において能力にあまる課題を突きつけられることを回避できる。それは，ガバナンス権限の移譲による解決といってもいいだろう。

3. 世界市場のガバナンス機構の成立と試練

▶ 3.1……**世界貿易機関(WTO)の成立**

　第二次大戦が終結して50年後の1995年に，長期にわたるウルグアイ・ラウンドでの多角的交渉をへて世界貿易機関(WTO)が成立した。この組織は，物品貿易のルールの規律に課題を限定していたGATTに比べて，管掌範囲を大幅に拡大しただけでなく，紛争解決機能を強化した恒常的な国際機関である。GATTのWTOへの発展の背後には，ハイテク技術，サービス取引，および知的所有権のような急速に発展している分野において自由化を実現して，自国資本の優位を確保しようとする米国の政策があった。このラウンドでは，農産物市場をめぐるEU(当時はEC)と米国および途上国の対立だけでなく，サービス取引の自由化や知的所有権保護をめぐって米国とその他諸国とくに途上国とあいだで厳しい対立があった。米国は，ラウンド交渉を推進しながらも，多角主義と異質な地域統合戦略(NAFTA)を始動させてウルグアイ・ラウンド交渉に圧力をかけた。途上国も，多国間協定に反対でも，自国の利益になる二国間協定では妥協的であった。農産物市場問題で米国とEUのあいだに合意が成立すると，ウルグアイ・ラウンドは終結に向かった。たしかに，自国投資の自由化とその保護を義務づける投資協定の締結をこのラウンドに持ち込もうとする動きは，「知的所有権の貿易関連の側面に関する協定」(TRIPs)のなかで，内国民待遇を現実的に実行させるための手続きを盛り込むことと引き換えに断念された。

　ウルグアイ・ラウンドが投資協定を議題に取り上げないままに終結したため，実行可能な投資協定の準備はWTOではなく，OECDでおこなわれた。1995年の5月に開催されたOECDの閣僚理事会は，2年後を期限として，投資の自由化，投資保護，紛争処理を内容とする「多国間投資協定(MAI)」の交渉開始を決定した。投資自由化が，内国民待遇，最恵国待遇，透明性の3原則からなること，投資保護が収用の際の補償，利益および補償の送金の自由を主要内容とすることについて交渉開始時から一致があった。紛争処理については，国家間の紛争処理手続きに法的拘束力をもたせ，賠償あるいは原状回復を命令できるとし，さらに投資家対国家の紛争処理についても投資家の立場を強化した点で，WTOの紛争処理手続き以上に強力な手続きが考えられていた。OECDの加盟国はWTOのそれより少ない

が，途上国の発言力がほとんどないOECDで投資協定をまずまとめ，それを非加盟国にも拡大して実質的な世界的協定体制とすることが意図されていた。しかし，途上国が最初からOECDのMAI交渉に批判的な態度を持ち続けたので，投資にかんする「二重基準」の状況が生まれることが懸念された。さらに，投資の自由化および保護を基準とした仲裁によって，環境，人権などの課題のための政策が制約されることを危惧した多くの欧米のNGOが反対にまわった。投資家の利益を突出させた高水準の自由化は，先進国内部でも抵抗に遭遇し挫折した。[11]

　成立したWTOでは，1996年の第1回シンガポール閣僚会議で，投資，競争，政府調達の透明性，貿易円滑化の4分野を「新分野」として検討することが決められ，1998年の第2回ジュネーブ閣僚会議で新ラウンドの準備が開始された。しかし，新ラウンドの立ち上げを課題とした1999年11月の第3回閣僚会議は，農業，アンチ・ダンピング措置，投資ルールをめぐって先進国間で一致が得られなかっただけでなく，多数の途上国の不満を解消できずに失敗に終わった。開催地のシアトルでは，環境問題を危惧するNGOや雇用・労働条件の悪化を怖れるAFL-CIOが動員をかけた抗議運動がおこなわれ，反資本主義を掲げたアナーキストが騒乱状態をつくりだした。さまざまな立場からの反グローバリズム運動が，WTOを標的とする点で一致したのである。

　その後，先進国内部の対立の解消と，途上国側との協議が続けられた結果，2001年9月11日のニューヨーク・テロ攻撃のあと世界的な結束の意思の高まるなか，同年11月にドーハで開催された第4回閣僚会議で新ラウンドの開始がようやく決定された。しかし，その次の2003年9月にメキシコのカンクンで開催された第5回閣僚会議はまたしても決裂した。そのきっかけとなったのは，日本，EUが4新分野の交渉を同時に開始することを望んだのに対して，途上国が先送りを主張したためである。カンクンで抗議運動を主導したのは途上国の農民運動で，それを背景にしてブラジル，インド，中国，アルゼンチン，南アフリカなどのG20グループ，アフリカの最貧国グループなどが農業分野でも先進国に対して抵抗した。1年後にようやく4分野のうち「貿易円滑化」だけの交渉を開始し，他の3分野は今回のラウンド期間は「交渉に向けた作業」をおこなわないという「枠組み合意」が成立したが，それは先進国がG20グループのリーダーであるブラジルとインドの切り崩しに成功したからだと評されている。また，その際，新ラウンド交渉の期限が2005年1月から2006年中

へと繰り延べられ，2005年12月に開催が予定されている香港第6回閣僚会議で，その大枠合意を取り付けることが課題とされた。

► 3.2……**ゆらぐガバナンス構造**

WTO発足以来のこのような経過をたどってみると，世界的通商体制としてのWTOの矛盾が露呈していることがわかる。第一には，WTOの閣僚会議では先進国と途上国の対立が顕在化し，実効的な決定がおこなわれるためには途上国グループのリーダー国を引き込むことが必要だということである。第二には，米国，EU，日本といった先進工業国はいずれもFTAやEPAという二国間，あるいは地域的経済統合のアプローチに現実性を感じていて，WTOでの多国間合意の達成にはしばしば消極的になることがある。さらに第三には，NGOに対するブリーフィングなどの広報活動にもかかわらず，WTOの経済的なグローバル自由主義は，環境，人権，雇用・労働に関心をもつグループの支持を得ていない。[12]

途上国グループのリーダーと目されているインドとブラジルは，2001年にWTOに加盟した中国，現在WTO加盟直前にあるロシアとともに，新興市場大国BRICsを構成している。この語を創作したのは，この4ヵ国の2050年までの長期成長予測をおこなったゴールドマン・サックス社のエコノミストである。[13] その予想によれば，この新興経済4ヵ国のGDP総額は，現在の先進6ヵ国（G6: GDP順に，米国，日本，ドイツ，英国，フランス，イタリア）のそれに対して15パーセント弱にすぎない（2003年）が，2025年には50パーセントを超え，2040年にはそれを上回る。2050年の世界経済は，GDPの規模で並べて，中国，米国，インド，日本，ブラジル，ロシア，英国，ドイツ，フランス，イタリアの順となるが，一人あたり所得では，現在の先進6ヵ国に対する新興経済大国の格差はロシアを除いては存続する。BRICs 4ヵ国の経済成長から生まれる支出増加は，2009年には現在の先進6ヵ国のそれを超え，2025年にはその2倍，2005年にはその4倍になる。

BRICs 4ヵ国のうち，インドとブラジルはGATT期以来のWTO加盟国で，すで

❖11……この箇所は，小寺（2000），補論「多数国間投資協定（MAI）」を参照している。
❖12……WTOへの批判書は多数あるが，NGOグループの代表として，パブリック・シティズン（2001），ジョージ（2004）の2著をあげておく。
❖13……Wilson and Purushothaman（2003）．また，門倉（2005）も出版されている。

に述べたように途上国グループG20のリーダー国である。中国はWTOに加盟して間もないが,「中国がWTOを必要とする以上に,WTOが中国を必要としている」[14]といわれる。輸出大国となった中国を加盟させないとWTOは世界的組織として機能しなくなるからである。中国はWTOに加盟することによって国家資本主義的な開発主義の方向に進む路線を放棄し,世界経済への開放体制を決定的に選択した。それは中国の経済成長が必要とする資源,食料,技術,外資の規模を考えると必然的な選択であったといえるであろう。第5回のWTO閣僚会議が香港で開催されるように,中国はすでにWTOの強力な支柱のひとつとなっている。ロシアは,1994年に加盟申請をしていて,2004年5月にはWTO加盟へのEUの支持を取り付けていたが,米国との交渉の遅れやEUとの税制問題の再浮上によって正式加盟が遅れ,まだオブザーバーの地位にある。司法・行政・税制・金融のどの領域においても課題が山積する国ではあるが,原油・天然ガスなどの資源供給大国として,世界経済にとって疎外することのできない国である。

　BRICsの経済成長予測が示すように21世紀前半において,世界経済の成長の基軸はこれらの新興経済大国に移りつつある。しかし,それはこれらの諸国が現在の先進工業国グループのなかにはいることを意味するのではない。膨大な人口をかかえる中国とインドは,2050年になってもなお貧しさをかかえているし,資源の開発にも外国からの資金と技術を必要とするからである。一部には現在の先進国との相互投資がおこなわれる産業があるとしても,総体としてみるなら経済的利害関係における非対称性が残るであろう。また,両国ともこれまで米国や西側諸国が構築してきた集団的安全保障体制の外側にある。米国が両国に対してとっている現在の厳しい対応は,不安定な将来の展望のなかで両国に対する交渉力を維持するためであろう。

　たとえBRICs諸国の政府を多角的通商体制の堅固な支柱とすることに成功したとしても,世界市場のガバナンスは十分ではない。第一に,貿易・投資の自由化を基軸にした世界経済の統合は,実業界や政府関係者のサークルを超えた社会的支持を確保していない。多くの人びとは,経済のグローバル化の趨勢を受け入れているが,それは労働者や消費者の生活よりも実業界の利益を優先するものだと考えている。したがって,通商的利益が優先されたために起きた弊害が具体的に提示されるならば,容易に反対の側にまわるであろう。シアトルやカンクンでの抗議運動には,

労働運動，農民運動，そして環境問題や人権問題をかかげた市民運動というように広範な社会運動が参加したが，貿易・投資の自由化論者はこれらの運動が反対の根拠とする事柄に対して十分な反論をまだ提供しえていない。第二には，世界経済の統合は新たな分極化を生んでいるからである。米国，EU，日本，あるいは新興市場諸国はそれぞれに二国間，あるいは地域的市場統合を推進していて，それによりつくりだされた既成事実はWTOなどの国際機関の合意よりも実質的な力を有している。公的開発援助が削減されるなかで，小国や後発途上国はそれらの部分的な統合に従属的なかたちで加わるか，あるいは見捨てられた集団としてとどまることを余儀なくされる。そうした放置には，地理的理由だけでなく，文化的（宗教的）あるいは人種的要因すら作用しているかもしれない。アラブ諸国の経済停滞と社会的分裂は，反資本主義を掲げる宗教的原理主義と国際テロリズムを生んだ。世界の最貧諸国の多くを抱えているアフリカが放置された場合，なにが起こりうるかはだれも予想できないであろう。

4. 「埋め込まれた自由主義」は成立するか？

　最近しばしば耳にする政治経済学の用語に，「埋め込まれた自由主義(embedded liberalism)」という語がある。これは，政治学者J. G. ラギーが第二次大戦後の欧米の経済秩序を特徴づけてつくりだした用語で，大規模な社会的交渉を基礎として市場的開放が採用され，資本主義をその持続的再生産に必要な社会的価値と調和させた状態を示す[15]。社会から遊離した資本主義的市場経済に対して，それを社会に埋め込もうとする対抗運動が起こるというカール・ポラニイの『大転換』に示唆を得た表現である。

　共同市場から始まり，国境管理をなくし，物品，人間，資本の移動を自由にしようとする欧州統合の運動は，本質的に自由主義的なプロジェクトである。しかし，それは同時に，これまで一国単位で実現されていた資本主義の「埋め込み」を欧州全体の規模に拡大しようとする運動を始動させる。資本の運動が当面先行するにせよ，国民国家のレベルだけでなく，ローカル，あるいはリージョンのレベルで社会的要素

❖14……Jackson(2002).
❖15……Ruggie(1982).

を活性化させ，また，政党，労組，市民団体の運動の交流と連帯を前進させるならば，欧州レベルでの「埋め込まれた自由主義」の実現は決して不可能ではないだろう。政治的民主主義と市民社会の活性化は，旧東欧諸国に対してEUが課した「コンディショナリティ」の一部であったが，それも望みがないわけではない。2005年末現在の状況では，EUの東方拡大は域内サービスの自由化の問題と重なって，独仏などのコア諸国に混乱をもたらしている。しかし旧東欧諸国の国民にとっては，EUに加盟して社会的理念と制度的枠組みを得たことによって，「埋め込まれた自由主義」を育成するプロジェクトをスタートさせたことになるだろう。

　しかし，グローバル・レベルではどうだろうか。ラギーは最近の論文で，「グローバルなルール設定を中心に組織された言説・主張・行動のアリーナ」，いいかえれば「グローバルな公共領域」が出現しているとして，グローバルなレベルにおいても「埋め込まれた自由主義」の妥協がいつかは成立するであろうという希望を語っている。彼によれば，「その主要な推進役のひとつが市民社会の役割の拡がりであり，また市民社会組織とグローバルな企業部門との相互作用である」。市民社会組織（市民運動およびNGO）の企業に対する働きかけが，企業に「社会的責任」を自覚させ，さまざまな「認証制度」の効果とともに，営利企業を社会的価値のなかに「埋め込む」可能性があると論じている。[16]

　実際に彼は，コフィー・アナン国連事務総長のブレーンとして，「グローバル・コンパクト（GC）」の立案と運営にあたった。これは，1999年1月の世界経済フォーラム（ダボス会議）でのアナン事務総長の提言から始まったもので，人権，労働，環境の3分野で普遍的な原則となると考えられる9原則を企業活動に自発的に取り込んで[17]もらい，企業と国連の諸機関や市民社会組織とのあいだに対話と協力の関係をつくりだそうとするプロジェクトである。現在では2200以上の企業が参加している。日本では，2005年10月末現在で，富士ゼロックス，東芝，三井物産，イオン，オリンパス，住友化学など39社がCSR（企業の社会的責任）の一環として参加している。[18]ラギーによれば，これは，「行動準則」を与えて規制することがねらいではなく，普遍的な原則を活かす仕方を社会的に学習するネットワークである。

　客観的に見れば，CSR運動への国連の参加は，経済活動に対する実質的な規制権をWTOやIMF，さらに地域経済統合機構に奪われている国連が経済活動に影響を及ぼしうる唯一の形態であろう。それはたしかに，企業の営利活動を原則的

な価値に立脚させることによって，資本主義の社会への「埋め込み」を促進する。また，市民社会組織との対話によって公共的領域の拡大につながるだろう。しかし，個々の企業の自発的活動であるCSR運動は経済活動の累積的，あるいはマクロ的な帰結に対しては効果をもたない。そのなかから企業行動についての自発的なガバナンスが生まれるとしても，それがマクロ的なガバナンスにつながる保証はない。したがって，ラギーのように，グローバル化を不可避な趨勢として承認しながらそれを社会のなかに「埋め込む」という展望を考える場合でも，主軸をなすのは，やはり，WTOを軸とした現実の世界市場の規制組織の変革であると思われる。

WTOを設立したマラケシュ協定には，この多角的貿易体制の「基本原則」「基本目的」を述べた前文が付いている。そこでは締約国間の貿易・経済関係を，「生活水準を高め，完全雇用と高水準の実質所得，また有効需要，並びにこれらの着実な増加」を確保する方向に向けること，「経済開発の水準が異なるそれぞれの締約国のニーズと関心に沿って環境を保護・保全」すること，「持続可能な開発の目的に従って世界の資源を最も適当な形で利用すること」，「開発途上国，特に後発開発途上国がその経済開発のニーズに応じた貿易量を確保することを保証する」ことにも言及されている。この目的の包括性においてマラケシュ協定はITOハバナ憲章に勝るとも劣るものではない。もし，WTOがこれらの「目的」に本格的に取り組む国際組織であれば，WTOを反グローバリズムの標的とする抗議運動は起こらなかったであろう。

地域経済統合が活発化しているにせよ，グローバル・レベルでの「自由主義」の現在のガバナンス機構の主軸はやはりWTOである。WTOをこのまま存続させるか，抜本的な改革をおこなうかの選択はあるにせよ，なんらかのガバナンス構造の転換は必至である。転換のなかで，「労働」「環境」「開発」という「基本目的」はどのよう

❖16……ラギー（2004）。

❖17……9原則（人権の擁護・尊重，人権侵害不加担，団結権承認，強制労働排除，児童労働廃止，雇用・職業差別撤廃，予防的環境保護，環境責任，環境重視技術の開発・普及）に，2004年に「腐敗防止」が加わり，現在は10原則になっている。GCについては，http://www.unic.or.jp/globalcomp/ を参照。

❖18……ライブドアのような企業も2005年の10月にGCに参加して企業イメージを高めようとした。同社2005年10月25日付リリース（http://www.news2u.net/NRR20058730.html）による。このことからわかるように，参加に信頼できる審査があるわけではない。

に位置づけられるであろうか。それはまた，資本の新しい支配体制の成立にすぎないのか。世界市場の統合のガバナンス問題の帰趨はまだ明らかになっていない。

◉**追記**……現在の筆者は拡大された市場での競争のもとで社会的要素を経済制度にビルトインしようとする政策的立場を「埋め込まれた新自由主義」と呼んでいる。それは国家的保証を欠いているために流動的な「埋め込み」にとどまるものである。
参照：八木・清水耕一・德丸宜穂編著『欧州統合と社会経済イノベーション——地域を基礎にした政策の進化』日本経済評論社，2017年。

参照文献

◆小川有美(2001)「『EUヨーロッパ』の拡大」, 秋元英一編『グローバリゼーションと国民経済の選択』東京大学出版会.

◆門倉貴史(2005)『図説 BRICs経済』日本経済新聞社.

◆ガードナー, R. H.(1973)『国際通貨体制成立史(上)(下)』(村野孝・加瀬正一訳)東洋経済新報社(Richard N. Gardner, *Sterling-dollar diplomacy: the origins and the prospects of our international economic order*, McGraw-Hill, 1969).

◆小寺彰(2000)『WTO体制の法構造』東京大学出版会.

◆ジョージ, S.(2004)『オルター・グローバリゼーション宣言』(杉村昌昭・真田満訳)作品社(Susan George, *Another world is possible, if ...*, Verso, 2004).

◆田中宏(2005)『EU加盟と移行の経済学』ミネルヴァ書房.

◆丹羽克治(1974)「戦後世界の再建構想とハバナ憲章」,『立教経済学研究』第28巻第3/4号.

────(1975-76)「ハバナ憲章の諸条項と基本原則」(上)(中)(下),『立教経済学研究』第29巻第2, 3, 4号.

◆パブリック・シティズン(2001)『誰のためのWTOか?』(海外市民活動情報センター監訳)緑風出版(Lori Wallach and Michelle Sforza, Public Citizen's Global Trade Watch, *Whose trade organization?: corporate globalization and the erosion of democracy. an assessment of World Trade Organization*, Public Citizen, 1999).

◆ハロッド, R. F.(1967)『ケインズ伝(改訳版)下』(塩野谷九十九訳)東洋経済新報社(Roy Harrod, *The life of John Maynard Keynes*, Macmillan, 1951).

◆不破哲三(1988)『「資本主義の全般的危機」論の系譜と決算』新日本出版社.

◆八木紀一郎(2005a)「移行経済と経済統合──進化的視点の再定位」『季刊 経済理論』第42巻第3号(本書第5章).

────(2005b)「国境を超える市民社会──グローバル化のもとでの世界市場と市民社会」, 山口定・小関素明・中島茂樹編『現代国家と市民社会』ミネルヴァ書房(本書第1章).

◆ラギー, J. G.(2004)「埋め込まれた自由主義のグローバル化──企業との関係」, D. ヘルド／M. K. アーキブージ編『グローバル化をどうとらえるか』(中谷義和監訳)法律文化社(David Held and Mathias Koenig-Archibugi eds., *Taming globalization: frontiers of governance*, Polity Press, 2003).

◆Drache, D.(2000)"The Short But Amazingly Significant Life of the International Trade Organization(ITO)─Free Trade and Full Employment: Friends or Foes Forever?",(CSGR Working Paper No. 62/2000)(http://www2.warwick.ac.uk/fac/soc/csgr/research/abstracts/abwp6200a/).

◆Jackson, J. H.(2002)「埋め込まれた自由主義は21世紀の挑戦を乗り越えられるか?」, 経済産業研究書BBLセミナー, 2002年3月13日(http://www.rieti.go.jp/jp/events/bbl/02031301.html).

◆Ruggie, J. G. (1982) "International Regimes, Transactions and Change: Embedded Liberalism in the Postwar Economic Order," *International Organization* 36.

◆Wilson, D. and Purushothaman, R. (2003) "Dreaming With BRICs: The Path to 2050", Global Economics Paper No: 99 (Economic Research from the GS Financial Workbench at https://www.gs.com), 1st October 2003.

制度形成の理論と市民社会論[*1]

第3章

はじめに

　私は10年と少し前，イギリスに滞在している際(1989年秋)に，欧州進化政治経済学会(European Association for Evolutionary Political Economy)の創立大会に参加することができた。これは，制度や技術の変化，環境と人びとの選好の変化を，学術的な複数主義の立場に立って追求しようとする学会で，私は同様な学会を日本でも創りたいと思った。幸いにも帰国後同じことを考えている多数の友人に会うことができて，この夢は，数年後に，日本の進化経済学会の設立(1996年7月準備会，翌年3月設立大会)によってかなえられた。この学会は，マルクス派，ケインズ派，柔軟な新古典派の経済学者を含むだけでなく，複雑系や人工生命を研究している理系の研究者を含む。また，最新の理論的基準と進化的な世界像を求める経済史家と思想史家を含む。いまは，400人台の会員を擁する活発な学会になっている。しかし，多様な方向をもった探究をどう結びつけていくかが大きな課題である。また，国際交流や国際的学術誌にも取り組みたいと考えている。

　私自身は，経済学の理論と同時に経済学史を研究している。自分では，6割が理論研究，4割が経済学史研究と言いたいところだが，逆の比率になるかもしれない。理論では，マルクス経済学を基礎にしてきたが，マルクス経済学の決定論的な枠組みと等質的な価値—剰余価値論を否定して行為と制度を重視しているから，外からは「マルクス経済学者」として認めてはもらえないかもしれない。経済学史家とし

❖1……中国制度経済学理論検討会(2001年に北京郊外臥仏寺で開催)のために作成した原稿で「制度形成の理論と市民社会論」，『鹿児島経大論集』第36巻第4号(1996年)を利用している。

ては，カール・メンガー，ベーム=バヴェルク，ミーゼス，ハイエクといったオーストリア学派とマックス・ヴェーバーなどのドイツ歴史学派を研究してきた。最近は，両者を統合して〈進化的な制度経済学〉という構図ができるのではないかと考えているので，学史研究と理論研究はもう融合し始めている。D.ノースやO.ウィリアムソンなどの新制度主義にも関心を持っているが，私自身は人間をより社会学的に把握しているし，また進化的過程の多様性により強く印象づけられている。

　本日は光栄にも「中国制度経済学理論研討会」にお招きいただき，みなさんの前でお話をする機会を与えられた。おそらく，みなさんはノース，ウィリアムソンらの新制度主義についてはよくご存知だと思う。むしろ，マルクスの尻尾をもった制度主義者である私自身の見解を率直に披瀝する方が適当であろう。さきの学会を設立した少し前には，私は日本のマルクス経済学者の学会（経済理論学会）で，マルクス経済学を制度の経済学として再編成することを提案している[2]。といっても，簡単なことではない。そのためには，一方では，19世紀の中葉においてマルクスが前提としていた社会思想の構図を再生させることが必要であり，他方では最新の理論的発展にふまえて，政治経済学の基礎範疇を再構成しなければならないからである。今回は，このことについて概要を述べることにしたい。

1. 市民社会のマテリアリズムとアイデアリズム

　マルクスは『経済学批判』の序言で，有名な物質的土台と上部構造の図式を描き，「人間の意識が彼らの存在を規定するのでなく，逆に彼らの社会的存在が彼らの意識を規定する」と書いた。しかし，彼は同時に，物質的な生産諸力と既存の生産諸関係に衝突が生じた場合に，「法律的，政治的，宗教的，芸術的または哲学的な諸形態」が「人間がこの衝突を意識し，それをたたかいぬく場面」となることを指摘することを忘れなかった。人間の物質的生活の継続的再生産としての経済活動は，所有や契約等の制度諸形態を必要とすると同時に，独立や自由・平等といった観念をも生み出すのであり，それらの観念諸形態を意識した社会的個人が経済行為の主体なのである。いいかえれば，資本制的生産関係と市民社会の二重性は，物質的諸条件と意識諸形態の双方を包含したマルクス的な唯物論の表出なのである。

　マテリアリスティックな社会観は，ほんらい「観念，表象，意識の生産は人間の物

質的活動および物質的交通の
うちに，現実的生活の言語の
うちに直接におりこまれている」
(『ドイツ・イデオロギー』)ことを確認

図3-❶：所有の承認における規範性と実定性

	個別性		一般性
規範性	(1) 個別的権利 Li	←(循環性)→	(2) 一般的規範 Lg
	⇅		⇅
実定性	(3) 個別的利害 Si	←(連帯性)→	(4) 類型的利害 Sg

するものである。そのような基礎があるからこそ，「現実に活動している人間から出発し，かれらの現実的な生活過程からこの生活過程のイデオロギー的な反射および反響の発展を叙述する」(同前)ことができるのである。

　ここで社会経済にとっての核心的概念である所有を考察してみよう。人格の財に対する支配としての所有は，日常の経済活動(物質的な再生産の必然性)を背後においた過程の反復のなかで再生産され，そのなかで所有秩序を承認する意識的構造が生成する。しかし，それが整合的な秩序であるためには，所有は，単にある特定の人が特定の財を支配するということにとどまらない普遍性・規範性を体現しなければならない。こうした規範的空間のなかでは，自己および他人の所有(権)を既存の経済状態(支配状態)という基礎との適合性に対応して承認しようとする志向と，それを規範的秩序のなかでの配分に対応させて承認しようとする志向が二重になってあらわれるであろう。

　私は，前者を実定性，後者を規範性と呼び，**図3-❶**のような見取り図を描いている。ここで，(1)は，個別的な所有関係が一般的な規範に合致した権利にもとづくものとして承認されることを意味し，(2)は，一般規範としての所有権の承認であり，明文化されれば法と称してよい。(1)(2)は，個別的承認の反照ないし基礎としての一般的承認にあらわれた二重性である。(3)は，それが承認以前の事実的な支配関係ないしなんらかの現実的な領有−排除活動によって生じた状態として承認されることを意味する。(4)は，事実的な関係に対する判断にもとづいた権利主張あるいは承認のなかに見られるかぎりでの一般性である。いいかえれば，明示的な規範に

❖2……八木「制度の経済学としてのマルクス経済学」，『経済理論学会年報』第30集(1993年)。
❖3……この図の原型をなす図を，私は「所有問題と経済理論」(青木昌彦編『経済体制1 理論的基礎』東洋経済新報社，1977年所収)で示した(同 271 ページ)。利害を基礎にした規範の実効性を，私は現実自体のなかに根ざす実効性をもつという意味で「実定性(Positivität)」と呼んでいるが，この用語は法学では「自然法」に対する「実定法」(法典・判例などにより実際に確認される法)を指しているので，適当ではないかもしれない。むしろ，ハバーマス(Habermas, *Faktizität und Geltung*, Suhrkamp, 1992)のいう「事実性(Faktizität)」の方が適当かもしれない。

よって確立されないでも，社会的にその追認を要求しうるような現実的な力となった類型的な支配関係である。それを，社会のなかに実体的な集団として想定すれば，階級ないし身分になる。

規範との合致によってある事柄の主張を強めることは，ふつう「正当化」と呼ばれる。規範の世界とは，さまざまな規範による個々の「正当化」と一般的規範が交錯する「正義の世界」である。現実の支配＝関係においてこれに対応するものを求めるなら，個別的な利害と類型的な利害の連帯性があげられる。現実に同一の利害状況にあるものどうしでは，共感と連帯が形成されやすいし，また類型的な利害状況であることを認識することが，個人の利害主張を支えるものだからである。

「社会状態」は，それ自体としては各人の「人格」と「所有」が一般的規範を介して承認され「社会的自由」の圏域が存在することである。そこには，一般的規範によって現実の支配関係（利害関係）に承認が与えられるという規範からの下向運動と，「所有」および「自由」の主体および対象を産出すると同時に，その規範的世界のなかでの承認を要求する現実からの上向運動が存在している。法規範は現実によって実効性を与えられるとともに，現実は規範によってその正当性の要求を根拠づけられるのであるから，これは垂直の循環運動である。

他方，水平面においても，個別性と一般性の循環が存在する。規範的意識の領域において，一般的規範は個別事例の上位にあってそれを包摂するとされるが，個別事例はその反射作用によって一般化されて規範の形成力をもっているからである。

このように，規範的世界の基礎に，諸個人の現実的活動という実定性の領域を明示的に取り入れると，しばしば社会契約論に対立させられる自生的秩序論も，社会契約論と相互補完的な関係にあることがわかる。

「社会状態」は，各人（i）の財（j）に対する支配（Dij）に関して，当事者が自らの規範（Ni）によって正当化（Li）している事態と社会の規範（Ng）による正当化（Lg）が一致している状態として表現できるだろう。

$$Li(Ni(Dij)) = Lg(Ng(Dij))$$

これは一般規範（Ng）に合致した「正義」の状態である。しかし，「世界が滅びるとも正義はおこなわれよ！」というのは愚かな正義感にすぎない。したがって，持続

可能な「正義」の状態は，実定的な「利害の世界」における連帯的共感によって支えられるものでなければならない。

$$Si(Ii(Dij)) = Sg(Ig(Dij))$$

Ii というのは（　）内の財支配に関する各人の利害判断で，Ig というのは，同じく（　）内の事態に関しての社会全体から見た利害判断である。それらに共感することが，その主体を示す添字とともにあらわしたものが，Si, Sg である。つまり，上式は，各人（i）がそれぞれ財（j）を支配することに感じる利害判断（I）にもとづいた感情（Si）が，その支配（Dij）の承認が社会一般にとっても利益になるという判断（Ig）にもとづく感情（Sg）による承認と一致することを示している。この両次元において，規範面における正当化（L）が，実定面（利害面）における共感（S）と相互に強化しあうのが，安定的な「社会状態」である。

だが，普遍的な「社会契約」が一挙におこなわれることはないとすれば，社会的な正当化（Lg）をおこなう主体，またその主体が準拠する一般的規範（Ng）がどのようにして成立するかが，探求すべきほんらいの問題である。したがって，論理的には，各人が「正当化」を主張しあう規範的世界において，個人対社会（Li と Lg）ではなく，個人どうしの相互的な関係から分析を開始する必要がある。

いまAさんが財 p を支配している（Dap）とする。それに対してBさんが是認する（Lb）場合，アダム・スミスは観察者であるBさんは主要当事者であるAさんと「想像上の境遇の交換」をおこなって「ついていける」事柄についてはそれを是認していると解した。❖4 規範的な世界においては，「ついていける」ということは，なんらかの程度の普遍性をもった規範によって是認可能だということである。もし，この想像上の立場交換が相手の支配する財（p, q）だけでなく相手が有する規範（Na, Nb）までも含むとすれば，この是認については，相手の財支配を自分の規範意識から是認する場合と，規範意識も含めて相手の気持ちを忖度して是認する場合という2つのタイプが考えられよう。前者は，自分の財支配だけでなく，相手の財支配についても，自分の規範（意識）を押し付けて判断しているので，〈自律的な承認〉と呼ぶことができよう。それに対して，相手の事情については相手の規範に従おうとする後者の型の承認を，〈同調的な承認〉と呼ぶことにしよう。〈同調的な承認〉は，一見卑屈そう

❖4……アダム・スミス『道徳感情論』（水田洋訳）筑摩書房，1973年，27-28ページ．

にも思えるが，人間が社会的な感情をもった存在であるとすれば，このような傾向を無視することはできない。私は，スミスの想像上の立場交換は，どちらかといえば〈同調的な承認〉に近いのではないかと推測しているが[5]，テキスト解釈がここでの課題ではない。

Aの財pに対する支配（Dap）に対するA，B両者の〈自律的な承認〉は，

$$La(Na(Dap)) = Lb(Nb(Dap))$$

とあらわされ，同じく〈同調的な承認〉は

$$La(Na(Dap)) = Lb(Na(Dap))$$

としてあらわされる。左辺がAの是認，右辺がBの是認であり，等号は両辺の結果（値）が一致することを示す。

AもBの財qに対する支配を承認しているとすれば，自律的承認のタイプでは，

$$La(Na(Dbq)) = Lb(Nb(Dbq))$$

とあらわされ，同調的承認のタイプでは，

$$La(Nb(Dbq)) = Lb(Nb(Dbq))$$

が対応した正当化となる。

今回は詳細を展開するのは省くが，〈自律的な承認〉だけでなく，〈同調的な承認〉をも考慮することによって，規範面における一般性（法）の形成と，現実面における一般性（交換価値）の形成を論じることができる。

ハイエク・ブームによって市民社会を論じる知的環境が変化したというのは，ハイエクの思想がそれ自体として，いまひとつの市民社会論であったからである。彼は，市場経済を分散して存在する知識を有効に利用する唯一のメカニズムとして擁護しただけでなく，諸個人の自由な利益追求活動がその集合的結果として社会秩序を発展させるといういわゆる自生的秩序を唱道した。この自生的秩序は，ルソー的な意思の全面的譲渡を前提とした社会契約論や社会主義者の前提とする社会的な合理性概念を否定して，あくまで個人的自由を維持しながら秩序の形成を論じたものであった。そこでは，知識の分散的な利用に注目した独自の分業概念を基礎にし

て，所有と契約の保護を軸とした「自由の体制」の発展が構想されているのである。[*6]
この「自生的発展」という概念は，所有の実定性の展開におけるある側面を自立化させて取り出したものである。したがって，市民社会論の具体化と動態化を探求するうえでも，こうした「自生的な秩序」の発展を，ハイエクその他の自由主義者以上に包括的な視点から検討することが重要なステップになるであろう。

2. 秩序の形成：交換・所有・分業・階級

▶2.1……メンガーの貨幣成立論

ハイエクの自生的秩序論は，彼が親近感をもつ（大衆民主主義以前の）イギリス自由主義の社会思想を，オーストリア学派の始祖カール・メンガーがその『経済学の方法』において制度の「有機的」な起源の「精密な理解」として提示した論理と結びつけたものである。メンガーは，その際，貨幣の成立を主要な事例として取り上げた。ここでは，イギリス自由主義の方は省いて，メンガーの貨幣成立論を説明することから始めて，以下考察を進めていくことにしよう。

メンガーの貨幣起源論というのは，交換当事者の双方が相手の商品に欲望を覚えなければ交換が成立しないという物々交換の困難が，販売可能性の高い商品を交換の媒介物として利用するという個々人の工夫の出現と普及，そして習慣化によって，一般的交換手段としての貨幣を成立させることによって解決されるとするものである。貨幣という有益な社会制度の成立を生み出すものは，自分の特殊な利

❖5……スミスにおいては社会契約論に体現される規範的次元が存在しないため，規範は経験的概括として生じるものと考えられている。「われわれは本来，個々の諸行為を検討してみると，それらがある一般的規則に一致または不一致であるようにみえるという，理由で是認または非難するのではない。反対に，一般的規則は，一定の種類の，あるいは一定の事情におかれた，すべての行為が，是認または否認されるということを経験から知ることによって形成されるのである。」（スミス，同上訳書189ページ）スミスは自分のなかにも他人の行為に関して反応する「自然的感情」があることを認めるが，是認・否認において問題とされるのは，それが他の一般の人びととの是認・否認と一致することである。「他の人びとがそれらを，おなじ見方で見ていることを，われわれが知るとき，それらを自分が正当な見方で見ているということが，われわれを満足させる。」（同188ページ）その意味で他者指向の〈同調型〉に近いと考えられる。

❖6……田中真晴・田中秀夫編訳『市場・知識・自由』ミネルヴァ書房，1986年。また，同年に刊行開始された『ハイエク全集』（西山千明・矢島金次監修）第1期全10巻，春秋社の第5〜7巻『自由の条件』（気賀健三・古賀勝次郎訳）も参照せよ。

益の追求だけが念頭にある諸個人の行動の累積であって，国家の介入は本質的な要素ではない。共同の利益を促進する有用な社会制度も，本質的に，「社会の成員の特殊的に個人的な諸努力の無反省的な産物，意図されない合結果」とみなされるというのである。メンガーはこの見方が，国家や法の成立に対しても適用できると考えていた。貨幣成立論に限っていえば，それは次のような連鎖をなす発展であると考えられる[7]。

交換取引の困難→市場において広範に需要が存在している商品の発見→
交換手段としての前記商品の利用の試み→成功者の模倣による普及→
習慣の形成（交換取引の消滅）→貨幣の成立

交換取引をおこなおうとする主体が，その目的を達成するためには，自分が提供する財を必要とすると同時に自分の必要とする財を提供してくれる相手を見つけなければならない。これは，取引をきわめて制限する条件であるが，メンガーは，財はその種類によって「売れ口」（あるいは「販売可能性」）に大きな差異があるので，小範囲の買い手しかない財を持つよりも，「売れ口」の大きい財を持っている方が，希望する財の入手に好都合なことがしだいに認識されるようになるという。そこに，間接的交換，あるいは，交換手段の使用が始まる根拠がある。「それぞれの経済人の経済的利益は，その個人的な認識が高まると，かれらに，いっさいの合意なしに，立法的な強制なしに，それどころか公共的利益をいっさい考慮することなしにさえも，かれらの商品を他のより売れ口の多い商品と，かれらがこうした商品を直接使用の目的で必要としない場合にさえも，交換するようにさせる。」こうした「高度な認識」をもつのは，さしあたりは，少数の賢明な経済主体だけであろうが，「人間にその経済的利益を悟らせるためには，成果をあげるための正しい手段を実行に移しているひとびとの経済的成果を知ることに優る手段はけっしてない。」したがって，模倣による普及の結果，一定の交換手段をだれもが受け取る慣行・慣習が定着するにいたるというのである。ここでは，合理的な先導者，模倣する追随者，そして習慣化が普及過程の契機として含まれるが，それらはみな，個人の経済的利益における合理的根拠にもとづくのである。それらは全体となった発展の結果，商品の直接的な効用だけに目を奪われずに交換手段としての価値が発揮される取引空間を形成して，そ

のことによって貨幣経済を準備しているのである。

▶2.2……**交換手段の普及過程**

　ここで，まずに吟味されるべきなのは，なんらかの財を交換手段として利用することが有利であるという高度な「個人的利益の認識」はどのようにして成立するのかという問題である。過程の初期の段階においては，どの財にせよ交換手段としての成功の度合は相対的な大小にすぎないのであるから，自分が労力を通じて生産した財を，ほんらい欲しもせず，また交換手段としての成功の見込みも不確実な財に取り替えることは，それ自体として冒険に属する。牝牛を売りに行かされたグリム童話の男の子が経験したように，交換の連鎖をたどると最後は，腹の足しにもならない豆粒のようなものになってしまう可能性も存在する。ある財を交換手段として利用するという行動が有利になるかどうかは，確率的な推測に依存している。さらに，合理的認識によってそれが交換成功の確立を高めると推測されても，こうした行動自体に対する信頼によって，間接的な交換の中途状態にいる段階での非効用が軽減されていなければならない。聡明な交換者があらわれ，その数が増すということは，初期条件や交換手段の利用自体の社会的頻度自体を含む社会状態によって規定されているのであって，けっして自明なことではない。

　この点を確率論的な普及モデルで説明しよう。確率論的な普及モデルでは，ある戦略がとられる確率を，個々の取引主体が次の行為においてその戦略を選ぶ確率 $f(a)$ と，集団全体のなかでその戦略がとられる確率 $F(a)$ を区別し，後者の前者に及ぼす影響に注目する。ここでは，ある財を交換手段として用いるというのがその戦略である。ここで，取引主体が交換手段を用いた場合の純利得と交換手段を用いない場合の純利得を比べて，前者が後者を超過するなら，$f(a)$ は増加するとしよう。交換手段としての利便は，もちろんその利用頻度の高さに依存するから，これによって $F(a)$ が $f(a)$ に結びつけられる。[8]

❖7……カール・メンガー『経済学の方法』(吉田昇三改訳)日本経済評論社，1986年，158-163ページ。

❖8……代表的な論者はドイツでの進化経済学のリーダーであるウルリッヒ・ヴィット(Ulrich Witt, "The evolution of economic institutions as a propagation process", *Public Choice*, no. 62(1989))などで，ヴィット理論の紹介および応用を意図したものに杭田俊之「ドイツにおけるエヴォリューショナリー・エコノミックス」，『経済論叢』第151巻第1/2/3号(1993年)がある。

問題は純利得であるが，これは目指す財から得られる効用 U からそれを交換により入手するのに要する交換費用を差し引いたものである。取引主体が市場で遭遇する人のなかに自分の財を欲求している確率を $a(0<a<1)$，自分の欲求する財を持つ相手を見つける確率を $b(0<b<1)$ とすると，交換手段を用いずに交換が成功するには平均 $(1/ab)$ 回の接触を繰り返す必要がある。もし，1回人と接触する費用を C とすると (C/ab) が交換費用である。それに対して使用頻度 γ（これは前段落の $F(a)$ にあたる）の交換手段をも併用するとすれば，直接交換（確率：ab）に加えてひとまず交換手段財に取り替えて間接交換に進むこともできる（確率：$(1-a)\gamma b$）が，その場合にはさらにほんらい目指していた財をもつ交換手段使用者を見つけて（確率：$a\gamma$），交換手段財をその財に交換して最終目的を達成しなければならない。このとき，交換手段併用者が自分の財を他人が欲求する確率よりも高い確率で欲求される財を正しく選定していれば，交渉回数を減少させて交換費用を削減できるであろう。[9]

　しかし，交換手段財の利用に追加的な費用や不効用がともなう可能性もある。とくに交換手段の使用がまだ稀な場合には，自分がその価値をよく知る財を欲してもいない特異な財に取り替えることは不安を駆り立て，少なくともその段階においては取引主体の効用を低めることが多いであろう。「最も聡明な人」以外の一般の人の場合はそうであろう。したがって，交換回数の節約も，この不効用を償えないかもしれない。しかし，この不効用を交換手段財への不信の度合と考えるならば，社会における交換手段財の利用頻度が高まるにつれて，その信頼度が高まり，この不効用は減少するであろうと考えられる。メンガーが交換手段の普及過程における模倣や慣習形成の現象に言及しているのは，それらが，一般の人びとにとって，不効用の度合を低下させる役割をもつことを示唆していたとも考

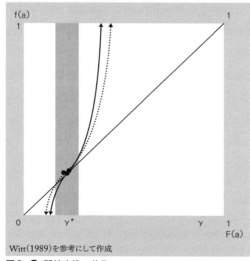

Witt(1989)を参考にして作成

図3-❷：間接交換の普及

えられる。

　このような場合には，交換手段の発展が自生的に開始されるには，交換手段の社会的な使用頻度についての一定の境界値が超えられなければならない。交換費用の削減効果は交換手段の使用頻度が高くなるほど大きいから，その後の発展は全員が交換手段を使用し，実質的に貨幣を成立させるまで続くであろう。[10] それに対して，交換手段財の使用頻度が境界値以下のときは，交換手段財を使用することへの心理的抵抗からその使用を取りやめる取引主体が増えて，間接的な交換は廃れてしまうであろう（図3-❷参照）。

▶2.3……所有制度と社会的ジレンマ

　第二の問題は，交換以前の所有状態が確定していなければ，そもそも交換自体がおこなわれえないということである。メンガーは所有制度についても諸個人の特殊利益追求活動の集合的結果として説明できると示唆しているが，それは交換関係の発展ほど簡単ではない。というのは，現状以上の状態が予想されなければ交換に

❖9……交換手段として用いる財が用いられている確率を γ とすると，交換手段をもっぱら用いる場合は自分の財を交換手段に替えられる確率は $a\gamma$ で，その後に交換手段を用いて自分の欲する財に替えられる確率は $b\gamma$ であるから，自分の財を欲する財に替えるまでに相手と接触しなければならない予想（平均）回数は $\frac{1}{a\gamma}+\frac{1}{b\gamma}$ で，直接交換の場合の予想接触平均回数 $\frac{1}{ab}$ より少なくなるためには $\gamma>a+b$ でなければならない。交換経済の初期にはそのような交換手段の発見は困難であろう。しかし，間接交換を併用する場合にはこの障壁は低くなる。この場合には，確率 ab で成立する直接交換に加えて，$a(1-b)\gamma$ の確率で間接交換にはいり込むことができるので，その場合の予想すべき接触回数 $\frac{1}{b\gamma}$ を考慮してはじめに予想すべき接触回数は

$$N=\frac{1}{ab+a(1-b)\gamma}+\frac{a(1-b)\gamma}{ab+a(1-b)\gamma}\cdot\frac{1}{b\gamma}=\frac{1}{ab}\cdot\frac{b+(1-b)a}{b+(1-b)\gamma}$$

となり，これは $\gamma>a$ であれば，直接交換だけの場合の予想接触回数を下回る。

❖10……交換手段財併用による接触回数の削減は $1/ab$ と前注の N の差であるが，N 回の交渉のうち交換手段財を用いた交渉については，当初のうちは交換手段財への不信その他の不効用がともなうであろう。しかし，それもまた市場での交換手段使用の頻度 γ に影響されるとすれば，$DU(\gamma)$ であり，それが $DU'(\gamma)<0$ であるとすれば，前注の式の不効用部分は γ の増加につれてどんどん減少し，他方，交渉費用節約分は増加している。ここで，ある取引主体の個人的な交換手段使用確率 $f(a)$ の増減がこの利得増加分の符号に依存する（$NU>0$ なら $\Delta f>0$，$NU=0$ なら $\Delta f=0$，$NU<0$ なら $\Delta f<0$）とすると，$f(a)$ の時間的変化は $NU=0$ となる社会的頻度（γ^*）——それは $f(a)=\gamma$ となる点でもある——を境目にして対称的なものになる。

応じないという自発的交換の場合には、個々の取引すべてがどちらの側にとってもベターオフの過程であるといってよいが、所有や支配の承認＝制度化の場合には、相手だけ得をして自分は現状維持か、あるいは下手をすれば状態の劣悪化もありうるからである。富の量を一定にすれば所有権の配分はどちらかが得をすればどちらかは損をするというゼロ・サムゲームになり、たとえ既存の現実的な所有（占有）状態を承認するだけの場合でも、富者が所有の保証を得る一方で貧者は富に対するいかなる請求権も失うことになり、自発的な合意の可能性はほとんど存在しない。支配関係の制度化の場合は、こうした当事者間の非対称性はより鮮明である。このような非対称性を含む制度の「自生的」成立については、アントン・メンガーの議論（既存の社会的勢力関係の慣習による規範化）の方が説得力をもつ場合もあるだろう。[11] しかし、もし「個人的利益の認識」の高度化のなかに、所有関係や支配関係の確定が社会の安定を生み出し、それが貧者や被支配者の将来の状態改善を約束するという長期的な展望までを含むとなれば、こうしたケースについても自発的な合意を想定しうるかもしれない。

取引が自分にとって不利な結果を生む可能性があるとき、事態は個々人の利益の追求が劣った均衡しかもたらさない囚人のジレンマ・ゲーム（図3-❸参照）に陥りやすい。多人数の場合には、これは社会的ジレンマと言われる。なぜなら、みんなが協調すればだれもがその状態を改善できるはずであるが、他の人が協調的な態度をとるという確信なしに協調的な態度をとることは他人に食い物にされるだけだと推測されるために、協調的な態度をとる人があらわれないからである。所有制度についていえば、互いに奪いあうホッブズの自然状態か、互いにまったく没交渉に生きるルソーの自然状態がナッシュ均衡になってしまう。相互に所有を尊重しあって分業＝協業を進める優位な均衡状態が達成されるためには、協調がなんらかの社会規範によって支えられるか、非協調者になんらかの制裁が加えられることが保証されているのでなければならない。これは、古典的には社会契約論として論じられてきた問題である。[12]

しかし、いうまでもないことだが、社会の全員が一同に会して協調を誓ったり、非協調者への制裁の規則を決めるということは実在しない。かといって、それは、単なる観念的なフィクショ

	取引主体2	
	協調	非協調
取引主体1 協調	6　　6	8　　0
取引主体1 非協調	0　　8	2　　2

図3-❸：囚人のジレンマ

ンでもない。社会契約は，社会構成員がある個別事例に即して秩序を一般的な規範として承認する（ルソー的にいえば，一般意思と個別意思の合致）という論理構造自体のなかに存在するのであって，それは現実の個々の行為自体のなかで遂行されるものだからである。その秩序

図3-❹：協調ゲーム

		取引主体2	
		協調	非協調
取引主体1	協調	8 / 8	6 / 0
	非協調	0 / 6	2 / 2

ないし規範の具体的な成立の仕方を問うものではない。過去の慣習の承認であっても，支配者の強制した法の受容であっても，あるいは自利心に動かされた諸個人が自生的につくりだした秩序の承認であったとしても，そこに一般性の契機が含まれること自体が「社会契約」の本質であろう。

　成員が二人だけのほんらいの囚人のジレンマの場合には，もしプレイが多数回反復されることが予想され，時間的割引要素が十分に低ければ，協調的な均衡が生み出されうる。たとえば，当初は協調するが，裏切られたら最後非協調に転じる「トリガー戦略」がナッシュ均衡になる場合があることが知られている。しかし，構成員が多数である場合（社会的ジレンマ）には，コストをともなう制裁をだれがおこなうのかという問題が生じるので，個人的な解決は実質的に不可能である。この場合における秩序の説明は，基本的には社会的な規範や強制にたよらねばならない。

　しかし，もし予想される協調の利益が，認識視野の長期化や分業＝協業関係の出現などによって上昇するか，制裁の怖れや良心のとがめなどによって非協調の誘因が低下するならば，社会的ジレンマ状況は緩和されて協調ゲームの状況（図3-❹参照）へと転化する。ここでは，相手の協調が期待されるときには，自分も協調する方がよい結果を生むので，すでにみたような確率論的な普及過程を想定することができる。

❖11……カール・メンガーとは対称的に，実弟の社会主義法学者アントン・メンガーは（法）制度の形成は社会的勢力関係によると考えた。参照，拙稿「カール・メンガーとアントン・メンガー：制度の自生的形成をめぐって」，比較法史学会編『比較法史研究2 歴史と社会のなかの法』未来社，1993年。
❖12……社会契約論については，志田基与師・永田えり子「制度の社会契約理論」，社会的ジレンマ論については，山岸俊男「社会的交換と社会的ジレンマ」（いずれも盛山和夫・海野道郎『秩序問題と社会的ジレンマ』ハーベスト社，1991年所収）を参照せよ。

► 2.4……**分業の進展**

　マテリアリスティックな制度形成論の展望を得るためには，さらに，分業と階級の形成に進まなければならない。所有の経済的内容はそれによって与えられるのであるが，はたしてそうした経済的関係の具体化のなかでも人格的な独立を保つ「市民社会」は存続しうるだろうか。

　まず，戦後市民社会論の基本的視点であった分業は，普及モデルやゲーム理論においてどのように関連づけられるのか。分業(division of labor)には，作業場での直接的な労働の分割と市場的交換を介した社会的労働の分割とがあるが，だれでも思いつくのは，ゲーム理論の利得構造における協調ケースを分業がおこなわれているケースに割り当て，それと非協調ケースの利得の差を分業の効果とすることであろう。作業者が少人数の前者の場合には，二人ゲームに近いかたちで直接的な交渉関係を想定することができるであろうが，不特定多数が相手の後者の場合には直接的な協力への合意は不可能である。この場合には，自分が勝手に選んだ仕事に専業化したとしても，それが協調を生み出しているかどうかの保証はない。また，自分の得る利得自体も，物理的な生産性だけではなく，その生産物の交換価値に依存している。したがって，社会的分業における協調とは，分業を支持する社会秩序とそれを促進する交換手段の発展にコミットすることを意味するだろう。それは，自分自身も含む多くの行為者の行為の合成としての社会に従うこと，つまり，社会契約にほかならない。分業の発展は市場の発展に依存し，それは貨幣形成の基礎となるからである。

　分業は作業者の相互依存関係をも意味する。分業の体系のなかで生産している作業者は，それを継続する必然性に縛られている。ゲーム理論においては，非協力の戦略を選択することが可能であることが想定されてその場合の利得が示されているが，「継起的な反復のなかの関連」という再生産の視角からは，そうした自発的な退出は想定できない。

　しかし，市場を介した社会的分業にあっては，この必然性は一般的な社会的協調(所有秩序と交換制度)の包括的な承認を意味しているのであって，個々の作業者が自分の作業場においてどのような財を分業の一環として生産することを選ぶか，またその入手した交換手段を市場でどのような財と取り替えようとするかを拘束するものではない。ここに存在する自由選択を調整するものが，価格機構であり，そこで

は一般的交換手段としての貨幣を媒介にして個別的な需要と供給が社会的に集約される。「物象的依存性のうえに立脚した人格的非依存性」(『経済学批判要綱』)とは，この謂であろう。

▶2.5……**階級の形成**

次に，マルクスが近代における階級形成の基軸と考えた資本・賃労働関係を考察の対象に取り上げなければならない。これは，ゲーム論的にいえば，協調的な分業関係とみなすべきなのであろうか，それとも非協調的な関係とみなすべきなのであろうか。これは，思いのほか厄介な問題である。というのは，ともかくなんらかの合意にもとづく関係(雇用契約)がなければ，搾取もそれに対する闘争も存在しえないからである。マルクスは，資本・賃労働の関係を，労働力商品の売買という市場的な関係と労働者に剰余労働を強制し剰余価値を搾取する関係として二重に捉えた。これは，労働力商品の価値規定という想定を放棄した場合でも，雇用契約における合意と分配および生産条件における利害対立の二重性と解すれば，現在でも通用する認識である。

この関係を労働者対資本家の二人ゲームと考えて，従順な労働者を強欲に駆られた資本家が搾取していると解すれば，図3-❸のような利得行列のもとでの協調・非協調のケースに該当するであろう。しかし，このような利得行列のもとでは資本家ばかりでなく，労働者も協調を選ばないはずである。労働者が協調を選ぶとすれば，それは資本家を搾取する(労働者非協調・資本家協調)可能性が現実的には存在せず，しかも，雇用されない状態よりも搾取されている状態の方が改善された状態となっている場合であろう。労働者の雇用者への個人的反抗がかえって高くつくことは容易に想像しうるし，また，「搾取されても賃金がもらえるだけ幸せ」というシニカルな言葉もしばしば聞かれるから，労働者が一方的に従順な態度をとるという想定もあながち不自然とは言えないであろう。しかし，それは明らかに前市民社会的な状態である。

しかし，前項の直接的分業と社会的分業の差異をここで想起しよう。資本・賃労働関係が労働市場における雇用契約によって媒介された搾取関係であるということは，こうした直接的な交渉ゲームでは視野にはいらない社会性がそこに存在するということである。労働者も資本家も相手を取り替えうるのであるから，雇用契約が背

後の社会的関係を表現する(賃金の平準化)かぎりは,それはやはり一般的な社会契約である。ここで,背後の社会関係というのは,マクロ的に相互に関連しあった2つの類型的な利害集団(階級)の利害関係である。

したがって,雇用関係を論じる際には,労働市場における賃金水準に対応した社会契約的な合意と,個別の資本家ないし労働者が労使関係においてどのような態度をとるのかという二重の関係として考察するのが適当であろう。後者についても,資本家と労働者の直接個別交渉とみるよりは,類型的に同一な利害構造をもった資本家階級および労働者階級内部のゲームからなり,その双方の結果を総括的に反映したものが前者であるとみなすことができよう。*13

たとえば,資本家階級をとってみると,個々の資本家が強欲的な搾取をおこなうか,それとも適度に分配条件(賃金等)や労働条件(労働時間等)を改善するかを選択する社会的ゲームになる。搾取戦略は一見改善戦略に比べて利得が高いように思われるが,みなが搾取戦略をとるとすれば,その全体の合成結果は決してよいとはかぎらないだろう。すべての資本家が賃金を引き下げれば消費需要は低迷するし,また劣悪な労働条件は労働効率の全般的低下を生み出すかもしれないからである。

それに対して改善戦略は,思ったより悪くないかもしれない。しかし,搾取戦略の頻度が高いなかで改善戦略をとれば優良な労働力を選抜することができるであろうし,逆に改善戦略の頻度が高いなかで搾取戦略をとれば他の資本家の改善戦略の成果である既存の優良労働力を基礎に高利潤をあげる可能性があるので,資本家の行動は分かれるであろう。このような場合,両戦略の比率は均衡する可能性がある(図3-❺)が,この搾取戦略の比率が高すぎる場合には,長期的には労働生産性に支障があらわれ,また改善戦略比率の高いときにフリーライダーの競争者である搾取戦略企業を許容することは支配的な改善戦略企業にとっては我慢のならないことかもしれない。したがって,一定の部分については改善戦略が資本家階級内部の規範として暗黙的にあるいは明示的に制度化される可能性があるだろう。

同様なことは,労働者の側でも生じる。労働組合が熟練工たちの利益を,不熟練工のダンピングから守ることを重要な理由のひとつとして組織されたことはその証左である。しかし,労働者階級内部の協調問題は,現在では,組合費の拠出と闘

争参加の義務を負う労働組合員になるか，それとも労組の獲得した労働条件の改善を労せずして享受するフリーライダーとなるか，というかたちで議論されることが多い。労働組合の交渉力は組織率が高いほど強いであろうが，個人の組合参加・非参加の自由を残すかぎり，フリーライダーを組織化する費用はそのうち交渉力を強化する利得を上回るであろうから，この場合にも均衡的な組織率があるかもしれない（図3-❻参照）。しかし，フリーライドが可能になるのは，そもそも労働契約の条件が非組合員労働者にも適用されるからである。そのかぎりでは，集団としての社会的総括はそれによって達成されている。

問題は，労働組合が存在しなくても労働者のあいだに自発的な協調が成立するかどうか，さらに，日本のように企業ごとに独立に労働組合が組織されている場合にそれら相互の協調は成立するか

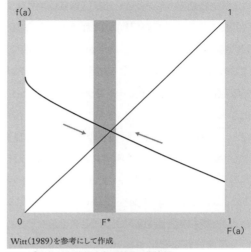
図3-❺：資本家階級内部の協調・非協調

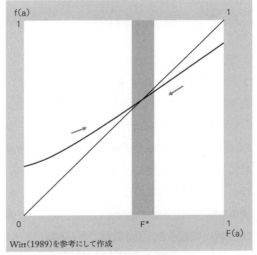
図3-❻：労働者階級内部の協調・非協調

❖13……労働力商品論をとるマルクスの場合には，この二重性はすでに本文で示唆したように，より単純に，流通過程と生産過程に対応させられている。それは，労働力商品の価値の現象形態である賃金が所与とされているため，生産過程における個々の資本家，および個々の労働者の行動が流通過程に対応した契約条件（賃金など）にはね返らないとみなされているからである。しかし，いうまでもなく，雇用契約の条件，そして賃金決定の水準は，個々の契約条件ないし決定の集積から推定されるものであって，単一のものではない。

どうか、であろう。しかし、少なくとも長期的に職場をともにし、その働きぶりを互いに観察しうるサイズの集団であればかなりの協調傾向がみられるし、また日本の労組の横並び（世間相場）志向もかなり強いものである。

このように、資本・賃労働の双方には、その成員の無視しえない割合を階級としての協調に導く基礎があり、それは場合によっては、全成員を拘束するように制度化されることもある。したがって、双方におけるこうした規範ないし組織の形成が進むと、労働者の一方的服従と搾取の状態は克服されることになるだろう。別のいい方をすれば、資本家・労働者の交渉ゲームは社会的にみるならば、上述のような双方の階級内部での凝集性（ないし拡散性）を基礎にした社会契約だということである。[14]このようにして階級的交換関係の社会契約化が進行するならば、階級関係は市民社会的関係の性格をもつようになり、非対称的な搾取関係は、協調の可能性をもった分配ゲームに転化する。

3. 暫定的総括：社会的与件の発展と認知構造の変容

前節のような、制度の形成過程についての、やや形式的な考察はどのようなインプリケーションをもっているのであろうか。まず、交換による貨幣の生成を対象とした前半については、次の2点をあげることができよう。

その第一は、初期条件としての交換手段利用の相対的頻度の解釈にかかわる。これは、直接には交換手段の候補となる財の市場での「販売可能性」あるいは「売れ口」を指しているが、その本質を理論的にいえば、社会的・自然的条件によって与えられた制度成立にとっての与件の重要性ということであろう。つまり、交換現象があるかぎりは、財のあいだに「通用力」の差違があるのは当然であり、したがって間接的な交換も存在しうるのであるから、かならずしも間接交換ゼロの状態を出発点とする必要はない。米・麦のようにだれもが消費する財、あるいは金銀のようにだれをも魅惑する財だけでなく、習慣によって与えられた「通用力」をもつ財があることもまた、初期条件たりうるのである。問題は、個人の合理的判断の基礎には、そうした社会的な与件、それも個人の選択確率と同方向に変化する与件、が存在しなければならないということである。

その第二は、間接的交換の発展自体のなかに交換手段利用への信頼が含まれる

ということは，制度の自生的な発展のなかにも社会契約的な構造が存在していることを意味するということである。囚人のジレンマ，あるいは社会的ジレンマの解決は，その利得構造をそのままにして，仮想的な反復ゲーム上でのナッシュ均衡の可能性を探求することにはないだろう。課題は，ゲームの利得構造自体の認識を再編成して，協調ゲームをプレイできる認知空間を成立させることであろう。それは，じつは社会契約によって果たされるはずの転換であった。諸個人は現実，あるいは現実に発展している可能性を承認することによって，すべてを全面的に譲渡しすべてを取り戻しているが，その過程で認知的構造の社会化が起こるのである。つまり，根拠が合理的であれ非合理的であれ，時間的視野をはらむある循環，ある慣習，ある制度にコミットするということは，それによって，認知的な構造の変容を受けることである。この場合には，感性に直接訴える使用価値から，媒介的な交換価値への転換である。制度，あるいはその発展可能性にコミットすることによる認識の変容ということは，マルクス主義的な表現を用いれば，認識のイデオロギー的変容といってもいいかもしれないが，それは，制度的発展と結びついて可能になる分業・協業その他の経済的活動の可能性をも含む現実の発展の一部なのである。

　以上2点は，自生的秩序の議論も，アトミスティックな合理主義，方法論的な個人主義だけでは理解しえない要素を有していることを示唆する。それを確認したうえで，分業と階級についての後半の考察からどのような結論を引き出すべきであろうか。

　その第一は，利得行列の基礎にあると同時に，それを変化させる要因としての分業の解釈にかかわる。分業の発展を考慮に入れることによって，社会的与件は個々の経済主体の行動の基礎となる利得構造に変動をもたらすものにまで拡大する。分業を物質的生産にかかわるものとして想定するなら，それは技術的可能性とそれ

❖14……H.ライベンシュタインは経営者と従業員の交渉ゲームで，双方の利益追求が囚人のジレンマ状況に陥る利得行列のもとで，仲間集団の基準に従うという選択肢を導入しているが，これは本論文での階級にあたるものである。彼は，こうした基準(社会規範)は，双方に慣行に従う圧力となってあらわれるが，それは最適ではないにせよ，囚人のジレンマの最悪状況からは双方を脱出させるものである(H.ライベンシュタイン『企業の内側』(鮎沢成男・村田稔監訳)中央大学出版部，1992年)。

❖15……アカロフ／ディケンズ「認識の不一致による経済的帰結」，ジョージ・A・アカロフ『ある理論経済学者のお話の本』(幸村千佳良・井上桃子訳)ハーベスト社，1995年，152–155ページ参照。

に対応した労働編成の発展を意味するだろう。ゲーム理論家は，当面のところは，利得行列が不変の場合の協調の成立可能性，ないし規範の形成を探求することに関心を注いでいるが，現実の経済分析に適用される場合には，革新をも蔵した分業関係の発展の影響をも考慮する必要が生じるであろう。マルクスの用いた用語で表現すれば，分業は生産諸力と結びついた生産＝交通諸関係であり，所有の経済的実質をなすものであるが，この実質(可能性)は経済主体相互の行為選択によってはじめて実現されるというのが，本稿の描いた構図であった。

　第二は，生産関係を直接的な二者関係としてではなく，社会的関係として考察する場合には，背後の社会集団(階級)内部の関係の考察が意味をもつということである。これは，**図3-❶**の欄(4)が欄(2)に及ぼす意義を再確認したものといっていいだろう。しかし，同時に，こうした階級内協調がフリーライドの問題をつねに潜在させていることも明らかになった。また，背後の社会集団内の協調・非協調関係を基礎にして労使関係を考えるという分析視角は，労働力商品論によって単純化されているマルクスの労使関係観を現代化するために有益であるかもしれない。個別の労使関係の基礎には社会的な階級関係があるが，階級内部の関係が可塑性をもつことに対応して労使関係も可塑的になるのである。

　第三は，こうした経済主体の選択(行為)空間における認識の意味についてである。分業の展開によって変容する利得構造も，それが現実に意識されなければ，人びとの選択を規定しえない。しかも，選択空間が限定されることは，それ自体が認識ないし認識の不在(それらを総括的に認知構造といおう)の所産である。ルソーは，社会契約においては，人間自身が自然人から市民へと生まれ変わるのだとみなしたが，社会関係への参加自体がその人の認知構造自体を変化させることは，心理学者たちが報告することである。ゲーム理論家は，規範(制度)が利害構造を基礎にして形成される可能性を探求しているが，ハバーマスのいうように，利害への関心は認識上の関心と分かちがたく結びついている[16]。さらに，本稿のように，多少とも実質的な内容をもった社会規範は，一般的な社会総体ではなく，まずは経験や文化・心性・利害を共有する背後の社会集団において形成されるとみるならば，問題の認知構造はこうした社会集団ごとに特有の変異を見せることであろう。

　自給自足的な家父長的農民の共和国，あるいは分業の揚棄された自由の王国はいざ知らず，現代において市民社会がありうるとすれば，やはり「物象的依存性

のうえに立脚した人格的非依存性」としてであり，市民社会の高次段階への進入もこの基礎を通じてしかありえないだろう。❖17

❖16……J. ハバーマス『認識と関心』（奥山次良・渡辺佑邦・八木橋貢訳）未来社，1981年。
❖17……マルクスは，近代市民社会のこの特徴づけを「人格的依存関係」を基調とした世界史の第一段階に対する第二段階として位置づけた。彼はさらに，「諸個人の世界的発展のうえに，そしてまた，諸個人の社会的力能としての，彼らの共同的・社会的な生産性を服属させることのうえに立脚する自由なる個体性」で特徴づけられる第三段階を展望したが，「第二段階が第三段階の条件をつくりだす」と述べていた（高木幸二郎監訳『経済学批判要綱』第Ⅰ分冊，大月書店，1959年，79ページ）。

社会経済体制の進化と公共性

第4章

1. 経済における進化とガバナンス

　近年，日本だけでなく世界の各国で，政府の政策や市民の行動を基礎づける「公共哲学」の必要が語られている。この「公共哲学」に捧げられたシリーズに，私自身，社会経済学の一人の研究者としていうべきものを有しているであろうか。思想や倫理をも総体としての社会的過程の一部であると考える社会経済学者にとっては，すべては歴史過程に内在するものであり，それを超えた超越的視点は存在しない。したがって，本章でまず論じなければならないのは，「公共性」を総体としての社会過程のなかでどのようなかたちで問題としうるのかということである。

▶1.1……進化的な変動理論

　「社会経済体制」というのは，社会に経済活動を中心として統合された秩序（システム）があり，しかもそれは歴史的に形成された個性をもっているという見方である。これは，社会経済学がつねに総体把握の目標としているものである。しかし，現実の経済社会をみると，無数の主体が多様な活動をしていて，それらを統合したひとつのシステムとみなすのは到底不可能なことのようにも思える。それでも，多くの場合，多様な主体が多様な活動を繰り広げるなかで，特定のパターンの相互関係が繰り返され，それらの組み合わせが生じている。通常「システム」と呼ばれているものは，こうした要素とその組み合わせを機能的な関連をもつ「モデル」として再構成したものである。他方，社会全体のなかでは，特定の型の主体やその活動，あるいは特定の型の相互作用がなんらかの状態で分布している。それが安定している場合に

は，それは社会の「構造」と呼ばれるであろう。「社会経済体制」という用語には，こうした「モデル」としての意味と，それに現実性を与える「構造」としての意味の双方が含まれているように思われる。

「社会経済体制」という総体的な概念を用いる際に禁物なのは，それを実体化して，総体的な「体制」がそのまま人びとに影響を及ぼしたりするかのような全体論的（ホーリスティック）発想におちいることである。そうではなく，人びとに影響を及ぼしているのは，「社会経済体制」を構成している諸要素とその相互作用であって，単一の全体論的な主体が存在するわけではないからである。

「社会経済体制」の変動を考える場合にも同じ注意が必要である。単一の「体制」が，それ自体として変化したり，交替したりするのではない。緩い意味での「社会経済体制」に包括されている諸要素（諸主体とその活動，それらの相互作用）が変化し，それが全体の構成（分布構造）にも反映するなかで，結果として「社会経済体制」の変化が生じたと総括されるのである。変動過程における全体と要素のこうした関係は，生物界における「進化」の過程を想起すればわかりやすいだろう。生物の「種」は情報論的にはDNA配列によって定義されるであろうが，DNAに変異が起きるだけでは「種」が進化したとはいえない。DNAにおける変化に，実在の生物個体群の変化が対応しなければならない。生物の個体は，「遺伝子型」に対して「表現型」として位置づけられるが，さまざまな変異をもった個体が，仲間や他種生物を含む実在的な環境のもとで子孫を残す競争を繰り広げ，そのなかで有利な形質の選択がおこなわれる結果，「遺伝子のプール」というべき個体群の構造が変わる。これが，総体としてみた「種」の変化，つまり「進化」である。現実世界から見れば，生物の「進化」は，変化する環境への適応過程であるが，生物の進化自体が生物の適応すべき環境自体を変化させる要因でもある。各種生物の「個体群」を含む「環境」という全体が，個体の生存／生殖の条件を規定することによって生物の形質の適応的な変化を促している。こうした，全体と個の関係は，「社会経済体制」の変動についても，多くの示唆を与えるであろう。

生物界においては「遺伝子」にあたる情報は生物個体には意識されず，その選択は子孫の再生産という結果のなかで事後的におこなわれる。しかし，人間界においては，そうした行動手順や組織の設計図にあたる情報が意識され，事前的に選択されることがある。さらに，そうした事前的な選択は，個々の主体の利害にかかわ

るものだけでなく，他者や集団，あるいは一般的利害にかかわるものに対してもおこなわれうる。こうした事前選択の存在は，生物界と人間界を分かつ大きな差異である。ただし，事前に選択する場合でも，過去の経験から学習したことを根拠とする場合が多いし，事前に選択することによって結果をすべて知りうるわけではない。選択された行動はそれが交錯しあう領域のなかで，個々の主体にとっての新しい環境をつくりだしているのであるから，その結果はそれによって変わってくる。選択された行動の結果が，また新しい選択のベースになるのであるから，過程の適応的特質はいつまでもなくならない。

　事後的な淘汰過程しか存在しない生物界では，遺伝子を別にすれば，情報はなんらかの行動を誘発するシグナル（リリーサー）で足りる。シグナルA⇒行動Bが繰り返されるだけである。これは，他のシグナル（A，A′，…）と結びついた他の行動（B，B′，…）の組み合わせと並んで存在しているだけである。行動（B，B′，…）の結果の成功・不成功さえも，学習能力のない個体にとっては，評価が問題になる情報ではない。学習と事前選択が存在する人間界の場合には，行動Bは結果Cと組み合わさって（行動B⇒結果C）他の行動・結果群の組み合わせとともに，次の行動選択を規定する。人間は，なんらかの基準で可能な行動群を評価し，現在の自己および外的環境の状態を認識しつつ，自分のとる行動を決定する。したがって，行動を誘発する情報はもはや単なるシグナル（リリーサー）ではない。人間の選択においては，自己および環境の状態の認識だけでなく，それぞれの選択肢にかかわる過去の結果を評価し，次の行動の選択に結びつける基準とそれに対応した情報が含まれていなければならない。つまり，直接の行動を指示する情報の上部に，認識・評価・選択にかかわる情報群が存在しているのである。制度は，これらの情報群のなんらかの相互関連から成り立ち，また社会構造はこれらの情報群とそれを利用する主体の分布構造から成っている。

　以上のような進化論的な存在論を図で示せば，**図4-❶**のようになるだろう。生物学的な進化的過程は，この図式のもとでは，環境によって事後的な選択作用を受ける個体レベルでの遺伝子情報の変異が個体群レベルでの遺伝子構造を変えていくことであるが，社会的な進化過程では，認識／評価型の情報とそれによる指示型情報の事前選択作用がそれに付け加わり，環境もそうした2種の情報を含んだ社会的（知的）環境になっている。社会変動は，こうした存在構造のもとでの，情報と個

図4-❶：進化論的図式

領域	生物界	人間界
個体	指示性情報 →個体形成・個体行動	認識・評価性情報 →適応学習・事前選択
個体群	遺伝子プール	社会構造／制度
環境	物理環境＋異種個体群	社会環境

新しい要素の発生・普及による変動　➡
環境的制約・淘汰による変動　➡

別経済主体（あるいはその行動）における変異がそれらの分布構造と社会的環境を変化させていく過程である。基底には物理的環境と生態学的環境を基礎においた社会環境は，制約・淘汰要因としてこの変動過程に関与する。

▶1.2……ガバナンス

　近年，社会科学者のあいだでよく用いられる概念に〈ガバナンスgovernance〉という概念がある。英語のgovern(統治する，支配する)の名詞形から来たもので，しばしば「統治」と訳されたりしている。同根の名詞〈ガバメントgovernment〉は，統治する主体や組織を重視した語で，「政府」という訳語が定着しているが，〈ガバナンス〉は，もっと抽象的で，「統治」が有効な状態，あるいは「統治」を可能にする機構を示している。〈ガバメント〉のように，「統治する」主体や組織を「統治される」側から分離して取り出すものではないから，ここでいう「統治」はより内在的である。それは実際上，一定の効率性と安定性を備えて，その内外にいる主体から信頼をかちえているような秩序を意味する。政治学者たちは，権力主義的な秩序観に対して，文化や思想も含んだ多元的な勢力の均衡構造をガバナンスと呼んでいて，政府のない国際関係において安定的な秩序（紛争処理）を軍事力だけにたよらずにどのように構築するかが，〈グローバル・ガバナンス〉論として論じられている。[1]

　経済学の世界では，企業組織，とくに法人企業について，〈コーポレート・ガバナンス（企業統治）〉が論じられている。そこでは，企業組織の実体をなしている経営者と従業員の行動が，出資者である株主や債権者の利害に沿うものであるかが論じられることが多い。株式会社は，商法上は株主のものとされるが，株主は「政府」を形成して会社を支配しているのではない。従業員を組織して業務にあたる経営者を介して会社を支配するのであるから，会社に良好な業績をあげさせるためには，従業員・経営者・株主／債権者の利害を適切な監視機構のもとに組み合わせて個別

的な介入なしに良好な組織秩序が守られるようにしなければならない。さらに，企業の利害関係者としては，顧客や地域，あるいは政府も含まれる。彼らに対して，企業を信頼できる組織と感じてもらうことも，〈コーポレート・ガバナンス〉の内容である。収益率が高くても安定性がなかったり，反社会的な活動をしたりする企業は〈ガバナンス〉が効いた企業とはいえない。

　経済学におけるこの概念の普及に貢献したオリバー・ウィリアムソンは，〈ガバナンス〉の概念を，制度やシステム一般について適用しうる視点として次のように説明している。

> レオ・フラーが〔その造語である〕eunomics に与えた「良好な秩序と作動可能な仕組みについての科学，理論，ないし研究」という定義は，私が governance とよぶものに，その精神において極めて適合している。ガバナンスは，組織の代替的な様式（手段）の実効性を評価することの実践でもある。その目的は，ガバナンスのメカニズムをつうじて良好な秩序を実効あるものにすることである。したがって，ガバナンスの構造というときには，その内部において，ある取引，あるいは関連した取引の集合の統合性が裁可される制度的な枠組みを考えることが適当であろう。[2]

　彼は制度経済学の基本図式として，個人と「制度的環境」の中間に〈ガバナンス〉の次元をおいて，**図4-❷**のような3層構造を描いている。〈ガバナンス〉は，個人の行動属性と制度的環境の与える「シフト・パラメーター」（変換の方向と程度を示す変数）の双方によって規定されるが，それ自体で独自の性質と機構を有している。この〈ガバナンス〉の状態は，個人の選好に影響を与えるだけでなく，「制度環境」自体をも変更させるという二重のフィードバック経路を有している。「制度環境」へのフィードバックは，「制度」あるいは「ゲームのルール」自体を変更させるという意味で，「戦略的なフィードバック」と呼ばれている。

❖1……渡辺昭夫・土山重常編『グローバルガバナンス：政府なき秩序の構想』東京大学出版会，2001年など。
❖2……Oliver E. Williamson, *The Mechanism of Governance*, New York, Oxford: Oxford University Press, p. 11.

図4-❷：ガバナンスのある3層構造

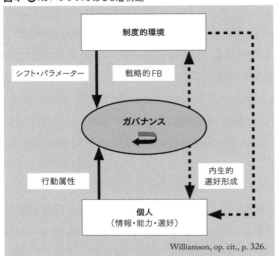

Williamson, op. cit., p. 326.

制度のなかで，あるいは制度を利用して諸個人がおこなう活動がもたらす結果は，制度のガバナンス状態に依存している。人びとは多くの場合，それに適応するが，適応しきれない場合やガバナンス状態をも変更したいという場合には，「制度的環境」それ自体に遡った変更活動が開始されるであろう。そのためには，個々の活動の特定の結果を超えた〈ガバナンス状態〉を判断する情報が必要である。そこでは，ウィリアムソンのいうように，良好なガバナンス状態や「代替的な様式」との比較（実効性の評価）を含む考察が発展する可能性がある。

「制度的環境」─「ガバナンス」─「個人」という3層図式は，「社会経済体制の進化」を論じる場合にも有効である。「制度的環境」は「社会経済体制」の枠組みにあたるが，それは個人の選好に影響を与え，個人の現実の活動となってはじめて現実的な存在となる。しかし，多数個人のさまざまな活動は，個人にとっての全体としての環境を形成するし，またその結果は「ガバナンス状態」を介して個人に戻ってくる。このループ構造のなかで，個人の行動の変化と制度変化がともに進行する可能性がある。しかし，「ガバナンス状態」の評価にもとづく「戦略的フィードバック」については，意図的な変更行動もありうるだろう。たとえば，経済的ガバナンスの評価において，市場的価値だけでなく，福祉指標や環境指標も加えた「社会的価値」を用いれば，企業や個人の行動も変化し，また制度変更の方向も異なってくる。あるいは，平等や民主的決定を重視する立場からは，それらの基準をガバナンスの制度構造のなかに導入すべきだという議論が出てくるであろう。

制度とガバナンスの相互作用のなかに，変動しやすいものとそうでないものがあれば，後者が制度変化の経路を規定することになるであろう。不変な部分（たとえば基本的人権の保障）を設定したり，あるいは，各経済主体（企業）が共通に利用

する基準や財(「公共財」，あるいは技術革新研究者のいう「プラットホーム財」)を供給して競争的進化を促進したりすることも考えられる。これらは，進化的過程の「経路」自体を，選択的に形成する可能性を示唆している。したがって，「ガバナンス」という概念は，進化的な発展過程に対しても適用可能である。

2. 市民社会における公共的ガバナンス

▶2.1……ガバナンスの場としての市民社会

前節では，私たちは「ガバナンス」を進化的な制度経済学の立場からやや抽象的に位置づけた。グローバル・ガバナンス国際委員会は，それをより実践的に個人と機関，私と公の関係のなかで捉えて，ガバナンスとは「個人と機関，私と公が共通の問題に取り組む多くの方法の集まりであり，また相反する，あるいは多様な利害関係の調整をしたり，協力的な行動をとる，継続的なプロセスのことである」[3]と定義している。ここで重要なことは，個人や私と，機関と公とが，対立面だけから捉えられているのではなく，共通の課題に向けて調整や協力をおこなう役割において捉えられていることである。「政府(ガバメント)」を代表とするような公的な機関も，利害の差異や対立を蔵した多元的な社会のなかに引き戻されて，協力に向けた継続的な過程のなかの一要素とされているのである。私は〈ガバナンス〉の概念が含意するこのような多元的な社会過程を，以下にマルクスが表明しているような伝統にしたがって〈市民社会〉と呼びたいと思う。

> 私の研究の到達した結果は次のことだった。すなわち，法的諸関係ならびに国家諸形態は，それ自体からも，またいわゆる人間精神の一般的発展からも理解できるものではなく，むしろ物質的な諸生活関係に根ざしているものであって，これらの諸生活関係の総体をヘーゲルは，18世紀のイギリス人およびフランス人の先例にならって〈市民社会〉という名にもとに総括しているのであるが，しかしこの市民社会の解剖学は経済学のうちに求められなければならない[4]。

❖3……グローバル・ガバナンス委員会『地球リーダーシップ：新しい世界秩序をめざして』(京都フォーラム監訳)NHK出版，1995年(Commission on Global Governance, *Our Global Neighborhood*, Oxford, New York: Oxford University Press, 1995)28ページ。

最近復活している「市民社会論」は，「市民社会」の範囲を，自発的な相互扶助や文化的・社会的，あるいは政治的な活動に限定し，権力を背景とした国家（政府）活動や営利原則にもとづく経済活動を排除することが多い。しかし，こうした狭義の「市民社会」論も，政治と経済を「市民社会」から全面的に排除するものではない。むしろ，政治と経済が権力的国家や営利企業により独占される領域ではなく，非国家，非営利の自発的活動にも開かれていることを主張している。したがって，政治と経済を市民社会と結びつけて考えるという志向自体は，ヘーゲル=マルクス的な広義の市民社会論と共通している。したがって，必要なことは「市民社会」の概念に広狭の二義があることを理解することであって，用語法をどちらかに統一することではないだろう。

　ともあれ，広義の「市民社会」は，国家（政府）と営利経済を含み，それらを含めた制度的ガバナンスの構造をもっている。国家（政府）は，それ自体，市民社会内部での集権的ガバナンスの機関であり，経済過程に対して法と政策をもって規制しているが，この機関そのものに対する社会の側からのガバナンスもまた重要である。営利経済（市場経済）は，その内部で活動する主体（企業）の〈信用〉という，国家的規制に還元されない分権的なガバナンスの要素をもっている。〈信用〉は，企業の営利活動や金融活動を長期的安定的なものにするのに役立つ経済的信頼性の指標であるが，それは収益性だけを基準にするものではなく，投資家に対する情報開示や消費者への対応の整備などの社会的信頼性をも反映するであろう。集権的ガバナンスに直接影響を与える過程として公式に制度化されているのは，その代表の決定を社会成員の選挙に委ねる代表制民主主義であるが，分野ごと問題ごとの当事者や専門家との対話，一般的な市民からの情報開示（アカウンタビリティ）の要求もまた，集権的ガバナンスに影響を与える広義の政治過程の要素であろう。

　このように，集権的ガバナンスと分権的ガバナンスの双方ともに個人や社会からの規制を背景にもって形成されているが，

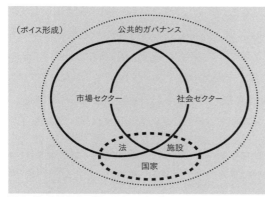

図4-❸：市民社会に埋め込まれた経済

これは社会の経済過程に対する間接的な規制といえるだろう。しかし，社会のなかで育ち生活を続ける個人は，法／政策や経済的信用に還元されない感情や倫理をもって経済過程にはいって活動するから，それらは経済行動に直接影響を与える要因である。もちろん，これは，諸個人の選好や判断基準が経済的過程によって影響されるという逆の過程をも含んでいる。

▶2.2……経済における公共性

現代の極端なリバータリアンは，その思考実験において，個人の合意を超えた権力を行使する国家を否定する。個人はすべて自己所有権をもっていて自分の意思によって生産と交換をおこない，生命と財産の保障は，とくにそのために加盟する自発的な組織(ノジックの用語では「支配的保護協会」)によって充足すればよいというのである。[6] これは，純粋公共財をクラブ財として提供し，あとは市場的交換にまかせようという考えである。

このような考えに対しては，2つのタイプの反対があるだろう。まず社会的連帯心の強い人がそのような組織は富裕者の組織でしかないだろうといって反対するであろう。そこには社会的な衡平性への考慮がまったくみられないからである。彼に続いて，新古典派の経済学者もまた，「支配的保護協会」のような組織が有効なサービスを提供できるようになるまでの費用の高さや，費用をできるだけ払わずに便益だけを受けようというフリーライダーの出現を言い立てて反対にまわるであろう。要するに，「市場の失敗」が不可避であるという批判である。

リバータリアンの，この2種類の反対に対する態度は異なるものになるであろう。リバータリアンは，道徳家の抗議に対しては，問題関心が違うといって突っぱねるかもしれない。リバータリアンの問題は，国家のもつ強制性なしに自発的な交換や拠出によって国家が与えるのと同等の保障が得られるかどうかということであるが，道

❖4……Karl Marx, *Zur Kritik der politischen Oekonomie*(1859), *Marx/Engels Werke*, Berlin: Dietz, Bd. 13, S. 8(マルクス『経済学批判』大月書店国民文庫版，15ページ)．

❖5……浅野清・篠田武司「現代世界の『市民社会』思想」，八木ほか編『復権する市民社会論』日本評論社，1998年，マイケル・ウォルツァー編『グローバルな市民社会に向かって』(石田淳ほか訳)日本経済評論社，2001年を参照．

❖6……Robert Nozick, *Anarchy, State, and Utopia*, New York: Basic Book, 1974(ロバート・ノジック『アナーキー・国家・ユートピア』嶋津格訳，木鐸社，1996年)．

徳家が問題にしているのは、そのような交換や拠出をしない人たちに関する保障であるからである。しかし、自発的な交換や契約がすべてを解決できるわけではないという経済学者たちに対してはそうはいかないであろう。経済学者たちは、自発的な交換・契約をおこなっても、その当事者によい結果をもたらすとはかぎらない「市場の失敗」を問題にしているからである。

　市場が良好に機能するためには、いくつかの条件が必要である。それぞれのあいだで重なるかもしれないが、列挙してみよう。第一には、法制度や貨幣という制度的なインフラストラクチャーが必要である。これは、一人だけでは生み出すことができず、まただれも自発的に費用を負担しようとしない点で、「安全」とともに「純粋公共財」といってよい。第二には、それぞれの当事者の所有および権利関係が明確に規定されていなければならない。これは第一の法制度の適用、あるいは具体化にかかわる条件である。第三には、交換される私的財によって専有されない外部性が存在しないことである。たとえば保健衛生や基礎教育や環境などは、外部性が強いために、通常は市場取引の外部におかれている。また、市場的に取引される財に関しても、他者に有利不利な影響を及ぼすものが多数存在する。第二と第三が重なったケースとしては、利用可能量に制約のある共有資源によって支えられた市場的競争（共有地での放牧）のような場合がある。第四には、独占が存在しないことである。独占が存在する場合には、交換の形態のもとでも、一方的な搾取が生まれうるが、経済活動のなかには、その技術的・地域的特性からいって、独占にいきつかざるをえない場合がしばしば存在する。費用逓減型の生産技術が基礎にある場合には、企業は競って生産量を拡大しようとするから、競争的企業が利潤を確保することはできない。独占が成立してはじめて、費用を上回る価格を設定することが可能になる。第五には、情報の深刻な欠落や非対称性が存在しないことである。取引する財の性質がまったくわからない場合にはそもそも取引がおこなわれないし、また一方にしか情報がない場合には、情報のない方はまったくの弱者になる。第六には、これは情報の不完全性のもとで起こることだが、嘘をついて儲けたりするような機会主義的な行動が存在しないことである。

　「市場の失敗」は、経済的視点からみた国家の必要性の、第一の根拠をなすものであろう。国家は、治安や司法活動、保健衛生、基礎教育などの公共財を供給し、独占を規制し、情報の不完全性を補う活動をしている。これは、じつのところは、

リバータリアンにとっても承認しやすい国家である。というのは，彼らが自発的な拠出による「支配的保護協会」という思考実験をおこなうのは，強制的な再分配のない「最小国家」を構想するためであり，市場的交換では果たせない「公共財」の供給とそのための費用徴収自体は原理的に拒否するものではないからである。

「市場の失敗」に対処する国家というのは，資源の所与の配分を前提して，結果として資源の効率的利用が達成されている状態を基準とした見方に立つもので，じつは非常に非歴史的な国家観である。そこにある基準は一定期間を区切って論じられる「資源配分の効率性」にすぎない。しかし，そこで前提になっている「所与の資源配分」自体が歴史的に，以前の社会経済的過程によって形成されてきたものなのである。前節で「ガバナンス」（良好な秩序）という概念を紹介したが，「効率性」だけでは「ガバナンス」があるとはいえない。そこには，信頼を生み出す社会的な安定性がなければならないのである。

社会的な安定性ということを考えると，リバータリアンに対する道徳家の批判も「関心の相違」ということで一蹴できるものではなくなる。社会経済過程は，一方では期待した利益が実現しないばかりか大きな損失を被るリスクを内包していると同時に，ある期に蓄積した資産が次の期の活動を有利にするという累積的な側面をも有している。市場経済は，前者に対しては確率的に処理できる範囲では保険という対処法を有しているが，予想もつかない危険や大多数の人間を巻き込む災厄に対しては，保険も有効ではない。また，累積的に生じる資産の蓄積（とそれにともなう不平等）に関しては，市場ができることは，せいぜい資源利用の効率性を増進することによって，最も恵まれない層にも雇用機会や安価な商品を与えることくらいである。

経済的効率性の実現は，市場取引を可能にするように資源の財産権が明確に規定されることで足り，その財産権がだれに帰属するかは無関係である。「コースの定理」と呼ばれるこの命題[7]が語るように，市場活動の効率性は，社会的な視野をもたない基準である。したがって，社会的な安定性の確保は，「市場」の「見えざる手」か，それとも「市場の失敗」かという議論とは別種の論理に立脚しなければならない。

「コースの定理」と対極的なのは，「無知のヴェール」という仮構に訴えて最も恵ま

---

[7] Ronald H. Coase, *The Firm, the Market, and the Law*, London: University of Chicago Press, 1990（ロナルド・H・コース『企業・市場・法』宮沢健一ほか訳，東洋経済新報社，1992年），chap. 2参照。

れない人の状態の改善を基礎づけようとしたジョン・ロールズのマキシ・ミン原理である。人は自分が恵まれた立場に置かれるのか恵まれない立場に置かれるのかわからないならば，危険回避の原則にしたがって，最も恵まれない人の状態を最も改善するという原則に賛成するであろうというのがその内容である。しかし，経済学者の目から見れば，最も恵まれない個人だけに注目し，不平等の全体の分布状態に注目しないのは，現実性を欠くものである。最も恵まれない個人の状態改善に多くの資源を投入するよりも，相対的に恵まれない層の状態改善に薄く広く資源を投入する方が，福祉の量的な効果のうえでは上回るかもしれないからである。ロールズの配分原理の意義は，再分配政策を基礎づけるというよりも，最も恵まれない人も社会的公平性を要求しうる社会の成員であるということを再確認したところにあるのであろう。マイケル・サンデルなどのコミュニタリアンは，ロールズの前提する人間像を「負荷なき個人」（社会性を欠いた個人）として批判するが，彼らは仮構にたよらなくても，実在の社会で生まれる連帯心・価値観・倫理などで社会的公平性への要求は基礎づけられるとしているのである。

　社会的公平性の要求は，個人の社会成員としての承認となんらかの平等性の追求という二重の要素から成り立っている。前者が成立しないかぎり「最も恵まれない人」は，社会保障政策の対象ではあっても，政策形成に参加する社会成員（市民）ではない。社会の成員としての人格的承認を積極的に表現するものは，自由意思にもとづく社会参加と選択の保障である。アマルティア・センはこれを「潜在能力（ケイパビリティ）」と呼んだ。社会成員としての承認は，社会的な権利義務関係が成立する基本要件である。それに対して，結果としての個人的福祉の平等性を，どのような基準でどこまで追求するかは，最終的には社会が公共的に決定すべき事項である。そこには，経済的資源の制約と効率性の考慮も当然含まれる。したがって，原理的には第一の承認の要素は，平等の実現という第二の要素よりも先に置かれるものである。

　リバータリアンの主張する「最小国家」は，新古典派経済学者の格率である「効率性」以上に非歴史的で現実性を欠いている。既存の人格と財産状態を所与として再分配を拒否したい人たちは「最小国家」に賛同するであろうが，この所与の前提自体がそれ以前の社会経済的な過程の結果である。所与の前提を生み出す社会経済的過程に，正当性に疑念を感じさせる要素がすでに含まれているとすれば，前提

そのものの正当性がなくなる。正当性がなくなれば，「最小国家」は社会的不満を無視抑圧する「権力国家」に転化せざるをえないであろう。そのような正当性を問題にしないとしても，自発的な生命・財産の保護から国家の形成にいたる論理は，人格と資産の所与の配分状態を不変としてのみ成り立つものにすぎない。しかし，現実の社会経済的過程はそれをたえず変動させてしまい，社会的不安定性を生み出すであろう。

▶2.3……社会的公平性の実質化

　現代においては，国家の課題は「市場の失敗」への対処だけでなく，社会的公平性の改善にも向けられ，後者は「最も恵まれない人」も対等の「社会成員」として承認することと結びついている。しかし，政府に代表される集権的ガバナンスの機関は，財政の都合や画一的官僚主義のような独自の論理をもって動くものであり，「社会的公平」の実質的な要求に応えられるとはかぎらない。「承認」や「公平」は個対個の相互関係に基礎をもつものであるのに対して，政府のおこなう活動は，排他的な公共機関と社会成員の全体という関係のなかにあり，個々の成員の事情への配慮には限界がある。政府の活動は，一般的な法的規定のもとでの形式的平等，あるいは物質主義的に解された平等なナショナル・ミニマムの給付の方に志向しがちである。

　しかし，政府といっても，市町村などの地方政府は住民自治を基本原理としていて，その末端の行政機構は地域社会と深く入り組んでいる。近年の開発経済論においては，国家の機能が，最新の情報提供，市場・流通機構の整備，イノベーションの孵化場の提供などの，私的経済活動，あるいは「市場機能」を促進する領域にまで拡大している。社会的な領域においても，これと並行したかたちで，住民の社会参加の自発的活動を促進する機能が国家の新しい役割として認識されるように

❖8……John Rawls, *A Theory of Justice*, Cambridge, MA.: Belknap University Press, 1971（ジョン・ロールズ『正義論』矢島鈞次訳，紀伊國屋書店，1979年）.
❖9……Michael J. Sandel, *Liberalism and the Limits of Justice*, Cambridge, New York: Cambridge University Press, 1982（M. J. サンデル『自由主義と正義の限界』菊池理夫訳，三嶺書房，1992年）.
❖10……Amartya K. Sen, *Commodities and Capabilities*, Amsterdam: North-Holland, 1985（アマルティア・セン『福祉の経済学——財と潜在能力』鈴村興太郎訳，岩波書店，1988年）. なお，センの思想と理論の徹底した検討として，鈴村興太郎・後藤玲子『アマルティア・セン——経済学と倫理学』実教出版，2001年も参照されたい。

なってきた。行政のサービスや施設が，住民の自発的な集団的活動に便宜をはかり，その要望に応える対話型の行政が要求されている。さきに私は，リバタリアンに対して国家の存在に代表される公共活動の必要性を基礎づける原理として〈市場の失敗〉と〈社会的公平性〉をあげたが，公的活動の現実の発展は焦眉の問題に対処する便宜性の原則にしたがって発展してきたものであろう。しかし，その決定や立案・遂行の方式のなかには，なんらかのかたちで，社会の習慣・倫理・価値が影を落しているであろう。便宜性にしたがって発展する公的活動に対しても，住民参加型の決定／実施方式や，情報公開の原則や社会的公平性の基準を要求することは可能であろう。

「公平」という概念については，それが「平等」とどのように違うのかという疑問がつねにつきまとう。私は，「公平性」というのは，個体個の人格的承認にもとづいた概念であり，したがって相手の事情の理解を前提として相互に承認しうる福祉状態を実現しようとすることだと考えている。相手の事情のなかには，相手の資産や能力，努力，嗜好も含むから，結果として承認する福祉状態が人によって異なってくることは避けられない。あの人は，私に比べて格段に努力したのだから報酬が私より高いのは当然だろうとか，あの人は資産・能力に恵まれているのだから，その一部を社会に還元するのは当然であるといった具体的な価値判断がはいることも避けられないだろう。

「平等性」については，結果としての平等と出発点の平等のどちらを重視するべきかという議論があるが，「公平性」についても，事後的な公平性と事前的な公平性を対比して考えることができるだろう。もし，所得が自発的な経済活動（市場活動）によって合法的に得られたものであるかぎりは，「公平性」の原理は，一見したところ，そこに所得格差の不平等が生じても，それを承認するほかないように思われる。しかし，この結果を生み出す前提（出発点）において，資産と能力の不平等な配分があり，結果にいたる経済過程のなかに不平等な結果を生み出す淘汰機構が潜んでいるとすれば，結果としての不平等な所得状態をそのまま「公平」な状態として承認するわけにはいかない。不平等を生み出す経済過程については，危険配分にともなう社会的な保険を整備する必要があるし，また，出発点における資産／能力が独占的な性質のものであれば，結果としての所得にはレント（不労所得）が含まれているはずだからである。

現代の経済社会においては，土地を代表とした増加不可能な希少資源だけでなく，特許権や著作権のように，人為的に独占権を設定した資産が数多く存在する。こうした制度とそれによる権利者のレント取得は，社会の知的資産の創造を促進する機能ももつが，既存の知的資産の有効活用という側面から見れば，知的資産の効率的な活用に制限を課していることも明らかである。とくに発明者の手を離れて営利企業の資産となった特許によるレント取得活動については，それが知的創造を促進するものであるかどうか疑問がもたれる。思想表現にかかわって人格権と結びつく著作権と異なり，特許権の方はその社会的活用という視点からその独占期間の制限と公示性が必要とされるだろうし，独占にもとづく知的創造の停滞に対しても対抗的な措置がとられるべきだろう。

　特許権についてさえ，独占レントの取得について批判がなげかけられるのであるから，他の一般に公開可能な知識・情報についてはそれを可能なかぎり共有のものにする努力がなされるべきである。社会が安定してくると，経済的資産だけでなく，教育や文化的資産においても世代的な相続現象が見られ，社会の階層化が進行するが，これは社会的な公平性の原理に背反する。公平性の原理に従えば，出発点における立ち遅れを解消可能な教育を保障するか，あるいは事後的に，そのような教育的／文化的資産を利用しえた人に対して社会的貢献を求めるかのいずれかであろう。後者については倫理的要求以上のものとして義務化することが困難であるとすれば，前者の方策がとられるべきである。ただし，「公平性」というのが「画一的平等」ではないことへの配慮が十分にとられなければならない。それは原理的な共

❖11……「開発における国家の役割」を取り上げた世界銀行の『世界開発報告 1997』（海外経済協力基金開発問題研究会訳，東洋経済新報社，1997年）は，市民社会の活動を活性化させるかたちでの信認ある国家の活動の発展を論じている。

❖12……私は別稿で次のように説明した。「〈公平性〉の原理の基礎にあるものは，自分が相手の立場に立つことがありうる，あるいは立つことを想定しうるということであり，これは相手と自分を仮想的な（人類）社会の同等な成員として承認するということである。それは初発には，自分の限られた経験と知識，自分自身の価値観をもとにした理解と承認であるから，それにとどまるかぎり，独善的な想定であるとして批判を受けるかもしれない。……しかし……理解が深まれば，相手の論理や価値観も理解の対象となり，相手への共感がより柔軟なものになる可能性は否定できない，したがって，こうした共感にもとづいて動き出す公平原理を，はじめから拒絶する必要はないと思われる。」（「20世紀から21世紀へ」，森岡孝二・杉浦克己・八木共編『21世紀の経済社会を構想する』桜井書店，2001年，125-126ページ）

有可能性のうえにたって，現実に可能であるかぎりの社会的公平性を追求するものである。

　独占的な資産にもとづく偏りを打破して，社会的公平性を実質化する道は，教育だけではない。言論・出版・学術活動は，かつては知識を公共化する第一の〈公共性〉であったが，現在ではこれに加えて，「第二の公共性」というべきインターネットの世界が出現している。この世界では，政府／公共機関，研究／教育機関だけでなく，さまざまな市民的専門家がその情報を提供していて，また通信可能になっている。これまではメーカーという巨象に対しては蟻のような存在でしかなかった消費者の苦情も，インターネットの世界で訴えれば，即座に支援の情報と賛同の波が沸き起こるようになった。営利的経済活動についても，Windowsなどの商品化されたソフトウェアに対抗して，TEXやLINUXに代表される公開された共有資産としてのソフトウェアが無視できない勢力をなしている。この「第二の公共性」空間は，双方向の通信を基本とした世界であるから，とくに協働作業に向いている。したがって，私有化に志向したこれまでの営利企業体制とは異なる型の経済活動を促進するだろう。

　市場経済は，新しい知識にもとづいた準レントの取得競争を通じて，その知識が普及し，最後はそれが共有化されることによって効率性を達成する。しかし，この競争過程はその中途においては独占による搾取過程であり，その知識を最も必要とする経済主体のもとにそれが到達するのは，搾取され尽くしたあとになるような場合が多い。他方，投機的競争による準レント（労働者の高賃金など）の破壊は，準レントを可能にしていた生産性基盤を破壊し，低水準への一般化を強制する結果になることが多い。社会的な福祉を維持しながら，準レントの基盤自体を共有化していくためには，営利企業あるいは市場経済とは異なる場所に，知識の公開と共有化をはかる場所が存在することが望ましい。旧来の「福祉国家」は，独占的準レントの形成を前提にして，それを国家が吸い上げて再分配するという市場と国家の二重経済を前提していたが，そのような再分配はつねに可能なわけではない。むしろ，準レントの基礎になる資源のうち，共有化できるものの共有を促進する経済に移行しつつあるのではないかと考えられる。

3. 日本における展望

▶3.1……戦後型開発主義からトヨティズムへ

　「市民社会」の概念には広狭二義があり、私は経済や国家を含めた広義の市民社会概念をとっていることをさきに述べた。これは戦後日本の社会科学における市民社会論の立場である。この市民社会論は、マルクス=ヘーゲルからさらに西洋近代の社会経済思想に遡って社会の形成原理を求めたため、しばしば「近代主義」と呼ばれ、それが批判しようとしたのは、経済面においても政治面においても、日本社会の「前近代性」あるいは「後進性」であったと解されている。しかし、現在振り返ってみると、それが対峙していたのは、前近代的な日本というよりは、経済の復興と成長に向けて資源動員をおこなった戦後型の開発主義の政治経済体制であったと考えるとわかりやすい。

　「開発主義(Developmentalism)」というのは、制度形態としては私企業中心の市場経済(資本主義)であるが、国家の規制や介入が自由主義の基準を超えたかたちでおこなわれ、しばしば政治的民主主義に対しても制約が課されているような発展途上国の政治経済体制を指して用いられる用語である[13]。朴政権下の韓国や、国民党独裁下の台湾のように、政治的民主主義に対する制約が強い場合には、しばしば「開発独裁」と称される。議会の選挙が定期的におこなわれている日本の場合には、政治体制について「開発独裁」をいうことはできないが、それでも必ずしも法律に裏づけられない各種の政府の経済介入が存在し、また占領期の一時期を除いて、保守(自由党、民主党、のち自由民主党)の政権が持続したことは事実である。

　私は「開発主義」のガバナンス・メカニズムを特徴づける現象として、私的所有を超えた資源動員がおこなわれることをあげたいと思う。戦後日本の経済機構において中心的な地位を占めるのは民間大企業であるが、私企業による動員は、基本的には利害誘導による動員であり、戦時の「徴用」「徴発」のような強制的なものではない。それでも政策的な優遇や、長期的な取引および雇用関係を背景にした意識的統合によって、個人間・企業間の契約的取引を超えた資源動員がおこなわれる可能性がある。それは、各種の政策金融やメインバンクを通じた他人資本の動員、系列

　❖13……「開発主義」についての私の見解は、『近代日本の社会経済学』(筑摩書房、1999年)の補章「開発主義と動員現象」で述べた。

ないし下請企業の保有する資源の中心企業による利用・動員，常用工・臨時工の残業／休日出勤などを含む労働動員などにみることができる。また，人の移動にともなう資源移動も資源動員に加えることができるが，戦後の成長過程にともなう人口の都市集中，中等・高等教育の整備による若年労働力の近代産業部門への吸収，農民の出稼ぎとその長期化も戦後の成長経済を支える基本要因のひとつであった。

しかし，1960年代の前半には日本経済は，その労働供給面においては農村部における労働力プールを吸収する転換点を通過し，成長と賃金上昇が並行する段階にはいっていた。ほぼ同時期に，それまでの独占禁止法の運用を緩和しながら，株式の相互持合いや金融支援確立，大型合併などの施策が，資本取引の自由化に備えるという名目のもとに推進された。通産省が目論んだ「新産業体制」の構想は実現しなかったが，業界体制と行政指導の手法が確立された。その高コストが指摘されていた日本製造業も，製造設備の最新鋭化と安価な海外資源への転換によって国際競争力をつけ，ついに貿易収支の黒字を定着させるようになった。農業は段階的に進む輸入自由化と米作減反政策のなかで相対的に縮小していったが，地価上昇によって強まった資産保有者意識とともに，地域利害の政治化が促進された。こうしたなかで，産業間・企業間の政策的調整をはかる官僚機構と地域利益の調整・誘導をはかる政治家は，大企業および大金融機関のブロックとの3者結合（政官財の鉄の三角形）を形成した。

1960年代の市民社会論✤14は，こうした政治経済体制の批判としては，あまりに迂遠であったかもしれない。ベトナム反戦運動に触発されて起きた1968-70年の騒乱に煽られた若者たちも，成長軌道を驀進していた日本経済によって吸収され，その多くは忠実な企業戦士となった。1960年代後半からあらわれた反公害の運動や地域運動も，一定の法律的／行政的成果と企業側の部分的譲歩を獲得することによって沈静化した。1970年代の日本経済は，2度の石油危機を経験するが，日本経済は他の工業諸国以上に中東石油への依存度が高かったにもかかわらず，失業率を高めることなくこの危機を乗り切った。1974年のスト権ストを山場として，春闘においても大規模なストライキ戦術がとられることはなくなり，労使協調型の労働運動が支配的になった。政治家や官僚に対する信頼にかわって，大企業経営者層が実績をもった指導層として威信を高めた。

1970年代を通じたこうした変動のなかで，高度成長期とは異なった型の成長体

制があらわれていたことを見逃してはならないだろう。第一に，この時期の経済成長を牽引したのは，もはや鉄鋼・造船といった資本財産業ではなく，自動車，家電，エレクトロニクスなどの耐久消費財を中心としたハイテク組立産業であり，その需要を支えたのは日本社会の高度大衆消費段階への到達であった。第二に，自動車，電機およびエレクトロニクス産業は高生産性を実現し，輸出産業として自己を確立しただけでなく，海外生産をも開始した。第三に，制限的な労働移民政策のため，労働市場はタイトにとどまり，石油ショック時の1，2年を除けば賃金の上昇は持続した。第四に，この時期を通じて，米国の旺盛な消費需要に対応した輸出超過とその裏面としての米国への貯蓄の貸付の増大，他方での東北・東南アジアへの工業半製品輸出と資本進出によって，日本経済の蓄積機構は国際化した。20世紀に米国でまず成立し，その後，先進工業国に伝播した大量生産・大量消費の経済体制は，しばしばその代表的企業の名前を冠してフォーディズムと呼ばれるが，1970年代以降の日本製造業についても，それに倣ってトヨティズムと呼ぶことも許されるだろう。

　この時期の日本産業は，もはや戦後型開発主義の枠にははまりきれない要素をもち始めていた。そもそも，自動車産業は，当初は産業政策のターゲット産業ではなかった。またこの産業の主要企業は，既存の財閥グループに属さない独立企業集団を率いていることが多く，政策金融や官僚機構からの独立性は高かった。製品の特質からわかるように，この産業が志向しているのは，消費者の多様な選好が示されるマーケットに対してであり，それに応じた柔軟で無駄のない生産方式が開発されたのである。

　しかし，製品が消費財であり，マーケットに志向しているといっても，この時代の日本産業は戦後開発主義期から受け継がれた，生産＝労働優先，供給者（企業）優先の生産主義的特質をなおも色濃く保持している。トヨタ自動車の生産方式についていえば，「自動化」ではなく人偏につく「自働化」であると公言する高密度労働と改善活動，必要な時に必要な量だけ部品・材料を届けるジャスト・イン・タイム方式は，マーケットに連動した生産ラインの効率的生産に，従業員と関連企業の資源・能力を統合的に動員するシステムである。しかし，1990年代になると，新卒若手労働

❖14……平田清明『市民社会と社会主義』岩波書店，1969年，羽仁五郎『都市の論理』勁草書房，1968年，が代表的な著作である。

者の調達難や労働力の高齢化・女性化に対応するために，労働の人間化の思想が取り入れられ，また適当なバッファーを備えることを認め，無駄を徹底的に省くリーン生産の一方的な追求は緩和された。同時期にトヨタは，環境保護を重視し，従業員の個性を尊重するという会社憲章を制定し，企業イメージの一新に乗り出した。会社自身が，市民社会の思想を容認し，一種のニュー・トヨティズムへの志向を示した。

しかし，1970年代から1990年代半ばまでの産業と行政の消費者運動への対応は，明らかに供給者（メーカー）優位の立場を堅持しようとするものであり，また消費者の立場を強める法整備もなされていなかった。1971年に，日本のラルフ・ネーダーかともちあげられかけていた「ユーザーユニオン」の技術者と法律家が恐喝罪で有罪を宣告されたのは，それを象徴する事件である。[15] 1975年には，国民生活審議会が製造物責任の導入を提言したが，その立法化は業界の抵抗によって遅々として進まなかった。製造物責任法を推進したのは，担当部署の経済企画庁国民生活課を除くと，消費者生活協同組合や有志の法律家であって，政党や労働組合ではなかった。この法律が成立したのは，1994年非自民党の細川連立政権のもとであったが，多くの業界は直前まで，業界主導の調停機関という対案に固執していた。業界はこの方針を，製造物責任が法制化された後も維持して，業界ごとに「製造物責任相談センター」を共同出資で設立した。

私はこの時期，自動車に関する消費者政策に関心をもって関係機関をヒアリングしてまわったことがある。リコール制度を担当していた運輸省の係官は，メーカーと行政の相互信頼によってこの制度が十全に機能していると繰り返し明言した。また，自動車に関する消費者団体の代表格と考えられている日本自動車連盟（JAF）が警察OBの天下り機関であることもそのとき知った。自動車会議所という政治団体は，自動車関係の業者と労組が主要メンバーとして国会議員に圧力をかけるロビー団体であったが，ガソリン税を軽減して自動車の販売を促進することを主要課題としていた。消費者としての市民の立場を代弁する組織はあまりに微弱であった。

▶3.2……ボイスをもつ市民社会と経済

トヨティズムの時代は，2度の石油危機を乗り切った日本の経営者資本主義が最も信任を受けた時期であったろう。東芝の再建を果たした土光氏をトップに据えた

臨時行政調査会の権威は，政界・官界を圧するものがあった。しかし，この財界長老と結びつけて語られた日本の産業リーダーのイメージ（質素な生活・堅実な技術者・権力からの自立）は，1980年代後半のバブル経済期の日本経営者層の成金的行動とは似ても似つかなかった。1990年代にはいると，乱脈融資，政官癒着，組織暴力の浸透などの不祥事の続発による信任の喪失を憂慮した財界は，企業を市民社会のなかに位置づける新しいビジョンを提示して，経営倫理の引き締めを呼びかけるにいたった。1991年に経済団体連合会は，「公正」を重視し，企業を「良き企業市民」として社会に貢献する存在として位置づける「企業行動憲章」を制定した。そこでは，環境や安全の重視，従業員の個性の尊重なども謳われるにいたった。それに倣って多くの会社も社是を，従来のような勤労倫理と組織重視のものから，社会貢献と個性尊重型のものに改訂した。

　こうした動きは国内の企業批判や外国への企業立地にあたっての要請などのきっかけがあったにせよ，原則的には歓迎すべきことである。だが，企業社会を個人と市民社会に対して開いていく現実的な基礎があるかどうかが問題である。実際の日本企業は，時短や環境基準などのいくつかの数値目標は達成したものの，公正性や個性尊重などの高邁な目標は，不況のなかで消し飛んでいる。おそらく，過去において生産主義に組織された企業・産業の体質の変化はやはり緩慢なものにとどまらざるをえないのであろう。この点に関しては，私は変化の主要な動因は，むしろ，過去の産業文化とは異なる主体に求められるのではないかと思う。

　第一には，トヨティズムとは対照的に，閉鎖的組織中心ではない新しい産業モデルが出現し始めていることである。実物と一緒に動くカンバンに代表されるトヨタ生産方式は，川上の諸部門や協力企業をメインの生産ラインに統合する堅牢で節約型の情報システムであったと言ってよいが，情報技術の発展は，多数主体の相互作用によって付加価値を相乗的に増していくオープン・アーキテクチャーという対極的なビジネス戦略を生み出している。[16] 新技術を企業秘密とするよりも，それを公開して予想もしなかった活用法をさぐってもらった方が，商業化の時期も早まるし，市場の

❖15……伊藤正孝『欠陥車と企業犯罪』社会思想社（現代教養文庫），1993年。
❖16……國領二郎『オープン・アーキテクチャ戦略』ダイヤモンド社，1999年。なお，野口宏「IT革命とグローバル資本主義」，『経済理論学会年報』第38集（2001年）も，IT革命の体制変革的な意義を強調している。

規模も拡大する可能性があるからである。また，情報技術はメーカーと消費者あるいはユーザーのあいだの「情報の非対称性」さえも掘り崩す可能性を生み出している。メーカーは自分の技術や製品にコミットしている分視野が限定されているが，消費者あるいはユーザーはより自由に選択できるだけ，さまざまな情報が公開され専門家（趣味的な専門家も含め）にもすぐに相談できるインターネットの空間のなかでは，より豊富な情報を得られるかもしれないのである。双方向の通信が常時おこなわれているインターネット空間においては，これまではマイナーすぎて一般の市場には乗らなかったような特殊な需要も，個人対個人，個人対企業，企業対企業の個別取引やオークションを通じて取引が成立する。

こうしたネットワーク型の経済において重要なのは，知識を特定の商品に具体化してその販売によって利益を出すこととはかぎらない。古くはシェアウエアー，最近ではインターネット上のオークション業者のように，みなに共用できる知識を提供し，その利便を事後的に割り戻してもらうというようなビジネス・モデルも多数考えられる。つまり，ビジネスの情報化自体が，情報の私有制を前提にした資本主義モデルを掘り崩し始めているのである。

第二には，非営利組織（NPO）を含めた社会的セクターが経済全体のなかで占める比率が増大することである。1998年に「市民が行う」「自由な」「社会貢献活動」の組織に対して法人格の取得を容易にする「特定非営利活動促進法」が成立したのは1998年だが，それから3年後の2001年末までのあいだに「特定非営利活動法人」として認証されたのは5680法人であるが，これはまだまだ増加するだろう。これらのNPO法人は必ずしも一種類の活動分野に特化しているわけではないが，そのうち61パーセントにあたる3464法人が定款に保健・医療または福祉の増進をはかる活動を記載している。これに続くのは，社会教育（2372法人），まちづくり（2000法人），子どもの健全育成（1637法人）である。[17] 保健・医療・福祉と教育という21世紀において重要になる2分野で，市民のニーズにより即したかたちでのNPO活動の発展が期待されている。

非営利の法人組織には，農協・漁協や消費者生協などの協同組合組織や，宗教法人，学校法人，医療法人，社会福祉法人なども含まれる。それらの実態は多様であるが，営利法人とは異なった目的のもとに経済活動をおこなうという社会セクターの構成員としての使命はなお消失してはいないだろう。これらの社会セクター

は，人口の高齢化，女性の社会参加度の増大，生涯教育の意義の増大という社会の基礎からの変化に対応して，現在以上に発展しなければならないことは明らかである。

問題はこれらの社会セクターの経営基盤である。医療・福祉施設や学校を経営する多くの非営利法人が，経営基盤の確保のために営利企業顔まけの運営に走る例は数多い。NPO法人の資産は，基本的には寄付によって成り立つものだが，寄付のインセンティヴを高める控除措置を受けられるだけの要件を充たしている法人は少ない。社会セクターが，もしそれがなければ最終的には政府の責任になる広義の公共的活動を分担していることを考えれば，公有施設の供与や補助金によってNPOの経営を援助することは当然である。また，そのことは，行政とNPOの連携を促進するだけでなく，NPO活動の透明性を確保することにも役立つだろう。NPOとして法人化されるとはかぎらないが，市民の側に立った行政やその他組織の監察をおこなうオンブズマン運動も，まだ散発的とはいえしだいにその意義が知られてきた。

ビジネス界と社会セクターにおけるこうした動きは，戦後の開発主義的な時期に形成された日本の社会経済体制を，集約的な資源動員から開放的な協働の方向に変化させざるをえないであろう。この協働のネットワークのなかに知識が共有化されていくならば，経済社会はそれ自体としてボイスをもった市民社会になるだろう。

他面，ボイスをもったネットワーク社会は，垂直的な決定構造をもたないことと，あいまいな妥協的解決を許さないために，個々の不満が連鎖的に増幅されて不安定化する可能性がある。一人のユーザーの不満がまたたくまに賛同の波を引き起こして大メーカーが緊急に対処しなければならないようなことが起こるが，その一方では，感情的な非難や根拠のない誹謗中傷も珍しくない。ネットワーク上で流される認識・判断・評価型の情報を，正しく取捨選択するのはきわめて困難である。

それに対する対処は，2つあるだろう。ひとつには，多くの人が賛同し追試もできる客観的な評価基準をなんらかのかたちで生み出すことであり，これは情報技術者の世界では「テストベッド」とも呼ばれている。いわばガバナンスにかかわる情報の健

❖17……内閣府ホームページ「特定非営利活動法人の活動分野について（平成13年12月末現在）」（http://ww5.cao.go-jp/j-j/npo/00128bunya.html）。

❖18……世界のオンブズマン運動については，International Onbudsman Institute（http://www.law.ualberta/centres/ioi/eng.html），日本のそれについては「オンブズマン・ネットワーク」（http://www.st.rim.or.jp/~jhattori/）を参照されたい。

図4-❹：公共性と社会的過程

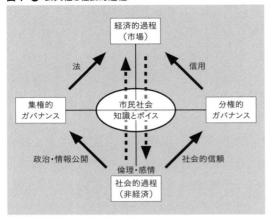

全な発展をどのようにして促進していくかということである。ネットワーク型の相互交流が常時おこなわれている社会のもとでは、公共機関が排他的にその提供者となるとはかぎらないだろう。

いまひとつは、社会的な公平性をもった市民倫理を発展的に定着させていくことである。ネットワーク型の社会のなかであがる個々のボイスは、それぞれに発信者の個別状況を反映したものであるから、それを理解するためには、普遍的原理から判定する裁判官的態度は適切ではない。多様な主体からなる変動しつつある社会のもとでは、当の判断基準の「普遍性」が疑われるケースが問題になっているかもしれないからである。したがって、対話によって学習し理解を深める同市民としての共感的な態度が、市民倫理の基礎にならなければならない。さきに、公共的ガバナンスが必要となる根拠として「社会的公平性」をあげたが、それが最も必要なのは個々の人間関係を含むボイス形成過程においてである。

　日本においても、21世紀における社会経済体制のガバナンス構造は、既存の組織的・構造的惰性による抵抗を蔵しながらも、開放的で非集権的な、いわば市民社会的な方向に向かわざるをえないだろう。しかし、それが不安定なものや、ガバナンス機構の特異的な効率構造などのために社会的公平性を欠くものになる可能性もある。公共的な言論と学術活動は「ボイスをもった市民社会」の不可欠な構成要素として、より高度なガバナンス情報を形成し、社会の健全な進化のために奉仕しなければならないであろう。

移行経済と経済統合
進化的視点の再定位

第5章

1. 「移行」の終焉か？

　ベルリンの壁が崩れてから15年目になる2004年の5月1日に，かつては「鉄のカーテン」の東側にあった8ヵ国（ポーランド，ハンガリー，チェコ，スロバキア，スロベニア，エストニア，ラトビア，リトアニア）のEU加盟が実現した。ブルガリアとルーマニアのEU加盟も2007年に予定されている。これらの国のこの15年間の経済体制の変化の過程をどのように捉えるにせよ，EUへの加盟が「移行」の一応の終了点であることは間違いない。というのは，EUへの加盟が実現したということは，「機能する市場経済」が存在し，「EU内部における競争と市場の諸力に対応する能力」を有することが承認されたことを意味するからである。加盟諸国は，労働移動についての過渡的に存続する制限を除けば，EUの巨大な共通市場のなかに差別なしに加わることができるが，他方では，市場的な競争条件に歪みをもたらすような政策を採用することができなくなる。もちろんすべての国家主権が失われるわけではないが，「社会政策」などの領域においても，外国人による投資・企業経営を妨げることがないよう厳しい条件がつけられている。予定しているユーロ導入に向けては，欧州「安定成長協定（SGP）」の遵守などの，EU加盟の条件以上にさらに達成の困難な条件を呑まなければならない。「移行」の課題がすべて解決したわけではないが，その大部分が，今後はEU内部の経済発展の「較差」問題，あるいは「地域」問題に転化することになる。

　他方で，それ以外の移行経済諸国[*1]では，「移行」過程からの出口のあり方は未だ明瞭ではない。ロシアはこの数年，原油などの資源価格の高騰に支えられて高成

長を記録しているが,巨大石油企業ユーコスの支配をめぐる争いに見られるように,国家と企業の関係は未だ不明瞭である。旧ソ連邦を構成し,現在はCIS(独立国家共同体)を構成している諸国では,長期にわたって権威主義的な政権が支配していたが,そのなかでも不正選挙をきっかけに欧米を志向した政権が成立し,政策の再編が起きている。民族の対立・抗争の舞台となった旧ユーゴスラヴィア連邦諸国では,2000年以降ようやく復興が開始され,それと同時に,遅まきながらの統制経済からの「移行」が進行中である。しかし,これらの諸国でも,貿易と金融の両面からの世界経済への統合が進展している。1998年のロシア金融危機はボリス・エリツィン下のロシア国家が投機的な国際金融に支えられていたことを端無くも露呈したが,2000年にウラジミール・プーチンが大統領に就任して以来,WTOに加盟して世界経済との統合を達成することが目標とされている。欧州諸国だけでなく米国や日本にとっても,核大国であると同時に巨大な資源保有国であるロシアおよび旧ソ連諸国を,さまざまな金融支援をからませながら,世界経済の秩序のなかに統合していくことが喫緊の課題となっている。

　「移行」というのは,一般には,社会主義の計画経済の体制から市場経済の体制への移行と解されている。しかし,それは同時に,ソ連を中心としたコメコンの国家主義的貿易ブロックにはいっていた経済を資本主義的な世界的な市場経済に統合する過程でもあった。それは,移行経済諸国の国民や政府だけによって進行した過程ではなく,世界経済における指導的諸国の政府や国際機関,多国籍企業や投資家・銀行,投機的金融家,さらにそれらの利害関心を代弁する外国人アドバイザーなどをもアクターとした国際的な政治過程であった。この過程の現在の到達点でいえば,ロシアのような資源大国を例外として,ほとんどの移行経済諸国は国外からの直接投資(FDI)に依存して成長する地域内キャッチアップ国,あるいは周辺経済国となっている。

　私が「移行経済」の研究に関心をもったのは,国家主義的計画経済という共通要素をもつ多数の諸国がいっせいに市場経済への移行を開始したことが,社会経済体制の変化過程の考察のために,実験室にも喩えられるような絶好の条件を与えていると思ったからであった。数年前に公表した旧稿で私は,「移行」は社会主義の経済体制をなんらかの自明な市場経済の体制に取り替えることではなく,諸主体の適応行動の相互作用が生み出す創発的現象をともなう進化的過程であり,それが

整合的な経済システムを形成するための「統合的な要素」が存在しうるかどうかが問題であると論じた[2]。今回の論文では，「移行」の過程が同時に欧州経済および世界経済への「統合」過程でもあったという現実に踏まえて，移行経済における進化的発展過程のあり方について再検討をおこなってみたい。

2. 移行観と経済統合観における二重の視点

このような再検討においては，「移行」論と「統合」論という二重の視角が必要となる。

まず，「移行」論の視角から見ていくと，「移行」という語の本来の用法では，出発点となる経済体制と到達点となる経済体制の両者が明確に定義される必要があるだろう。それによって，どのような経路が最も効率的かを論じる「移行」の戦略論が可能になるからである。しかし，実際には「出発点」となる体制も現実には多様であり，「移行」を論じる経済学者や政治家がそれについての正確な理解をもっていたとはとてもいえない。他方では，「到達点」の方も，EU加盟実現国については一応の到達点を確認することができるにせよ，ロシアを含む他の諸国については，「移行」が終了したのかどうか，またどのような経済体制への移行であったのかについて，それらの国の人びとにも，外部の研究者にも確定した見解が存在しない。したがって，「移行」論においては，出発点からの変化を重視して考察を始めるか，それとも到達点への接近として「移行」を考察するかで，そのアプローチが異なってくるであろう。

西側諸国や国際機関から派遣されたアドバイザーの多くは，移行経済諸国の経済事情の詳細な知識を欠くが，先進資本主義国の経済のメカニズムは知悉している

❖1……本論文はEUの東方拡大や欧州との経済統合を焦点としているので，中国，ベトナム，モンゴルなどの東アジアの移行経済国を除外する。したがって，本論文における「移行経済」は，欧州復興開発銀行（EBRD）がその活動対象としている25ヵ国に一致する。最近ではこれらの諸国は，移行の達成水準と地理的位置によって，「中欧およびバルト諸国」（クロアチア，チェコ，エストニア，ハンガリー，ラトビア，リトアニア，ポーランド，スロバキア，スロベニアの9ヵ国），「南東欧諸国」（アルバニア，ボスニア・ヘルツェコビナ，ブルガリア，マケドニア，ルーマニア，セルビア・モンテネグロの6ヵ国），「CIS諸国」（アルメニア，アゼルバイジャン，ベラルーシ，グルジア，カザフスタン，キルギス，モルドバ，ロシア，タジキスタン，トルクメニスタン，ウクライナ，ウズベキスタンの12ヵ国）に分けられることが多い。

❖2……八木紀一郎「体制移行における進化的視点」，進化経済学会・八木紀一郎編『社会経済体制の移行と進化』シュプリンガー・フェアラーク東京，2003年。

と自負する理論経済学者であった。彼らは英米型の金融主導型の自由主義的資本主義を暗黙のうちに到達点とみなし、なんであれビッグバン的な自由化によって以前の経済体制から脱出することが重要であると考えた。また、EU加盟に際しては、EUの既存の取り決めの総体（アキ・コミュノテール）に整合的な法的・経済的状態に到達し、しかもそのもとでの市場の諸力（競争）に耐えられるかどうかが審査された。

それに対して、出発点を重視し、そこからの経路依存的な変化を考える移行観は、1989年以前からの社会主義経済研究者や当該地域・諸国の経済事情の専門的研究者の多くがそれを支持している。移行経済をめぐる論議のなかで興味深いことは、こうした見方は当初は過去にこだわる見方として傍流に押しやられたが、深刻な転換不況とその後の移行経済諸国の分極化を観察するなかで、国際機関のエコノミストたちの移行観にも、「初期条件」「市場支持的な制度」の重要性というかたちで、進化的な移行観が部分的に取り入れられたことである。

世界経済への「統合」についても、世界経済に完全に「統合された状態」を基準として考察する「経済統合観」と、それぞれに異なる自国の経済構造やそれと結びついた固有な政治的・社会的条件から、当該国の「統合のされ方」を考察する「経済統合観」が存在するであろう。前者は、世界経済への統合は、否応のない現実であるとするトランスナショナリストの経済統合観で、国際機関のエコノミストだけでなく、金融グローバリゼーションの弊害を憂慮する国際政治経済学者もこのような経済統合観を表明する。それに対して、後者は当然なことに、各国の国内の政治的・社会的勢力の利害を重視する政治家や、各国経済の専門研究者によって表明される。この見方では、経済統合は一律な統合状態を生み出すものではなく各国ごとの差異のある統合が生み出されるのであって、したがって各国の条件に適合した統合を選択する余地も存在することになる。多少、誤解のある表現かもしれないが、前者を「外生的」な経済統合観、後者を「内生的」な経済統合観と呼ぶことができるだろう。

こうした「移行観」と「経済統合観」をクロスさせると図5-❶が得られる。この図のなかで位置づけてみると、国際機関の報告書類などにみられる狭義の「移行」=「統合」論は、到達点重視の移行観と外生的な経済統合観の組み合わせ（第Ⅰ象限）として、また、各国別の「移行」過程の歴史的研究は、出発点重視の移行観と内生的な経済統合観の組み合わせ（第Ⅲ象限）になるだろう。この2つの組み合わせのそれぞれが相対的に優位な研究領域が存在することは事実であろうが、他の2つの組み

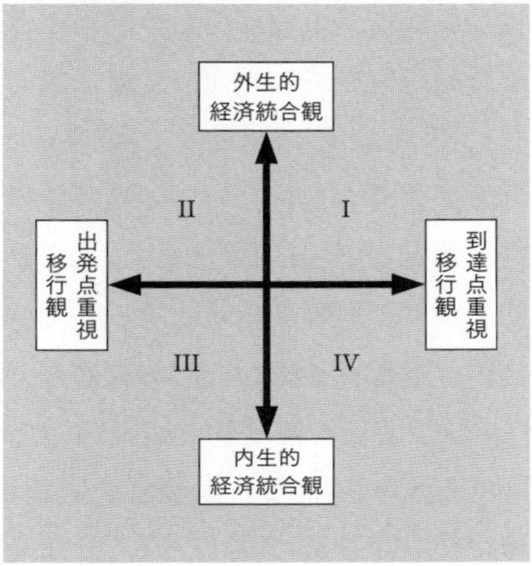

合わせによる考察が有益な研究領域や歴史的局面が存在するかもしれない。たとえば，各国ごとの主権が形式的にでも尊重される政治領域では，WTOやEUへの加盟といった経済統合へのステップも，到達点重視の移行観・内生的経済統合観という組み合わせ（第Ⅳ象限）によって考察されることになるであろうし，逆に通貨危機に直面して国際機関や先進国に救済を緊急に求めるような場合には，出発点重視の移行

図5-❶：二重の視点

外生的経済統合観／内生的経済統合観／出発点重視移行観／到達点重視移行観　象限Ⅰ・Ⅱ・Ⅲ・Ⅳ

観・外生的経済統合観（第Ⅱ象限）によって考察せざるをえないことになるであろう。

3. 進化的発展の問題群

　私の前稿が暗黙のうちに想定していたように，狭義の「移行論」では，世界経済への統合は考慮されたとしても，各国・各地域の経済的実情に基礎をおいて考察されるにとどまるので，**図5-❶**の下の部分がその関心領域になるであろう。さらに「移行」において進化的発展過程を重視する場合には，そのうちの左の部分が考察の枠組みになっているだろう。この領域から発する進化的発展の第一の問題群は，移行開始前に存在していた経済体制およびそれとかかわる社会的・政治的条件と「移行」の可能性・過程・態様の関連についてのものである。その代表的な設問は，1989年以前に存在していた経済体制が市場経済型の体制に漸進的に移行する可能性はなかったのかという問いかけであろう[3]。それに対して，「移行過程」において出現したいくつかの予想外の事態が，将来形成される経済体制，あるいは現在の状態に，経路依存的な規定的影響を及ぼすのではないかというのが，第二の問題群である。「自由な市場経済」への直線コースの移行論からは病理的な事態とみなされた「インサイダー民営化」や，国家の手を離れて自由競争をおこなうはずの民営

❖3……佐藤経明氏はその著『ポスト社会主義の経済体制』岩波書店，1997年の第4章で，政治革命によって中断されなければ，1980年代の経済改革が10年程度のスパンで多少とも安定的な経済体制を生み出した可能性はなかったであろうかと問いかけている。

化企業が株式の相互持合い関係を通じて企業集団ないしネットワークを形成した「再結合的所有」などの評価がその代表的な問題である。

　1989年以前に存在した政治的・社会的条件のうち，過去における市場経済や議会民主主義の経験，あるいは西洋への文化的・地理的近接性などの，「社会主義経済体制」と直接に関連せず，したがって移行の過程においてむしろ活性化された初期条件の影響は，時間的な側面からすれば第一の問題群にはいるが，実質的には移行過程への影響要因の問題として，第二の問題群に分類するのが適当であろう。親族関係や温情的な庇護関係などからなる伝統的な社会（「基層社会」）、あるいはそれから生じる行動様式の影響も，同様な位置づけになるであろう。しかし，移行経済諸地域におけるこのような問題群についての私の知識はきわめて限定されている。本稿では，経済体制論に直接かかわる市場経済と所有および企業のあり方に視野を限定して，第一の問題群から「市場社会主義」の進化可能性の問題，第二の問題群から「インサイダー民営化」と「クロス所有」の問題を取り上げるにとどめる。

▶3.1……「市場社会主義」の進化？

　すでに言及した第一の問題群の代表的な設問は，旧体制が「市場社会主義」の方向に進化する可能性はなかったのかという問いかけである。東欧の諸国は，1950年代半ば以降，社会主義の経済体制に市場メカニズムを取り入れる改革を数次にわたって繰り返し，1989年の移行開始の直前の時点には，ゴルバチョフのペレストロイカ政策を後ろ盾にして，企業の資産的基礎をなす資本・金融面におよぶ市場経済化を取り入れた「新経済メカニズム」がハンガリーで実施され始めていた。国営企業のいくつかが民営化され，価格統制の大幅な自由化とあわせて，実質的な「混合経済」が出現していた。ハンガリーの政治家や経済学者の多くが，ビッグバン方式の急進的移行に反対する「漸進主義」の立場をとったのも，1989年以前の改革の進展を前提にしていたからである。

①資本市場の導入

　1960年代以来，計画経済と市場経済を機能的に結びつけたモデルを提出して，東欧の経済改革を理論的に基礎づけたとされるW.ブルスは，移行開始の直前の1988年にK.ラスキとともに著わした『マルクスから市場へ』においてこのようなモデル

の追求の放棄を宣言した。彼は,「現実社会主義」からの進化の方向は「市場社会主義」の方向に不可避に向かっていると展望したが,市場化を資本の領域においても追求する本来の「市場社会主義」の線に沿った「進化」は,資本主義と社会主義の境界に頓着しない「弾力的な動き」を示しうる「開かれた性格」を有する発展であると結論した[5]。

　資本市場を排除した改革モデルは,集権的指令経済の基幹部分を保存するものであり,商品市場と労働市場の発展を抑制する。それは,貯蓄と投資を経済的効率にしたがって結びつける分権的機構をもたないので,ソフト・バジェッティングによる経営規律の弛緩と競争の歪みを放置することにつながる。したがって,資本市場を欠いた「市場社会主義」は,なんらかのかたちで「資本市場」のメカニズムを導入しなければならなくなるであろう。社会主義体制下の資本の市場化は,当初は大規模投資や新企業の設立資金を財政的手段によってではなく,銀行あるいは証券市場を通じた金融的手段によっておこなうことから始まるが,それが発展して恒常的な企業金融のメカニズムになるならば,たとえ形式的には国有企業にとどまったとしても,資金を提供する銀行および投資家の収益および資産上の関心にしたがった経営に移行せざるをえないであろう。それが株式会社への改組と株式の公開によっておこなわれるならば,資本主義諸国における国営事業の民営化と本質的な差異はない。

　しかし,理論家であるブルスが触れない「資本市場」導入の背景は,対外債務の増大と国家財政の赤字累積という現実的な問題である。1980年代には多くの東欧諸国が債務累積によってデフォールト状態に陥り,IMFに加盟して救済融資を受けている。1989年の移行開始直前に東欧諸国で問題になっていたのは,コメコン内の割当分業による管理貿易と並存するかぎり西側諸国の市場で競争力のある製品を生産することはできず,また西側市場に志向した生産を可能にするためには,生産設備の近代化のための巨額の資金を必要とすることであった。したがって,ハンガリーにおける移行開始直前の経済改革の方針のなかにあらわれているように,資本所有者の利害関心を貫徹させるための改革は,「世界経済への適応を優先順位の

❖4……大野健一『市場移行戦略』有斐閣,1996年,吉野悦雄「ポーランドにおける『社会主義』の実質的解体」,『経済研究』(一橋大学)第41巻第4号(1990年)を参照。
❖5……W.ブルス／K.ラスキ『マルクスから市場へ』(佐藤経明・西村可明訳)岩波書店,1995年,316ページ。

第1番に設定する」政策転換と二本柱をなしていた。

　理論の世界では社会主義思想あるいは社会主義者の想定する経済メカニズムのなかで「資本市場」の意義が認識されていくことは，さまざまな改革とその総括をもとにした内生的な進化過程と言えるだろう。また，ロシアや中国のような資源と人口の両面における大国では，国内における資本蓄積の過程のなかで，資本配分を効率化する方式を試行錯誤しながら模索する余裕がありえたかもしれない。しかし，1970〜80年代にすでに西側市場との関係を一定程度深め，それによってかえって不安定になっていた旧東欧諸国においては，「資本市場」とそれを支える制度の漸進的で内生的な形成の条件は失われていたのかもしれない。

　ハンガリーでは改革派の社会主義者たちは，「市場社会主義」は経済体制の変更についても「開かれている」というブルスの洞察と同じ方向に進み，市場経済を前提として，それをガイドするマクロ政策や，それを補完する社会政策によって社会主義の価値を生かそうとする社会民主主義者に移行した。彼らは，共産主義に立脚していたかつての政権党を「ハンガリー社会党」に再編成して選挙に臨んだ。同様な社会主義勢力の政治的再編成がポーランドでもチェコでも起こった。彼らは移行過程の初期には政権から遠ざけられたが，「転換不況」が深刻になると，自由主義諸党の離合集散にも助けられて勢力を回復し，しばしば政権を担当している。しかし，これらの「社会党」（かつての共産主義者たち）の政権復帰は，少なくとも中欧およびバルト諸国においては，「移行」のプロセスを阻害しなかった。社民化した共産主義者よりも，民族主義的な傾向をもつ保守政党や農民の利益政党の方が「移行」面においても「経済統合」面においても支障を生み出すことが多かった。

②労働者自主管理

　「市場社会主義」の進化的発展において考察する必要があるいまひとつの問題は「自主管理企業」である。社会化された企業の管理運営をそこで働く労働者の合議体（労働者評議会）にまかせる構想は，モスクワからの離反を正当化する代替的な社会主義思想として旧ユーゴスラヴィアで発展させられた。自主管理企業を国家的計画のもとにおくのではなく，自立性を与えて市場的環境のもとで活動させるのが，標準的な「市場社会主義」のビジョンである。企業管理に参加する労働者評議会の構想は，1968年のプラハの春，1980年のポーランドの自主労組「連帯」の運動のな

かでも注目された。ポーランドで「連帯」抑圧後に実施された国有企業法では，従業員から選出された労働者協議会に経営者の指名を含む権限を与えた。しかし，1980年代になると，「自主管理」に対する熱意はしだいに薄れていった。それは東欧諸国が1980年代に陥っていたマクロ経済的な危機に対して「自主管理」方式の導入が適切な解答にならないことが認識されたからであろう。とくに，ユーゴの経済状態の急速な悪化の一因に「自主管理企業」があるとされたことの影響が大きかった。それでも，ポーランドやハンガリーの改革派は「自主管理」を否定せず企業の管理構造の民主化としてそれを位置づけていた❖9。しかし，移行が実際に開始されると「自主管理」を積極的に推進する勢力は雲散霧消し，ことばすらも残らなかった。

「自主管理」に注がれた関心には，経済学的な関心と政治的関心の双方があった。経済学者は，労働者の共同体が経営者の選任や投資決定・利益処分などをおこなうことによって，現場に近い適切な意思決定がおこなわれるとともに，労働者のモラールが向上するものと期待した。それに対して，政治家や社会運動の活動家は，「自主管理企業」あるいはその基礎となる「労働者評議会」を，労働者の動員をはかる権力基盤，あるいは基礎的政治単位として捉えた。両者が「自主管理」を「社会主義」の特質とすることで結びつけられていたが，この結合の困難さが「自主管理」思想の最大の問題点であろう。

経済学的な関心からみていくと，B.ウォード以来の労働者管理企業の経済理論は，この種の企業は資本主義的企業に効率性で及ばないと論じたが❖10，ユーゴの自主管理企業はそれを反駁しうるだけの成果をあげていない。解雇が事実上おこなわれな

❖6……盛田常夫『ハンガリー改革史』日本評論社，1990年，226ページ。
❖7……P.ガウアン「東・中欧のポスト共産主義の社会主義者」，ドナルド・サスーン編『現代ヨーロッパの社会民主主義』(細井雅夫・富山栄子訳)日本経済評論社，1999年を参照せよ。
❖8……私は30年前にチェコの改革派経済学者イジー・コスタの関連論文を紹介したことがある。J.コスタ(八木紀一郎訳)「チェコの社会主義と自主管理」，『月刊労働問題』1975年1月号。
❖9……改革派共産主義者が社会民主主義に移行して発足したハンガリー社会党の結党文書でも「社会主義的市場経済」と「自主管理制度」が謳われていた(盛田 前掲書，198ページ)。
❖10……ウォードらは，労働者管理企業は労働者の一人あたり所得の最大化をめざすので投資と雇用拡大に消極的であると論じ，余剰収益の最大化が労働者管理企業の行動原理であるとするB.ホルバートと対立した。現実のユーゴの自主管理企業は投資には熱心であったので，前者はそのままでは妥当しない。しかし，解雇が事実上存在しないという制約のもとで，雇用増よりも資本装備率の上昇によって生産増に対応する行動様式が観察されるという(藤村博之『ユーゴ労働者自主管理の挑戦と崩壊』滋賀大学経済学部，1994年，第3章)。

いので雇用増には慎重で，生産の増加に対しては資本装備率の引き上げで対応しようとした。自主管理企業を支援する目的で政府などによって設立された銀行は企業に対するモニタリング機能を果たさず，ソフト・バジェッティングを許した。1970年代の半ば以降には地方政府・共和国政府の関与が強まり，自主管理は政治化されていた。そうしたなかで起きた第二次石油危機以降のショックに自主管理企業は迅速に対応することができず，1980年代のユーゴスラヴィアは，猛烈なインフレーションと失業が並存する経済危機にさらされることになった。旧ユーゴの「自主管理企業」の失敗の根本原因として，経済学者の多くはその所有関係のあいまいさをあげている。自主管理企業の所有形態は「社会的所有」とされ，その所有者は集団としての労働者であるとされているが，労働者にとっても，集団を離れて個人としての権利があるわけではない。これに「ソフトバジェット」という条件が加われば，コーポレート・ガバナンスが失われた状態が生まれる。「社会的所有」による「自主管理企業」には倒産という概念がなかったので，債務累積の状態になったとしても，政府の一存で企業を解散させることもできなかった。したがって，旧ユーゴの経済危機に対処するプログラムのなかでは，「自主管理企業」＝「社会的所有」は否定的に捉えられていて，その民営化が課題とされていた。

　しかし，「自主管理」が「移行」過程において放棄された最大の理由は，それが社会主義と結びついた政治思想であったからだろう。「社会主義」を建前とする旧社会主義諸国では，反体制思想も自らを社会主義と結びつけなければ公的領域においてもアングラ領域においても市民権を得られない。国家主義的な計画経済を否定する「市場社会主義」が「社会主義」である根拠は，資本主義的な私的企業と異なって「労働者自主管理」が生産過程で実現されることに求められた。したがって，「社会主義」であることを証明しなければならない状況がなければ，「自主管理」にこだわる理由も消失するからである。

　「自主管理」を政治思想として追求する試みは，1970年代のユーゴスラヴィアに見られる。自主管理を企業経営の領域だけでなく社会の全面に拡大し，「協議経済」として発展させる構想が，1976年の「連合労働法」などに法制化された。しかし，それは企業に対する地方政府や利害関係者の関与を強めただけで，「協議経済」はすべての領域に存在する共産主義者同盟の組織なしには機能しなかった。この結合的な政治組織が民族対立によって分解するとともに，「協議経済」の体制も崩壊し

た。旧ユーゴは，政治思想と結びついた「市場社会主義」が，整合的な計画のない政治的決定と規律のない市場的決定のミックスを生み出して失敗した事例である。

▶3.2……資本主義のアノマリー？
①インサイダー民営化
　「社会主義」の思想と無関係な労働者管理型の企業も考えられないわけではない。国営企業を民営化しようにも，そこで働いている労働者以外にその企業に関心をもたないとすれば，なんらかのかたちで労働者に管理責任を負わせる以外の道が存在しないからである。しかし，全体としての労働者がアクティブになることはない。むしろ，それまでの経営幹部や関係機関の幹部（ノーメンクラトゥーラ）が従業員である労働者集団を利用しながら，民営化を実現する「インサイダー民営化」の例が多い。
　ハンガリーでは，国営企業が株式会社に転換し再編成の可能性が開かれると，政府の民営化計画が実施にはいる前から，労働者評議会，あるいはそのコア部分の労働者の同意を取り付けた経営幹部が，採算のとれる部門を有限会社あるいは合弁会社に転換してその支配権を手中におさめるプロセスが始まった。ポーランドでは，既存の企業をこれまでの経営幹部と従業員によって設立された新会社に売却することが，「清算」という名目のもとに合法化された。これらは「自然発生的民営化」とも呼ばれる。
　ロシアでは，法人企業に転換された国有企業の民営化の方式として3つの方式からの選択が労働者に委ねられ，そのひとつは従業員に優先的に株を割り当てて彼らにマジョリティを保障する案であった。その後，バウチャーによって国民に配布された買い付け権にかかわる株はその残余にすぎない。大部分の企業は，この方式を選択したが，そのとりまとめをおこなったのは既存の経営幹部であった。労働者集団の所有という外見は，実質的には「ノーメンクラトゥーラ民営化」を平穏に遂行するためのカムフラージュであった。ロシアにおける大規模民営化は，他の移行指標に比べて早期に高い達成率を示しているが，これは既存の経営幹部層の利害に適合するように民営化案自体が作成されたためである。経営幹部や彼らと結びついた銀行は，従業員にほとんど無償で割り当てられた株式を低価格で買い集めてその企業の所有支配を確立できる。ロシアにおいて，驚くべく早い時期に政商的財閥が成立したのは，こうしたインサイダー民営化によるところが大きい。

既存企業の経営幹部・従業員中心の「インサイダー民営化」は，国家に対しても企業に対しても新たな資金や知識・技術・経営能力を提供するわけではないから，多くの改革政治家や経済学者からは望ましくない「民営化」として否定的に評価されている。しかし，外国資本に売却できるような有利な条件をもつ少数の企業を除くと，マリー・ラヴィーニュのいうように「全体として他にまったく現実的な選択肢がない」[11]状況での，善悪を問うこと自体が不適切な変化であった。

　こうした「インサイダー民営化」によって成立した企業は，従業員と経営者の暗黙の妥協のうえに成り立っていて，従業員に対して賃金引き下げや解雇のようなハードな態度をとらず「温情主義」的な態度を維持する。ロシアで企業が労働力を過剰に保蔵することが，「移行」以前からの行動様式の「慣性(inertia)」とされるが，それはポスト社会主義のロシア企業の民営化過程の結果でもある。[12]

　青木昌彦は，経営者と従業員が結託したこのような「民営化」企業に対しては，株式市場による外部からのコーポレート・ガバナンスの方式は実効的でないことを指摘している[13]。かといって銀行によるモニタリングが成立可能な条件も，すぐには期待できない。というのは，政策金融などを引き継いだ旧国有銀行はソフト・バジェッティングの体質を社会主義時代から継承しているし，また多数生まれた新民間銀行の多くは，財務的基礎のない合法・非合法な資金のトンネルにすぎないからである。企業の行動自体が，短期のレントシーカー的行動から中長期の生産的行動に転換しないかぎり，そもそもモニタリングどころの話ではない。ロシアには，国際機関や世界各国からの支援資金が流入したが，その一方で使途不明の資金の海外移転も巨額にのぼっていて，これは移行後に資産を形成した層の逃避資産と見られるのである[14]。それでも，同情的な見方としては，ポスト社会主義のロシア企業がコーポレート・ガバナンスを進化的に形成するには，マクロ経済的条件があまりに過酷であったということもできる。安定化が実現し，会計・司法・税制などの領域におけるクレディビリティの回復とあわせて銀行制度と証券市場が整備されるならば，ロシアでもコーポレート・ガバナンスの進化的形成が期待できるかもしれない。

　青木の比較制度分析の理論にしたがえば，純粋に外部コントロールが支配する企業と異なり，インサイダーにコントロール権が分有されるガバナンスのあり方は，継続的雇用と内部訓練を重視する労務政策と親和的であるとされる。しかし，「温情主義」による労働力の抱え込みによって労働力の低度利用が常態化しているなら

ば，労働生産性の引き上げ自体が課題となりえない。経営側は賃金を「払うふり」，労働者は「働くふり」をし，工場の設備をもちいた闇生産やセカンドジョブに精出すというような労働規律自体が失われている工場すらあった。そうした状態が解消され，さらに企業に適合した技能向上に関心を抱かせるための適切なインセンティブ・システムが生まれなければならない。

しかし，移行経済のなかで必要とされるのは，マネージャーだけでなく最新のIT技術にも対応できる技能労働者である。リストラクチャリングが進んでいない旧態依然した工場で，いくら技能を形成しても意味がない。しかも日進月歩のIT革命のもとでは，特定仕様の技術にロックインされることは，労働者にとっても企業にとっても危険である。EU加盟を実現した中欧諸国では，ロシアのような悲惨な状況は存在しないが，ここでも労働者の技能ギャップの問題は深刻である。新しい技術とリストラクチャリングの資金を兼ね備えているのは外国企業であろうが，移動をつねに考えている多国籍企業に長期的な技能育成を期待することは困難である。したがって，企業外の職業訓練や教育自体の高度化によって労働技能の水準を維持・向上させることが必要であり，またそれがFDIを自国に引き込むための条件になるであろう。[15]

②擬似「金融資本主義」と「再結合所有」

社会主義体制のもとの企業は，国家の社会的資産の一部を利用して活動をおこなう相対的に自立した経済単位にすぎなかった。「移行」は，こうした企業のあり方を否定して，企業自体を市場経済の論理にしたがう資本に転化することを目的としていた。その際，個人の自利心が経済活動の最善の導き手であるという教説を基

❖11……マリー・ラヴィーニュ『移行の経済学』(栖原学訳)日本評論社，2001年，203ページ。
❖12……大津定美・吉井昌彦編『経済システム転換と労働市場の展開』日本評論社，1999年，第1章および第2章，溝端佐登史『ロシア経済・経営システム研究』法律文化社，1996年，366-371ページがこの問題を分析している。
❖13……青木昌彦『経済システムの進化と多元性』東洋経済新報社，1995年，第6章「移行経済のコーポレート・ガバナンス」。
❖14……田中宏『EU加盟と移行の経済学』ミネルヴァ書房，2005年，116ページ。本論文の執筆にあたって，田中氏の日頃のご教示とともにこのご著書に示唆されることが大であった。謝意を表する。
❖15……European Bank for Reconstruction and Development, *Transition Report 2000: Employment, skills and transition*, London, 2000.

礎に，権利区分が単純かつ明解で個人の利害に直結する私的所有の実現が目指された。しかし，大企業を細分化しないかぎりは，可能なことは，せいぜい企業への支配権を分割して，その権利である株式などを個人に所有させることにすぎない。しかし，それを国民の大部分にまで及ぼすことができれば，新しい経済体制にも強力な支持が生まれるであろう。

このような一種のポピュリズムに近い思惑をもって実施された「大衆民営化」の一方式が，株式会社に転換された国有企業の株の取得権を国民に無償で配布するという「バウチャー（引換券）」方式の民営化であった。この方式での民営化第一波が1992年にチェコで予想以上にスムーズに実施されたため，他のいくつかの国もそれにならった。しかし，証券投資の知識のない大部分の国民のために「民営化投資ファンド」が設立され，バウチャーの大部分がそれに集積された。「投資ファンド」を設立したのは大銀行であるが，この大銀行の最大の株主は国家であった。したがって，「大衆民営化」の最初の帰結は，民営化企業を投資ファンドと大銀行が支配し，その背後に国家が控えた擬似「金融資本主義」的な所有構造であった。

同様な錯綜した所有関係は，バウチャー方式を採用しなかったハンガリーでも生まれた。ハンガリーでは自然発生的な民営化によって企業の分割・再編のなかで株式の相互持合いや持株会社が生まれ，周辺に小規模な株式会社や有限会社を置く衛星的な構造をもった企業グループが生まれた。これらの企業グループは，金融機関も含めて，事業の必要に応じて出資（あるいは債務を株式に転換）してネットワーク的な所有構造が生まれた。D.スタークは1993年のハンガリーで販売額のトップ200社と大銀行25行の所有構造の調査によって，厳密にとってその2割，緩くとって約4割に相互に株を持ち合う「クロス所有」の関係が拡がっていることを発見した。それらの大企業は，またそれぞれに，周囲に小規模な株式会社や有限会社が衛星状に従えていた。彼は，こうした水平的・垂直的な所有関係が移行以前からの結びつきを移行経済の条件下で再結合したものと考えて「再結合所有」と名づけた。彼はこのようなネットワーク型の所有関係によって資産価値を高めることができるとしてそれが長期的に持続し，東欧型の資本主義の基礎的な特性になるであろうと展望した。[16]

しかし，問題はこうした「金融資本主義」あるいはネットワーク型の所有関係が，産業の発展の結果生まれたものなのかどうか，あるいは将来において産業の発展を促進するものかどうかということである。実際，こうした「金融資本主義」あるいは「再

結合所有」は移行過程の初期を特徴づけたものの，移行過程の後期には持続しえなかった。チェコでは1990年代半ばから中小銀行の破綻が表面化し，1998年には大銀行までを経営危機に陥らせる金融危機が生じた。それに対して，数次の処理・安定化プログラムが実施され，非効率な金融関係が整理されるとともに大銀行のほとんどが国外資本の手に移った。[17] ハンガリーで，「再結合所有」がどれほど持続しているかについては論争があるようだが，現在ではそれがもはや優勢ではないことは明らかである。[18] ここでも，国家，銀行，旧国営企業から分かれた諸企業のネットワークに対して，明解な支配関係を求める異質な主体として登場したのは外資であった。ハンガリーは1995年の新しい「民営化法」以降，外資をターゲットとした戦略的売却方式を主にして大規模民営化を完了したが，金融・通貨危機をまぬがれたこともあり，移行諸国中最大のFDI受け入れ国としての地位を固めた。スタークはクロス所有的な関係が生まれる一因を移行過程の不安定性に対する保険的な配慮に求めていたが，投資家としての外資の利害関心は現在の収益性であって保険ではない。また，外資それ自体が多国籍企業である場合には，国際的なネットワークをすでに有しているので，ローカルなネットワークを維持する必要はない。したがって外資が主体となった金融および産業組織においては「再結合所有」との断絶がある。中欧におけるFDIが合弁方式よりも単独支配を好むのもこれと関係しているであろう。

　もちろん，外資にとっても，国家と結びついた大銀行やその他の企業群とのあいだに広がるネットワークにメリットがないわけではない。それは分散したかつての国家資産を支配するレント・シーカー的な行動や，国庫を最後のよりどころとするソフトバジェットから利益を得ようとする場合である。ロシアのような資源の豊富な大国や政治的な融資が大規模におこなわれる諸国ではそのような型の外資進出がありうるか

❖16……David Stark and Laszlo Bruszt, *Postsocialist Pathways: Transforming politics and property in East Central Europe*, Cambridge University Press, 1999. また，田中 前掲書，第9章の検討を参照せよ。

❖17……松澤裕介「市場経済移行期のチェコにおける銀行危機の展開」，『比較経済体制学会年報』第42巻第2号（2005年）参照。

❖18……Kobach=Csiteの1999年の研究によれば，ハンガリーの大企業549社のうち「クロス所有」に分類される企業は93社（16.9パーセント）で外資系所有企業の128社（23.3パーセント）より少なくなっている（田中 前掲書，201ページ）。

もしれない。商業ベースの融資や証券投資がそのような性格をもつことも多いであろう。しかし，中欧諸国のような小国ではそのような利得の可能性は限定されているし，また各種の国際機関や加盟交渉先のEUから要求された金融機関と証券市場の整備によって，そのような活動の余地はしだいに狭められたであろう。

　チェコ，ハンガリー，ポーランドのように1990年代後半にFDIを積極的に受け入れ，それを経済成長の基軸にしていった諸国では，産業についても，外資を中心にして再編成されていった部分と，それ以外の部分に二分化していく傾向が見られる。結局，民営化が国内の利害関係者中心の始動期から外資を含めた国際的経済統合のなかでのリストラクチャリング期に進むにともなって，企業の進化的過程の場もその枠が拡大され，内生的な過程から外部主体の侵入と競争的淘汰の過程に移行せざるをえなかったのである。

4. 世界市場への統合とガバナンス問題

▶4.1……移行の初期課題と後期課題

　現在の時点から見ると，旧東欧・CIS諸国の経済体制の移行は，移行不況から脱出して小康状態に到達するまでの第1期と，それ以後多かれ少なかれ金融危機や通貨危機を経験しつつ世界経済への統合を達成していった第2期に区分できる。

　欧州復興開発銀行(EBRD)は1994年以来，「企業」「市場と貿易」「金融制度」の3分野の8項目にわたる「移行指標」にしたがって移行経済諸国の到達状況を評価しているが，最近ではその項目を初期にかなりの程度まで達成可能な課題のグループ(初期課題群)とそうでないグループ(後期課題群)に区分している。[19]

　前者は，「価格の自由化」，「外貨交換，貿易自由化」，「小規模民営化」の3項目からなっている。かつての社会主義体制のもとでの国家的統制を廃止し，民間に開放することによって市場を生み出すことがその主な内容になっている。実質的な変化なしの市場経済および世界経済への形式的開放である。これについては，中欧およびバルト諸国は早い時期に先進国に近い水準に到達していた。現在では旧CIS諸国や南東欧諸国にも先進国水準に近い国が存在する。

　それに対して，後者のグループは「大規模民営化」，「ガバナンスと企業リストラクチャリング」，「競争政策」，「銀行改革および利子率自由化」，「証券市場と非銀行

機関」[20]から成り立っている。これらは，市場経済を支える制度の積極的形成というべき課題群である。現在の時点では，この課題群の達成水準からみると，EU加盟が許された中欧およびバルト諸国とそれ以外の国ではかなりの差がみられる。

　移行が開始した時期にビッグバン方式を売り込んだ西側諸国の経済アドバイザーたちは，安定化プログラムを厳格に実施しさえすれば，市場経済が自然に成長する条件が整うと考えていた。EBRDが制度的要素をも含む「移行指標」を作成したこと自体が，このような楽観主義に対する反省によるものであった。しかし，初期のアドバイザーは，制度を重視していなかったからこそ，それにかかわる決定を当該国の政治家にまかせたと言えるかもしれない。あるいは彼らを派遣した国際機関や西側諸国は，移行経済諸国の国内事情にまでかかわるコミットメントをおこなう意思をもっていなかったのかもしれない。また，旧ソ連・コメコンのくびきを逃れた移行経済諸国では，当然なことにナショナリズムが高揚し，それがポピュリズム的な政治手法と結びつく傾向があった。したがって，バウチャー民営化や従業員民営化などが選好され，国家的な保護や金融上の優遇などへの抵抗は少なかった。貿易や為替の自由化はおこなわれていても，外資の進出にはさまざまな実質的な制限が残されていた。いいかえれば，移行の前期においては，厳しいマクロ経済環境のもとではあったが，経済制度の形成は政治家，政府，銀行，経営幹部，従業員といった国内のアクターの進化的な相互適応過程に大部分まかされていた。その暫時的な形態がチェコで見られた擬似「金融資本主義」，ハンガリーで見られた「再結合所有」であろう。

　それに対して，後期では国際機関においても制度的要因が重視されると同時に，国内での制度の選択可能性の枠がよりいっそう狭まっていた。国外からの公的融資に依存を続ける移行経済諸国に対して，国際機関や西側諸国は当該国の金融危機が表面化したり，政権が変わったりするごとに厳しい要求を突き付けた。旧共産党系の社会民主主義政党が政権についた際[21]でも，政権は西側諸国との協調を最

❖19……欧州復興開発銀行（EBRD）は欧州およびCIS諸国の移行支援の専門銀行として1991年4月に設立された。民間部門の投融資や技術支援の活動を主としているが，欧州諸国の発言権が強く，IMF，世界銀行と比べて制度面を重視する。1994年以来毎年 Transition Report を刊行し，そのなかで制度的要素も含む「移行指標」によって，対象諸国の移行の進展度を評価している。溝端佐登史・吉井昌彦編『市場経済移行論』世界思想社，2002年の158-159ページにその紹介がある。

❖20……最近は「インフラストラクチャー改革」が加わっている。

優先の課題とせざるをえなかった。過去との関係からイデオロギー的な正統性に疑問がさしはさまれがちな彼らは，社会主義的な言辞を極力避けると同時に，欧州復帰，具体的にはEU加盟への志向を前任者以上に鮮明にした。WTO加盟やEU加盟交渉，OECD加盟などが実現するたびに，制度形成の外的制約はせばまった。また長引いた移行のなかで経済ナショナリズムが弱まるとともに，大銀行・大企業の支配権を獲得した外資が制度の形成主体として登場する。FDI受け入れによる経済成長の先頭を切っているハンガリーでは，2000年に存在する28万9080社中その9.2パーセントにあたる2万6645社が外資系企業で，それらの定款資本をとれば全企業のそれの47.8パーセントに達している。銀行については，大銀行のほとんどを外資に売却したチェコで外資系銀行の資産シェアが97パーセントにまで達しているが，それほどの極端さでなくても，中東欧9ヵ国の外資系銀行のシェアの平均は50パーセントを超えている。[22]

　しかし，FDIによる経済成長と国民の経済的福祉が一致するとはかぎらない。それ自体が多国籍企業である外資にとっては，投資先は既存の好便な条件を利用して収益をあげる場であっても，そうした条件を自ら長期的な社会投資によってつくりだす場ではないからである。外資企業は雇用をつくりだすかもしれないが，労働力自体の高度化はなんらかの公的な労働政策によって補完する必要がある。また，国際的なロジスティクスのなかに位置づけられる多国籍企業の生産サイトは当該国の地域的産業連関からは孤立していることが多い。とくに大都市地域，あるいは近隣諸国の消費市場目当ての組立工場の立地であるような場合がそうである。外資がはいり西欧化した大都市や交通の便利な地域とそうでない地域の所得格差は明らかに拡大している。中欧・南東欧の移行経済諸国は，1990年代の半ば以降，さまざまな取り決めにより西欧諸国との自由貿易を実現してきた。しかし，農産物輸出については，EUには共通農業政策による保護政策が存在しているので，対等な競争ではなかった。また，移行経済諸国の主要な輸出品である衣料品などは，輸入の急増があるときにはセーフガードを発動できる「センシティブ商品」に分類されている。ベルリンの壁が崩れて以来の西欧と東欧の貿易の自由化についても，東欧が西欧以上に利益を得たかどうかは怪しい。むしろ，移行経済諸国における農業や在来産業は，都市生活の西欧化とあわせて欧州の域内貿易によって不利化している可能性が高いのである。

►4.2……移行におけるガバナンス問題

最後に移行過程は政治経済学の視点から見てどのように統御されていたのだろうか。移行過程における進化的発展や制度形成は，国家あるいは政府と経済上の諸主体(企業，銀行，労働者，消費者，投資家)のどのような関係のもとで，統御されてきたのかというのが政治経済学的なガバナンス問題である[23]。

移行の初期においては国家的な統制の撤廃と自由化が主たる課題となった。しかし制度の形成については，民営化の方式を超えた以上の議論がなされなかった。価格，貿易，金利，創業に関する規制はなくなったが，国家の手もとにまだ多くの国家資産(民営化をまつ国有企業や銀行)が残り，実質的には混合経済の状態にあったが，それに適合した政策形成はなされなかった。この時期で問題になったのは国家の「過剰撤退」と「国家捕獲」という一見矛盾するかのように見える現象である。国家の過剰撤退というのは，市場経済は原則自由であるという建前のもとに統制が撤廃されながら，会計制度，税制，商法，金融法規などの法制整備や監督官庁，徴税機構，司法機構の整備がともなわなかったために，無法に近い状態が出現したことである。他方で，国家捕獲というのは，国家の保有する資産や権限などがビジネス・グループによって利用されることで，一語でいえば腐敗である。この両者が並存したのが，エリツィン時代のロシアで，国家捕獲によって国有企業やその他の国家資産を入手し，さらにさまざまなトンネル融資を獲得するとともに，脱税・脱法行為を繰り返してオリガルヒーと呼ばれる財閥が急速に形成された。ロシアはガバナンスが全面的に喪失した例であるが，比較的治安が保たれた中欧およびバルト諸国でもガバナンスの喪失現象が随所に見られた。インサイダー民営化自体がその例だが，擬似「金融資本主義」や「再結合所有」自体も，それが意図せざる結果であり，あいまいかつ非効率な所有関係や不良債権を生み出した点ではその兆候をもって

❖21……連立内閣である場合が多いが，ポーランドでは1993年，ハンガリーでは1994年，チェコでは1998年に旧共産党系の政党が政権についた。

❖22……田中 前掲書，153，164ページ，松澤 前掲論文，53ページ。

❖23……移行におけるガバナンスの問題は，EBRD, *Transition Report 1999: Ten years of transition*, London, 1999 で提起された。「国家捕獲(state capture)」の概念が定着したのもこれによる。なお，国際政治におけるガバナンス概念については，渡辺昭夫・土山實男『グローバル・ガヴァナンス』東京大学出版会，2001年，また地域レベルを含む重層的ガヴァナンス概念については，Committee of the European Communities, *EUROPEAN GOVERNANCE: A WHITE PAPER*, COM(2001) 428 final を参照せよ。

いる。移行期の政府のもとでは民営化などの利権をねらう勢力の離合集散があり，それにともなって政治勢力とその連合関係も変動した。

　経済政策においてリベラリズム（マネタリズム）の傾向が強かった前期においては，この時期における移行政治家のヒーローであったチェコのクラウスに見られるように，民営化とマクロ経済政策が両軸であって，産業政策や社会政策への取り組みは消極的であった。しかし，後期になると，失業者や年金生活者，不満の累積した農民層などの要求が高まり，新たに形成された企業家層も加わって，よりきめこまかな政策が必要になっている。

　しかし，後期になってだれの目にも明らかになってきたことは，移行経済諸国における政策形成に国外の国際機関や西側諸国との調整という国際的な次元が存在し，国内におけるガバナンスと二重化した構造をもっていることである。それが典型的にあらわれたのが，EU加盟実現にいたるまでのプロセスである。

　ベルリンの壁の崩壊後，中欧東欧で急速に高まった欧州復帰の願望に対して，EU（当時はEC）は，基本的には市場の相互開放（欧州協定）で応え，追加的に西欧と共通性の高い国に対する個別支援（PHAREプログラム）をすればすむと考えていた。しかし，中東欧諸国の不満とこの地域に西欧と異質な政治経済体制が成立することに対する懸念から，1993年6月のコペンハーゲン欧州理事会で中東欧の諸国に加盟の道を開いた。その際，(1)民主主義，法の支配，人権尊重および少数民族の権利保護などが体制的に保証されているという政治的基準，(2)機能する市場経済を有し，EU内の市場的競争に耐えられる能力があるという経済的基準，(3)EU法の総体を受容し，政治的目標および経済通貨同盟への加盟も含んで加盟国としての義務を果たしうること，という3基準が示された。それを受けて，1994年から1996年にかけて各国が加盟の申請をおこなったが，種々のやりとりをへて，ようやく1997年7月にEU委員会から加盟の際に必要な要件の詳細とその達成に向けての手続きと支援の方針を示す「アジェンダ2000」が公表されるにいたる。この「アジェンダ2000」を採択した同年末のルクセンブルク欧州理事会では，ポーランド，チェコ，ハンガリー，スロベニア，エストニア，キプロスの6ヵ国との加盟交渉の開始が決定され，その2年後にラトビア，リトアニア，ルーマニア，ブルガリア，マルタ，スロバキアの6ヵ国との加盟交渉が決定された。加盟交渉が開始されると，経済的基準による各国経済力の評価に加えて，EUがこれまで形成した取り決めの

総体を31項目に分解したアキ・コミュノテールの適用可能性が詳細に検討され，その厳格な実施を要求するEU側と移行措置を要求する加盟候補国とのあいだの交渉が延々と続いた。加盟が決定し，実現した後でも当該国におけるこれらの基準の実施状況と政策が監視されることになっている。

　こうしたガバナンスの国際化は，通貨金融においてはとくに顕著である。前期における安定化政策の実施にも公的融資と結びついた条件（コンディショナリティ）がともなっていたが，後期における通貨・金融危機の際にはさらに立ち入った国内制度・政策の整備が求められた。エストニアやブルガリアのようにカレンシー・ボードを設置して，通貨に関する中央銀行の調整権を放棄することによって信認を回復した事例すら存在する。新規EU加盟国が等しくユーロの早期導入をめざしているのも，通貨ガバナンスの譲渡という類似の方向である。銀行政策の機能はそれにより大きく制限されるが，大半の銀行が外資に譲渡されている状態では，この領域でのガバナンスもすでに実質的に各国政府の手中から失われているのである。

　ガバナンスは他方で，国家よりも下位の地方自治体のレベルをも含んでいる。市場経済への移行と独裁政党の消滅は自治体にフリーハンドを与えたが，同時に財政危機ももたらした。農村部や国境地帯においては，外資や消費需要に潤う都市部と異なった地域政策が必要とされる。近年のEUは，保護主義に立つ共通農業政策の基金を削減して農業地域の構造政策の比重を増やそうとしているが，中東欧に対しても，地域的アプローチをひとつの方策として採用している。そのひとつのあらわれは，国境を隔てた隣接地域の自治体や企業，大学，NGOをたばねて地域経済協力をつくりあげるユーロリージョンで，東欧地域だけでもすでに地域で発足している。この地域協力では，国家は全体的な承認と授権の枠組みを与えるにとどまり，自治体および現地の関係者のイニシアティブが重視される。プロジェクトの実施は，EUその他の地域政策ないしプレ加盟支援資金に自己調達資金を加えて実施される。東欧諸国では近隣国が互いに疎隔にしあう傾向があったので，専門的ノウハウを有する国際NGOがオーガナイザーの役割を務めていることもある。

　いずれにせよ，EU加盟を軸とした欧州統合に加わることによって，移行経済諸

❖24……ただし，ブルガリアのカレンシー・ボードにおいては，中央銀行的な機能が残されている。
❖25……八木紀一郎「ソフトな安全保障と越境地域協力：カリーニングラードとユーロバルカンズ」，『進化経済学論集』第9集（2005年）でその一端に触れた。

国の政治経済学的なガバナンス構造が重層化してきたことは明らかである。

5. 進化的な移行観の位置づけなおし

これまでの検討をまとめてみよう。

第一点は，市場社会主義への進化にせよ労働者自主管理への進化にせよ，社会主義思想の枠内で考えられた進化過程の実態は，資本主義的市場経済にとってかわる経済体制に導くものではないことが，移行の開始前後にすぐに明瞭になったことである。東欧におけるこうした経験が，新しい社会主義の構想をすべて否定するとまでは言い切れないが，ともかく思想・イデオロギー主導の考察法の脆弱さが示されている。

第二点は，移行経済の初期にみられた「インサイダー民営化」「金融資本主義」「再結合所有」などのアノマリーとされる資本主義的現象は，移行経済諸国における資本主義的発展を積極的に主導する要素ではなかったということである。「インサイダー民営化」による経路依存的影響はロシアをはじめとしたCIS諸国の経済に大きく残っているが，中欧諸国では，これらの特徴は，外資の導入によって解体あるいは周辺化された。これは，移行過程を，既存主体の相互作用のなかで生まれる適応的な変容過程として解釈する内生的な進化観の弱点を示している。進化的考察にあたっては，戦略的投資家への国有企業や大銀行の売却といった意識的選択，外資のグリーンフィールド投資，新起業の群生的出現とその淘汰といったダイナミズムを視野のなかにもつことが要求される。いいかえるならば，新種の群生的出現や強力な外来種の移入も含んだ生態学的な進化にまで視野を拡大すべきである。

第三点は，移行過程における政治経済学的なガバナンスが，国内面と国際面に二重化した構造をもち，欧州統合に合流する中東欧諸国では，さらに地域レベルのそれも加わって，ガバナンスが重層化しているということである。EU加盟国にとっては，国民国家の通常の表象で国家主権に属するとされる通貨・金融政策におけるガバナンスは，経済通貨同盟への参加と金融の外資化によって実質的に譲渡されている。しかし，こうしたガバナンス構造の変容に対応した政策体系やそれを実現に移す各レベルのアクターの能力はまだ十分とはいえない。

このように総括して痛感することは，この15年の移行経済の展開が，知的関心

から「実験」と呼ぶことを憚られるようなリアリティのある歴史的過程であったということである。それは，社会主義・共産主義思想を死滅させる墓場であると同時に，欧州統合の実現過程であり，またIT革命および投機金融によってグローバリゼーションが驀進する時代における過程であった。その過程で，多くの国で所得の絶対的低下と不平等化が起こり，ロシアなどの社会は平均余命に数年の低下が生じるほどの痛手をこうむった。移行経済のこのような経験は，どのような世界の開幕の前触れなのであろうか。

体制転換と制度の政治経済学*

第6章

「我々が容易であると考えたものは、実はひどく困難であった。灰色で停滞した全体主義の過去から、明るく豊かで文明的な未来へ一気にジャンプすることができると信じていた人びとの希望をかなえることはできなかった。この点について、私は国民に謝りたいと思う。」(ボリス・エリツィン❖1)

1. 「転換」以前の「移行」論：ベトレーム再訪

1990年代初頭以降、多数の旧社会主義諸国が計画経済の体制を解体していっせいに市場経済の導入に向かったことによって、「移行経済学」という経済学の新しい専門ジャンルが生まれた。「移行経済(transition economies)」とひとまとめにくくられた諸国の経済分析に対するニーズが、当該国の国民や政府だけでなく、それらの国の市場経済への移行を支援し国際経済秩序のなかに取り込もうとする西側諸国や国際機関、また、当該地域諸国に進出しようとする企業などに生まれたからである。

＊私の移行経済に対する関心は、制度的な進化経済学を発展させる素材と知見を得たいという欲求にもとづいていて、これまで2点の試論(「体制移行における進化的視点」、八木・進化経済学会編『社会経済体制の移行と進化』シュプリンガー・フェアラーク東京、2003年、「移行経済と経済統合：進化的視点の再定位」、『季刊 経済理論』第42巻第3号、2005年)を公表している。しかし、マリー・ラヴィーニュが言うように「単一の『移行の理論』というものはありえない」(『移行の経済学：社会主義市場経済から市場経済へ』栖原学訳、日本評論社、2001年、10ページ)。考察を進めるほど、私にとっても、この移行＝体制転換の歴史的特性の意義が増大し、本論文においても、その結語は理論的成果ではなく、歴史的な解釈を求めるものになった。編集部の依頼に応えたものになったかどうか不安であるが、3度目の試論としてご批評を仰ぎたい。

❖1……中山弘正・上垣彰・栖原学・辻義昌『現代ロシア経済論』岩波書店、2001年、1-2ページ。

しかし，これらの経済分析においては，集権的な計画経済から市場経済への「体制転換」は所与とされて，もっぱらその過程における問題のみが取り上げられている。この点，かつての「比較経済体制論」とは異なっている。

しかし，1989-91年の歴史的な「転換」以前においては，社会科学者のあいだに「移行」の方向についてのコンセンサスはなかった。いや，「移行」という用語自体が現在とは異なる意味で用いられていた。年配の研究者にとっては周知のことだが，20世紀のマルクス主義者たちは，資本主義から社会主義にいたる時期を「移行期」ないし「過渡期」と規定していた。この「移行期」ないし「過渡期」においては，資本主義的な経済関係が残るなかで社会主義の経済体制が構築される。そのため，資本主義的な利害にもとづく集団と社会主義を構築しようとする階級のあいだの階級闘争も存在する。1960年代初頭の中ソ論争では，共産主義の社会主義段階をこうした「過渡期」とみなすかどうかが最も重要な理論的争点であった。ソ連共産党はスターリン以来，生産手段の公有制が完成した社会主義では階級闘争は消滅するという見解を採用していたのに対して，中国共産党は，社会主義段階はまだ資本主義から継承された要素が残る「過渡期」としての性質を有しているので階級闘争は継続するという見解をとって，ソ連共産党の国際的権威に挑戦した。[2] 中国共産党の考えからすれば，過渡期における階級闘争の帰趨しだいで「資本主義の復活」もありうるということになる。中国共産党がソ連を「社会帝国主義」と規定して対決を強めたのも，国内において資本主義復活の芽をつむために「プロレタリア文化大革命」を発動したのも，このような「過渡期社会」としての社会主義段階の認識によったものであった。

私はこの時期における政治経済学的な社会主義経済分析の分水嶺をなしたのは，1964年から1969年にかけて独立左派の理論誌『マンスリー・レビュウ』誌上で展開された東欧改革の評価をめぐる論争だったと思う。当初，同誌の編集者であるポール・スウィージーの問題提起に応えて東欧の市場志向的な改革の是否をめぐっておこなわれていた議論は，1968年の「プラハの春」の抑圧によって俄然高揚し，最後には，計画と市場の対立は表面的な問題で，重要なのは生産手段公有制のもとでも存続している生産関係の矛盾であるという見解に到達した。[3]

この見解の主導者は，西欧においてモーリス・ドッブと並ぶソ連経済の専門家であったシャルル・ベトレームであった。彼の考えでは，生産手段が国有化されたとして

も，生産力の十分な発展がないかぎり，市場関係と賃労働は残る。合理的な経済計算を発展させて社会主義にふさわしい計画を実施しなければ，国有資産の実質的占有者が支配的集団になり，国家資本主義的な生産関係を発展させる可能性を排除できないのである。したがって，生産手段が国有となった過渡期の経済のもとでも，「移行」の方向は，社会主義の確立の方向だけとはかぎらない。国有資産の少数者による実質占有を規制せずに市場機構にたよるならば，向かう方向は国家資本主義である。

ベトレームとそれに賛同したスウィージーの見解は，『マンスリー・レビュウ』誌の読者であるような非共産圏の知識人（新左翼に限られない）に大きな影響を与えた。それまでは，生産手段の公有制と計画経済の組み合わせが「社会主義」であるというソ連型の定義が広汎に受け入れられていたが，1970年代になると「現存社会主義」という言い訳がましい表現が急速に普及し，ソ連が独自の利害をもつ集団（「ノーメンクラトゥーラ」「党・国家エリート」「国家ブルジョアジー」）によって支配されているという認識は常識となった。

ベトレームの理論的な探求書の標題にあらわれているように，彼の社会主義論は，経済計算論と所有理論から成り立っていた。所有理論においては，彼は生産手段公有制を，法律的な所有概念から脱して実質的な専有関係を軸に理解し，そのもとでおこなわれる生産関係と領有関係を考察しようとした。それは，いいかえれば，所有関係の社会科学的な分析への問題提起であった。しかし，現在の目からみて限界と思われることは，「所有」関係が生み出す動機と利害についての分析的な概念，「所有」関係を基礎にあらわれる経済主体間の取引とそれによる関係形成を分

❖2……「中ソ論争」のこの論点について，江副敏生『過渡期についての「中ソ論争」』中央大学出版部，1979年を参照。

❖3……「計画と市場の矛盾は，過渡的あるいは移行的形態とみなされる社会主義における本質的な矛盾が存在することを示している。それは，より深い矛盾，生産関係と生産力の水準で過渡的な形態で存在している基底的な矛盾によって引き起こされた表面的な現象にすぎない。……市場と計画の矛盾なるものが資本主義の復活に導く推進力であるというのは謬見である。」(Ch. Bettelheim, "On the Transition between Capitalism and Socialism", *Monthly Review*, vol. 20, no. 10, March 1969, pp. 4-5, 6)

❖4……Ch. Bettelheim, *Calcul économique et formes de propiété*, F. Maspero, 1971. 訳書のタイトルは変えられている（C. ベトレーム『社会主義移行の経済理論』野口祐監訳・黒田美代子訳，亜紀書房，1975年）。

析する概念を欠いていることである。そのため，マルクス主義にとって古典的な概念である「資本主義」や「賃労働」といった概念をあてはめて「国家資本主義」や「階級闘争」の像を描くにとどまったのではないかと思う。[5]

「経済計算」論は，1930年代以来の彼の社会主義計画経済研究において一貫した積極的な主張であった。彼は社会主義においても市場や商品・貨幣関係が存続することを認めているが，それに依存することなく，非市場的な「経済計算」を発展させることが社会主義の課題であった。社会的ニーズを十分に反映させる合理的な「経済計算」の体系が整備されることが，計画の分権化や生産単位レベルでの民主的運営の条件である。合理的な経済計算の欠如が，国家官僚の指令や企業管理者の恣意によって経済が運営される事態を生み出しているのである。

このようなベトレームの「社会的経済計算」論の基礎は，「社会的効用」と「社会的必要労働」という概念であって，現在の理論家のように独立した個人の「効用」とそれにもとづいた生産的資源の給付に基礎をおいた計算体系ではない。「社会的効用」と「社会的必要労働」の規定の仕方しだいで，非市場的な計算がある程度可能にはなるであろうが，多種多様なニーズを全体として包括する国民経済レベルでの合理的な評価体系を整備することは不可能である。したがって，非市場的な評価体系は特定の観点からする規範的あるいは補正的な機能を果たしうるにしても，（ともかく貨幣を保持しうる）すべての経済主体の選択行動を包括して形成される市場での価格体系に全面的に代替しうるとは考えられない。

ベトレームの歴史的「転換」の直前の見解は，ハンガリーの経済誌『アクタ・エコノミカ』編集部が1988年に発した「市場社会主義」の評価をめぐる質問への回答のなかにあらわれている。彼はそこで，既存のシステムが社会的ニーズの充足に失敗していることを認め，中長期的には民主的に作成された計画によってガイドされるが，商品市場だけでなく，資本・信用や労働力の市場も機能する「新システム」への置き換えを肯定した。

> 新システムが主として自己制御的になるためには，それは経済主体（労働者，企業家，消費者等々）が主として自身の動機（経済的・社会的・政治的環境によって影響される）によって行動することを促進しなければならない。それは，システムによって発されるシグナルが経済主体の行動をガイドできるということで

ある。生産力と生産関係，人間の心性と社会・経済知識の現在の状態では，私の見るところ，このような状態は複数の市場（商品，労働力，サービス，資本と信用の市場）が機能することによってしか達成されない。このようにして市場，賃労働，資本関係の存在は公然と承認される[※6]。

これを読むとさすがのベトレームも資本主義の復活を承認したのかと思われる。しかし，この経済構想においては，企業の創設と存続のすべてが収益性基準によっておこなわれるのではない。また主として「経済的レバー」にたよって望ましい社会経済的発展を達成するための経済計画とその機関も存在する。市場においては，独占を避けて有効な競争を確保するとともに労働者の基本権を保障する。彼は，社会経済の発展しだいで，企業は労働者・市民の集団によって管理される「社会的企業」にしだいに移行し，それをもとに社会主義的な生産・分配と社会生活の関係が発展するかもしれないと言う。したがって，ベトレームが最後に構想した「新システム」は，もはや「社会主義」とは言えないが，「社会主義に進化しうる制御された市場経済」であった[※7]。

2.「制度の経済学」から「制度の政治経済学」へ

前節でみたように，歴史的「転換」の前の政治経済学は，公式の社会主義イデオロギーから脱することはできたが，伝統的なマルクス主義の概念以上に精密な概念をもっていたとはいいがたい。それに対して，同時期に成立した（新）制度学派の経済学は，「所有権」や「制度形成」に近代経済理論の概念を適用して接近しようとしていた。この学派のコアにあるのは，ロナルド・ノースが提案した「取引費用」の概念で，情報が不完全な世界での市場と組織のあいだの選択ないし組み合わせは両者における「取引費用」の高さによって決まると論じられた。経済活動における「ゲームのルール」としての「制度」（ノース）は取引費用の高さを規定し，それにより間接的に

※5……Ch. Bettelheim, *Les lutes de classes en URSS, tome 1: 1917–1923*, Edition de Seuil, 1974（シャルル・ベトレーム『ソ連の階級闘争 1917–1923』髙橋武智・天羽均・杉村昌昭訳，第三書館，1987年）．

※6……Ch. Bettelheim, "What Motivates Managers?", *Acta Oeconomica*, vol. 40(3–4), p. 193.

※7……Ibid., p. 193.

経済の効率性に影響する。したがって，長期的に見れば，経済の効率性とその増進に寄与する「制度」をもちえた社会は繁栄し，そうでない社会は衰退するというのが，そこから引き出される歴史観である。この「制度」の中心にあるのが「所有権」とそれを保障する「国家」であり，西洋社会は合理的な「所有権」制度とそれを実効的に保護する「国家」を生み出したので勃興したというのがノーベル賞に輝いた経済史家ダグラス・ノースの初期の見解であった。

　この学派は，ノースとならぶ代表者であるO.ウィリアムソンが企業理論や産業組織論から出たように，社会主義経済体制の研究から出てきた学派ではない。といっても，ノースはつねにマルクスを意識した議論を展開しているし，情報と動機に注目するのはF. A.ハイエクの社会主義計画経済批判をうけつぐものである。またこの流れに属するとされる「所有権アプローチ」には，南東欧出身の理論家が含まれている。けっして体制転換と無関係とは思われない。

　しかし，「移行経済」研究と「新制度経済学」の関連についてのP.マレルのサーヴェイによれば，1990年代の最初の数年間は「新制度経済学」は「移行経済」の分析にほとんどなんの役割も果たさなかった。「取引費用」の概念は1992年までEcon-Litの移行経済関連文献のキーワードにあらわれることがなく，「制度」という語も，最初の1990年にはわずか3.3パーセント，最初の3年間では11.6パーセントの文献にあらわれたにすぎなかった。[8] 移行経済学の文献のなかで「制度」というキーワードが増加するのはそれ以後で，2000年前後にはこのキーワードの出現率は35パーセント前後にまで達した。

　それでは，なぜ転換＝移行過程の初期においては制度問題への関心が低かったのだろうか，またなぜその後になって全文献の3分の1以上を占めるまでにその関心が高まったのだろうか。キーワード調査でまず確認できることは，移行の初期段階においては，価格の自由化，民営化，経済安定化という「ワシントン・コンセンサス」関連のキーワードの出現割合が制度関連のキーワードの出現割合を上回ったということである。この関心のシフトは政策のシフトと結びついているのである。しかし，マレルは，それだけでなく，制度の発展は長期にわたる緩慢な過程なので，短期の問題には貢献できないという理解が，（新）制度派の経済学者も含めて，広範に存在したからではないかという推測を付け加えている。いいかえれば，制度変化は人びとの適応行動の微小な変化の累積の結果であるという制度経済学の知見は「転

換」という激変に貢献するものではなく，「転換」の方向が決定した数年後になって，はじめて適用されるようになったのではないか，ということである。

　この推測はかなりもっともらしい。初期のノースのように，制度変化を効率性基準で考える場合でも，現実においては効率性の高低はようやく事後になって認識されるものであるから，選択（淘汰）による効率性改善は，漸進的にはたらく長期的な過程であろう。しかし，ノース自身は計量史学から制度経済学に向かう過程で，こうした単純な効率基準論から脱しようと努力していた。取引費用の状態しだいで，支配者の利益になるが非効率な経済制度が普及・存続することも大いにありうるからである。制度派の経済学者は，それを「経路依存性（パスディペンデンス）」あるいは「閉塞（ロックイン）」と呼んでいる。それについてのノースの説明は，制度経済学の基本的視点をよく示しているのでここに引用しておこう。

> 制度は，経済理論の標準的な制約と合わさって，社会における諸機会を決定する。組織はそうした機会を利用するために創造される。そして，組織は生成発展しながら制度を改める。結果として生ずる制度変化の経路は，(1)制度と，そうした制度によって提供されるインセンティヴ構造の結果として生成発展してきた組織との間の相互作用から生ずる閉塞(lock-in)と，(2)人間がそれによって機会集合の変化を知覚し反応するフィードバック・プロセスとによって，形成される。[9]

　「取引費用」が存在する世界で経済主体が不完全な主観的モデル（「信念体系」）を保ち続けるならば，フィードバックのループが存在しても，ロックイン状態から脱出できない。ノースは，ソ連の崩壊を目にすると，(2)のプロセスのなかでの「信念体系」の維持と変容を重視して，より動態的な制度変化観に到達しようと試みた。ノースの見るところ，ソ連は意図と結果がくいちがったり，新しい問題があらわれたりする際に，代替的な選択肢を柔軟に試みることを奨励する信念体系を生む制度的構

❖ 8……P. Murell, "Institutions and Firms in Transition Economies", in Menard, C. and Shirley M. M. eds., *Handbook of New Institutional Economics*, Springer, 2008, p. 670f.

❖ 9……Douglass C. North, *Institutions, Institutional Change and Economic Performance*, Cambridge University Press, 1990. ダグラス・C・ノース『制度・制度変化・経済成果』（竹下公視訳）晃洋書房，1994年，9ページから引用。

造(「適応的効率性(adaptive efficiency)」)を有していなかった。したがって，信念体系を修正しようとした企図が，かえって体制の全面的崩壊を生み出すことになったのである。

> このソ連における変化は，感知された実態→信念(beliefs)→制度→政策→変化した実態→さらに続くというストーリーそのものである。こうしたストーリーを理解する鍵は，実施された政策の結果である感知された実態の変化からのフィードバックによって信念が変化するあり方，制度的マトリックスの適応的効率性——意図と結果がくいちがったときに必要な変化にどの程度対応できるか——，そして，感知された失敗にたいする矯正策としての変更にたいする公式ルールにおける制限である。❖10

「信念体系」の適応的修正という点では，中国はその成功例と言えるかもしれない。中国共産党の内部では激烈な路線闘争があったが，ともかく外から見るかぎりでは，鄧小平が毛沢東思想を「実事求是」と集約して以来，彼のプラグマティズムが忠実な共産主義者のそれも含めて中国人の信念体系の修正をガイドしてきたと思われる。マルクス主義の教義で言えば，中国の経済学者は，社会主義において所有制度の差異から商品・貨幣が残るとしたソ連の教義を拡大して，社会主義においても商品経済が残存し所有形態も多様であると論じ，最後には経済面において資本主義的企業を制限なしに承認する「社会主義市場経済」論に到達した。社会的な経済計算体系とそれに対応した計画経済機関の不在を考えるならば，中国経済の現在の移行進度はベトレームが最後に構想した「社会主義に進化しうる市場経済」の域をはるかに超えている。

しかし，「信念体系」のフィードバック的修正というノースの説明でも「転換」のダイナミクスが示されているとは思えない。この点で私が最も実感的に納得がいくのは，アルヴィン・O・ハーシュマンのボイスとエクジットの相互関係についての理論である。ボイス(発言ないし抗議)とエクジット(退出ないし離脱)は，関係のある組織に対して不満があるときの代替的な行動様式であるが，ボイスが政治的行動を含意しているのに対して，エクジットが経済的な行動(市場的選択)を含意していることに留意すべきである。

最初に両者の関係を論じたとき，ハーシュマンはエクジットとボイスは代替的なので，前者の率が高い場合には後者が低くなる傾向があると論じていた。しかし，1989年の秋に東ドイツで出国希望者と反体制派のデモが並行しておきた事態は，ハーシュマンの2つの概念（エクジットとボイス）を多くの人に想起させた。ハーシュマン自身もそれを適用して，エクジットとボイスが相互に強めあう発展が起きた結果，東ドイツの体制が崩壊したという説明を提供した。それ以前の東ドイツは，管理されたエクジットの道（労働が不可能になった老人の西ドイツへの出国や反体制派の一部の国外追放）を設けることによって国内で反体制運動（ボイス）が高まることを回避していた。しかし，1989年になると出国希望者が急増しその出国要求が公然化したため，それが国内の抗議行動を刺激し，両者ははじめ対立していたが，相互に強めあい最後に合体したというのである。

　問題はなぜ，本来は代替的な2つの行動様式が相互に強めあったかである。ハーシュマンは東ドイツの市民には出国しやすい「忠誠心（ロヤルティ）」の薄い人と出国しにくい「忠誠心」の高い人がいて，出国希望者の行動に刺激されて後者がボイスをあげるようになったのであろうと推測している。たとえば，脱出しやすい若年のカップルと取り残される老親の悲嘆を考えればいいだろう。老親たちははじめ脱出者の行動に憤るかもしれないが，その憤りは早晩，若者に脱出を強いる体制に向けられるであろう。このように考えるとボイスとエクジットの相互関係からなるダイナミズムの基礎は，こうした初期には行動を控えるがある段階を超すとボイスの強力な基盤になる集団（ロヤルな集団）の存在に求められるであろう。

❖10……D. C. North, *Understanding the Process of Economic Change*, Princeton University Press, 2005, p. 4.

❖11……Albert O. Hirschman, *Exit, Voice, and Loyalty: Responses to Decline in Firms, Organizations, and States*, Harvard University Press, 1970（A. O. ハーシュマン『離脱・発言・忠誠：企業・組織・国家における衰退への反応』矢野修一訳，ミネルヴァ書房，2005年）．

❖12……A. O. Hirschman, "Exit, Voice, and the Fate of the German Democratic Republic", *World Politics*, 45. Jan. 1993. その後，論文集 *A Propensity to Self-Subversion*, Harvard University Press, 1995（アルバート・O・ハーシュマン『方法としての自己破壊：〈現実的可能性〉を求めて』田中秀夫訳，法政大学出版局，2004年）に収録された。このペア概念の東独崩壊過程への適用は，この論文以前にもおこなわれていた（同上訳書，13ページ参照）が，その後にも，Steven Pfaff, *Exit-Voice Dynamics and the Collapse of East Germany: The Crisis of Leninism and the Revolution of 1989*, Duke University Press, 2006 が出版されている。

私は旧稿でエクジットの増加に対するこのロヤルな集団の態度を組織管理者の対応と並べて**図6-❶**のような説明図を描いたことがある。組織管理者もロヤルな集団も，エクジットするメンバーが少数である場合には特別な行動をとらないであろう。しかし，エクジットの背後にある不満を自分たちももつようになると，ロヤルな集団も組織内でボイスをあげ始めるであろう。そしてエクジットするメンバーが臨界を超えると彼らの集団的なロヤルティも崩壊して，ボイスは維持できなくなるであろう。組織管理者も，エクジットが多数になると対策を迫られるであろう。この図で描かれているように，組織管理者の対応がロヤルな集団のボイス形成に遅れる場合には，この図のようにボイスとエクジットが強めあう状態が生まれるであろう。組織管理者の対応が遅れるならば，ロヤルな集団もエクジットに加わることになり，それは，当該組織の破滅を意味するだろう。ノースは「信念体系」と語ったが，旧社会主義体制の支配政党，あるいはそのイデオロギーであった共産主義についても，そのなかになんらかの意味でロヤルな集団が存在していたかぎりでは，こうしたボイスとエクジットの相互作用が存在したと考えられる。

　すぐにエクジットしないメンバーには，とどまり続けることによるなんらかの便益があるはずである。エクジットという行動は，外部に選択可能なオプションが存在することを前提とする。商品市場であれば種類・品質に応じた製品価格，労働市場であれば他の就業可能な職の労働条件と給与，金融市場であれば金利その他の融資条件である。それらは，エクジットせずにもとの関係のうちにとどまる際の機会費用である。したがって，エクジットしやすい人びとは，外部の選択機会での条件がよい（とどまる機会費用が高い）人か，内部での処遇の条件が悪い人である。それに対して，エクジットしにくい人びとは，外部の選択機会での条件が悪い（とどまる機会費用が低い）人か，内部での処遇の条件がよい人である。すぐに退出しない「忠誠心」のある集団というのは，とどまる機会費用よりもかなり高い条件を内部で得ていると，少なくとも主観的には信じている人びとであると考えられる。

　ロヤルな集団の行動の説明には，

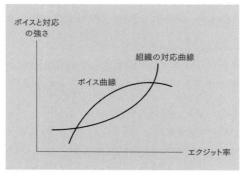

図6-❶：ボイス，エクジット，および組織の対応

それぞれの環境下での社会学的・心理学的知見が必要と考えられるが、組織外の市場経済との関連を考えるにはボウルズ=ギンタスの「対抗的交換」の図式を借用することもできるだろう。[14]

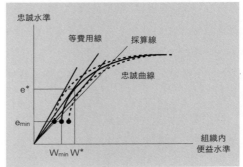

図6-❷：忠誠（ロヤルティ）と組織内便益の対抗的交換

この理論では、失職した場合、外部市場で得られる賃金水準を「留保賃金」として、それ以上に企業内で決められた賃金を支払うならば、労働者には「失職コスト」が生じると考える。「留保賃金」は「失職コスト」ゼロを意味するから、この賃金水準では労働者はミニマムな努力しかおこなわない。それ以上に高い賃金が支払われているなら、「失職コスト」は正である。したがって、有効な監視体制のもとで解雇される可能性があるとすれば、企業内で決められる賃金が高くなればなるほど労働者の「努力水準」も高くなると想定できる。経営側にとっては、この「努力水準」の上昇の限界的効果が賃金支払いの限界的増加分に等しくなる点が企業にとって最適点となる。この理論が「対抗的交換」と名づけられているのは労働者の側での「努力水準」と企業側での「留保賃金」を超えた賃金が、相手の提供する条件に対する最善の反応として交換されているからである。

図6-❷では、上記の説明の「努力」を「忠誠」、「賃金」を「組織内便益」と読み替えている。主観的な便益によせ、客観的な便益にせよ、組織を離れて得られる便益の水準よりも高い便益水準を得ていることが「忠誠（ロヤルティ）」の基礎である。この便益の差が大きいならば、ロヤルティも安定的に維持されるが、組織外で得られる便益水準が上昇するならば、同じ水準の「忠誠」を確保するためには組織内で提供する便益の水準を引き上げなければならない。組織がそうしない場合には、エクジットの増加とともにロイヤルな集団のボイスが高まるであろう。逆に、組織外で得られる便益水準が下降するならば、組織内で提供する便益水準も引き下げることができるが、

❖13……八木紀一郎「経済の市場的発展とボイス形成：進化的政治経済学と市民社会論」、横川信治・野口真・伊藤誠編『進化する資本主義』日本評論社、1999年、113ページ。

❖14……S.ボウルズ／H.ギンタス「資本主義経済における富と力：対抗的交換の視点から」、横川・野口・伊藤編 前掲書、63ページ。

そのときの最適点は「忠誠曲線」の傾きが急な不安定な領域である。あるいは、組織管理者の側から言えば、そもそもロヤルティ醸成の費用を負担しなくても組織の採算性を維持できる領域が拡がっている。したがって、組織内便益の削減や撤廃に対して衝突が生じ、ボイスの急激な形成やロヤルティ集団の崩壊が起こる可能性がある。

　政治過程は集合的な意思決定の過程であるので、政府首長や立法府議員の選挙、政党、言論機関など、各レベルで多様なボイス形成の制度が整備されている。しかし、国家への所属とそれにともなう義務を除けば、移動の自由、結社の自由によってそれぞれの組織に対してなんらかのエクジットの制度が存在している。他方、エクジット（およびエントリー）が市場の状況を構成する経済機構においても、経済官庁、業界団体、労働組合などの各種のボイス機構が存在している。それらは、市場の状況に影響を受けながらボイスを形成する活動をおこなっているが、そのボイスの結果として生まれる制度は、今度は市場における経済主体の行動を規制するのである。そして、エクジットとボイスの相互作用がロヤルティを強化し制度と組織を安定化する場合もあれば、ロヤルティを動揺ないし崩壊させて制度と組織を危機に陥れることもあるのである。エクジットとボイスの相互作用とは、経済と政治の相互作用にほかならない。「体制転換」あるいは「移行」は、政治・経済・社会の各レベル各領域で、こうした対抗的交換の関係にもとづいて、ボイス／エクジットのシフトする選択が連続しておこなわれる過程であったと考えられる。本稿のタイトルで、「制度の政治経済学」という表現を用いたのはそのためである。

3. 移行の内生性と外生性

　制度派の経済学者たちは、移行経済の考察においても初期条件と経路依存性を重視する。経済制度は簡単に外から取り入れることができるようなものではなく、「転換」前から存在していた経済的・社会的・政治的条件に規定されると考えるからである。しかし、ベルナール・シャバンスが米国旧制度派の経済学者J. R. コモンズの「未来像(futurity)」という概念を再発見したように、転換先、移行先の目標も経路を決定する要因である。

　しかし、「到達目標」のすべてが経路を規定するとはかぎらない。歴史的「転換」

の時期に東欧・ロシアで支配的であったのは，国家的規制を全面的に撤廃し，国営企業の私有化＝民営化を早期に実施すれば，市場経済はすぐに復活し，欧米先進国並みの豊かさが得られるという幻想であった。目標の像は与えられたとしても，それが現実の経済行動の変化や発展経路を形成する政策に結びつかないかぎり，悲惨な現実をおおいかくすイデオロギーにとどまる。本稿冒頭にかかげたボリス・エリツィンのロシア大統領辞任の際の率直な言葉は，そのような幻想的な目標の例であった。

　ロシアと違って，中東欧，バルト諸国では，移行が始まって数年後には指導層のコンセンサスとして，EUへの加盟が現実の目標とされるようになった。加盟申請を受け付けて以来，EUは加盟のための条件整備を政治・経済の両面において要求し，その進捗状況の監視を続けた。加盟申請国の政府は，国内における政治的意思形成とは別の次元で，加盟条件を充足するために交渉を続けながら法制整備に努めざるをえなかった。この場合には，到達目標（「機能する市場経済」）が移行過程を現実に規定した。国際経済・国際金融への復帰を目標とする場合でも，EU加盟の場合ほどではないが，WTOやIMFへの加盟のための要件を充足することが必要である。多くの移行経済諸国がIMF，世界銀行，欧州復興開発銀行などの国際経済機関や西側先進国から専門アドバイザーを受け入れ，制度形成・能力育成などの「移行援助」のプログラムを実施したことも，到達目標が移行過程に作用する事例である。

　このような事例では，政治指導者層によって意識的に選択された戦略的な目標が，政策の具体化を規定することを介して移行過程に影響している。しかし，国外からの要求や監視，それに結びついた政策は，国民の内面や社会の底辺にまで及ぶ変化を生み出すものではないだろう。[16]「フォーマルなルール」と「インフォーマルなルール」というノースの区分を想起すれば，こうした外部からの規制は，成文法や明文化

❖15……Bernard Chavance, "Why National Trajectories of Post-Socialist Transformation Differ?", Paper read at the 2002 Symposium Kyoto/Osaka, Evolution/Transition: Evolutionary Perspectives on Transition of Economies, March 2008-2009, 2002.

❖16……EU加盟を実現した諸国でも，加盟政策に対する国民の支持は安定したものではなく，加盟が約束するとされる利益への期待に左右されるものであった。EU加盟の実現は，それを推進した政党の得点にはならなかった。たとえばポーランドでは，EU加盟後にEUからの脱退すら口にするカチンスキー政権が成立している。

された組織規定などの「フォーマルなルール」としての制度にはなじむが，社会成員の利害や文化にもとづく行動から生まれる制約である「インフォーマルなルール」としての制度までも形成できるわけではない。[17]

　初期条件のなかにも，フォーマルな要素とインフォーマルな要素が含まれるだろう。フォーマルな要素である集権的経済計画の機構や生産手段の公有制は欧州・CISの移行経済諸国では急速に除去されたが，労働者や経営者の行動や商業・金融における取引の形態には多くの連続性（「慣性」）が観察された。[18] 多くの移行経済諸国で，「インサイダー民営化」が顕著な割合を占めたように，フォーマルな要素の解体自体が，旧体制から引き継がれたインフォーマルな要素なしにはおこなわれなかったのである。国有制計画経済という拘束衣が剥ぎ取られることによって，基礎における利害関係と集団的な行動様式が露呈したのである。

　研究者のなかには，旧体制のもとでの社会の実態は，市場化された近代社会以前の伝統的社会ではなかったかという疑いをなげかける人もいる。集団化された国営計画経済の体制のもとで，社会はその流動性を制限されて，セメントづけされていたからである。吉野悦雄の見るところでは，ポーランド社会は社会主義体制のもとで伝統的な構造を維持し，市場化の圧力にさらされるようになったのはようやく1980年代の後半であった。[19] このような見方からすれば，市場経済への移行は，伝統的社会から市場化された近代社会への移行を意味する。

　計画経済のもとでは国家機構による権威主義的な収奪がおこなわれ，それに面従腹背しながら生き抜こうとする民衆は伝統的な生活防衛の能力を発展させる。中国人の言い方では，「上に政策があれば，下に対策がある」。中国農業の市場経済化は，集団経営の失敗に対する農民の自然発生的な防衛策であった農家単位の生産請負制を黙認から公認に転化したことで実現した。この請負制は，農業だけでなく，国営企業の経営にも適用され，株式会社への転換にいたる前段階の経営形態として広範に普及した。東欧・CIS諸国の移行不況の過程で拡大した闇経済自体も，伝統的な生活防衛の行動形態を基礎に発展したものであろう。大野健一は，政府によって主導される改革の対極にある「基層社会」という概念を提起し，「基層社会はジャンプしない」がローカルな生活に根ざす創造性の基盤になると論じている。[20]

　上記のように考えると，体制転換の移行過程の経路を規定する要因は，〈初期条

図6-❸：経路依存的発展の外生性と内生性

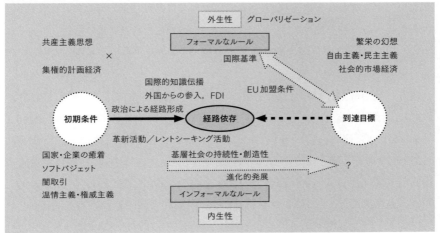

件／到達目標〉という軸とクロスして、〈外生性／内生性〉および〈フォーマル／インフォーマル〉という部分的に重なりあう軸を立てて、図6-❸のように配置すると理解しやすいであろう。

「社会主義」「共産主義」や「自由主義」「民主主義」「市場経済」などの思想も、社会集団自体の文化的属性や諸個人の行動原理から生まれたものでないかぎり、外生的な要素と考えてよい。それらは、転換＝移行しつつある社会の外部からイデオロギーとして与えられ、政府、指導的政党などの権力や、教育組織、言論機関、知的指導者などの影響力によって社会のなかに持ち込まれている。しかし、それらの思想も、社会の基礎集団を構成する人びとの内発的な欲求を表現するものであれば、内生的に経路を規定する要素とみなせるだろう。[21]移行経済諸国のうちには権威主義的な政体・政権が生まれた例もあるが、中東欧の移行経済諸国に限定すれば、移行不況による経済危機と頻繁な政権交代にもかかわらず、自由選挙による

❖17……ノースの「フォーマルなルール」は多くの場合、政治過程や政治機構から生み出されるが、「インフォーマルなルール」は諸個人の行動の均衡的な組み合わせだけからでも生じうる。ノース 前掲『制度・制度変化・経済成果』第5, 6章。

❖18……溝端佐登史『ロシア経済・経営システム研究』法律文化社、1996年参照。

❖19……吉野悦雄「ポーランドにおける『社会主義』の実質的解体」、『経済研究』（一橋大学）第41巻第4号（1990年）。

❖20……大野健一『市場移行戦略』有斐閣、1996年。

❖21……私は数年前に、あるポーランドの経済学者に、同国の反体制知識人が用いた「市民社会」の理念は内発的なものではなかったかと質したが、一笑に付された。

代議制民主主義という原則は維持された。かつては共産主義を奉じていた政党も，共産主義への復帰を掲げることなく，西欧の社会民主主義の立場に移行した。それはソヴィエト・ロシアの超国家的な共産主義権力という外生要因が消滅したあとの内生的発展であったかもしれない。

　他方，社会成員，経済主体の行動が生み出す複合的な結果は，経路依存性がはたらく進化的な変化過程として理解されるであろう。ロシアが「自由な市場経済」を目指しながら，「闇経済」と「オリガルヒ」「マフィア」による「国家捕獲」をへて，国家による資源支配を基礎としたプーチン体制を生み出したこと，中国が「社会主義的市場経済」を目指しながら官民混合型の資本主義を生み出したことは，経路依存的な発展の典型例である。この２つの大国では，中東欧諸国のようにEUへの参加という「アンカー」となる現実的目標をもたずに，政権維持のリアリズムによって規定された経路のもとで，実質な初期条件からの進化的な発展が起こった。

　一定の経路が政治過程や権力構造によって与えられると，その経路上で多数主体の相互作用が開始される。生物学においては，進化的発展の場はそれぞれの種の実在的な姿である個体群である。遺伝的な形質に差異をもつ個体の群れが，環境に規定された個体間の相互作用（生存・生殖における競争）のなかで新しい遺伝的変化を起こしながら個体群の構成・分布を変化させていくというのが生物学的な進化論である。社会経済現象においては，この個体群を閉鎖的なものととらえる必要はない。既存企業だけでなく，新規起業や，異業種からの参入，外国企業（FDI）の参入は経済的進化のダイナミックな要因である。また変異の発生や普及の仕方も，生物学的な進化以上に多様である。ダーウィン型の生物進化論は個体の生存競争を駆動因としているが，シュンペーター型の経済進化論では革新とその普及における競争が駆動因なのである。❖22

　ここで注意しなければならないのは，革新にもとづく利得と独占・特権の創出・維持にもとづく利得の性質は異なることである。前者は，既存の市場的均衡を生産的に破壊することによる利得で，競争と結びついて長期的には社会全体の福祉に結果する。それに対して，後者は市場的な均衡過程を妨害することによって得られる不生産的なレントである。制度に透明性がない状況，ルールの執行が保障されない状況では，革新的行動よりもレントシーキングの活動が優勢になりうる。進化的発展過程における制度の重要性は，ここでも明らかである。

4. 結語にかえて：「短い20世紀」と移行にいたる20世紀

歴史家ホブズボームは，第一次大戦が勃発した1914年からソ連が解体した1991年にいたるまでの70年余りを「短い20世紀」と呼び，それを「極端な時代」と特徴づけた[23]。工業文明と資源搾取・環境破壊も「極端」であるが，2度の世界大戦の被害と引き続いた冷戦による世界の分断・対立も「極端」であった。多くの研究者が20世紀社会主義を戦争と結びつけて理解することには根拠があるだろう。

この「短い20世紀」に，歴史的「転換」から経過した20年を加えると，1世紀に満たない年数がほぼ補充される。このように少し後年にずらした1世紀のスパンで考えると，その始まりと終わりの連続性が見えてくる。それは，世界経済とその一部としての地域経済への統合である。第一次大戦前の欧州には，ハプスブルク帝国，ロシア帝国，トルコ帝国など多民族支配の旧帝国が存在していたが，それらの版図を超えて欧州の貿易・金融・投資のネットワークが拡がっていた。世界全体では，列強の帝国主義が相互に入り組みながら覇を競っていた。ロシアにせよ，中国にせよ，革命後成立した共産主義政権は，まずこの世界から離脱して社会主義経済の構築に向かった。第二次大戦後には，ソ連は東欧を勢力下におさめて相互決済の国際分業体としてCOMECONを編成したが，1970年代以降はソ連自体も含めて，多くの共産圏諸国も西側との通商や金融に依存するようになっていた。現在では，旧東欧の10ヵ国はEUに加盟し，中国とロシアは新興市場大国として世界経済に復帰している。いくつかのバルト海および中東欧諸国が金融的な苦境にあるが，それはかつての社会主義の後遺症ではなく国際的な金融統合のひずみによるものである。

体制転換を総括しようとして最後に残る問題は，こうした20世紀世界史の二重性である。というのは，「短い20世紀」に視野を局限すれば社会主義体制の成立と崩壊という歴史的ドラマを描けるが，この20年間の「移行」を評価できない。かといって，20世紀初頭と21世紀初頭の連続性を強調するならば「短い20世紀」はエピソードにすぎなくなり，「体制転換」「移行」は一時的に世界から自己を切り離していた

❖22……進化経済学の現状については，進化経済学会編『ハンドブック進化経済学』共立出版，2007年を参照されたい。

❖23……Eric Hobsbawm, *Age of Extremes: The Short 20th Century, 1914-1991*, Michael Joseph, 1994（エリック・ホブズボーム『20世紀の歴史——極端な時代』上下，河合秀和訳，三省堂，1996年）．

経済群が世界経済に復帰する過程にすぎなくなる。

　しかし，市場経済への移行をへた1世紀の始めと終わりにおける変化も無視できない。第一次大戦前の東欧・ロシア，そして中国は大地主と農村共同体あるいは宗族共同体が存続し，高利貸金融と商業資本が支配する伝統的な社会であったが，浸潤する市場経済のもとで解体の危機にさらされていた。戦争をきっかけにした政治革命によって成立した党＝国家権力は，社会主義的工業化によって伝統的社会を変容させながらも，集団経営と計画経済という枠のなかに経済活動を収容して，市場経済による社会の流動化を阻止した。それがついに，グローバリゼーションと結合した市場経済化の波にさらされたのである。この変動は，政治における革命をともなった長期にわたる社会革命（ロシア革命，中国革命，東欧革命）の循環をなしていたという見方も可能であろう。近代化革命と呼ぶか，市場化革命と呼ぶか，20世紀末以降の移行経済諸国における体制転換はこの長期にわたる円環の最終局面であったと言うべきなのかもしれない。[24]

❖24……Giovanni Arrighi, *The Long Twentieth Century*, Verso, 1994（ジョヴァンニ・アリギ『長い20世紀――資本，権力，そして現代の系譜』土佐弘之訳，作品社，2009年）は，生産拡大からその行き詰まり，さらに金融拡大から高等金融に順を追って拡大する経済グローバリゼーションのサイクルをアメリカの経済的覇権にあてはめて，19世紀末から1990年代にいたる期間を「長い20世紀」と呼んだ。覇権国によるサイクルがどれほど世界全体を規定するかどうかは疑問だが，歴史的変動を長期的な社会革命の循環と見れば，ホブズボームの見方に近くなる。

グローバリゼーションと地域経済統合
労働移動の視点から

第7章

1. 国境を越えた制度化と非制度化

　この数年，欧州における経済統合について研究している。グローバリゼーション下での地域経済統合を一歩一歩前進させてきた欧州の経験がアジアにおける経済統合を考える際に参考になると思われたからである。そうしたなかで，ふとした偶然から，昨年(2010年)には，米合衆国およびカナダと北米自由貿易協定(NAFTA)を結んでいるメキシコに2ヵ月間滞在する機会を得た。EUとNAFTAは現代の世界における地域経済統合の2つのプロジェクトとして並び称されているが，地域経済統合にかかわる両者のアプローチは正反対のように異なっている。EUのアプローチは加盟国家間の合意を制度に具体化し，そのうえで統合の深化をはかっていくという「制度化」先行型であるのに対して，NAFTA(ここではとくに米墨)の場合にあるのは，当事者国間の同床異夢のような関係のもとで現実的な経済統合が制度化なしに進んでいくという，いわば「非制度化」型のアプローチである。

　メキシコの事例を考察する(拙稿「NAFTAのもとでの米墨国境経済：経済統合の(非)制度化」『摂南経済研究』第1巻第1/2号，2011年3月，本書第8章)なかで私が到達したのは，この2つの型の差異は，端的にいって，地域経済統合のプランのなかに労働市場が位置づけられているか否かによるという認識であった。地域の経済統合が制度化されているか否かにかかわりなく，現代の経済グローバリゼーションのもとでは国境を越えた労働移動が存在する。ヒト・モノ・資本・サービスが自由移動する単一市場の形成を標榜するEUの場合には，加盟国の国民はEU内のどの国で働いてもその国の国民と差別されない。もちろん，労働法制・社会保険・労使関係は加盟国ごと

に異なるが，個人としての労働者の利益にかかわる領域では，制度間の調整が周到にはかられている。しかし，こうしたEU市民としての権利を保障された域内労働移動の外部に，EU域外からの労働移動の波が存在している。EUのように域内労働移動を促進する地域統合のもとでも，国際的労働移動は域内労働移動と域外からの労働移動という二重構造になっている。

　それに対して，NAFTAはあくまで貿易および投資にかかわる自由協定であって，労働移動は対象外である。わずかに特定技能業務従事者についてNAFTA加盟国民用に少数の査証免除の枠（永住権のある移民ではない）があるだけである。しかし，実際には，メキシコからの移住者は，合法・「未登録」（慎重な研究者や政治家は「非合法(illegal)」と表現することを避けて「未登録(unauthorizedあるいはundocumented)」と表現する）の双方において最大の集団になっている。2008年に米国に合法的に居住している3962万人の移民のうち1185万人がメキシコ人である。ある推計によれば，それ以外に2008年に米国には1160万人の「未登録」移民がいて，そのうち703万人がメキシコから来ている。毎年の入国者でいえば，2009年に新たに米国永住資格を得た外国人113万人のうちメキシコ人は16万5千人であったが，それ以外に無断で米墨国境を越えて入国する「未登録」移民が毎年20〜30万人に達するものと推測されている。

　合法・「未登録」合わせて1900万人近いメキシコからの移民と，毎年30万〜40万人に達するその新規流入は，米国の巨大な労働市場の不可欠な要素になっている。英語が話せない新規入国者であっても，すでに3500万人近くに膨れあがっているヒスパニック=ラティノのコミュニティ，とりわけメヒカーノ=チカーノのコミュニティに受け入れられるならば，支障なしに生活できる。権利を主張できない「未登録」移民は低賃金を受け入れやすく，また社会保険にもはいれないので，雇用主の支出する人件費は米国民あるいは合法的移民を雇う場合に比べて格段に少ない。そのため，南部や西部の諸州における飲食店や小商店，その他雑業のかなりの部分は安価な「未登録」移民の労働によって支えられている。米国におけるメキシコ出身の「未登録」移民の就労を私が「非制度化された経済統合」と呼ぶのは，国境を越えた労働移動が存在しながらそれが公認されず，無権利・低賃金のまま恒常化されている事態を指している。NAFTAは労働移動を対象領域としていないが，前世紀の最後の四半世紀に急速に進んだ米墨間の地域経済統合は，国境を越えた巨大な労

働市場を制度化されないままに生み出しているのである。

2. 欧州統合と労働移動

　EUは1992年以来，その内部でヒト，モノ，サービス，資本の4つの自由移動がおこなわれる単一市場を推進し，域内国境におけるそれらの移動に対する規制を撤廃することに努めてきた。いまでは域内国境では，ゲートは開放されたままで，通過する自動車は停止する必要すらないことが多い。ヒトについては，（新規加盟国国民に対する時限的な措置を除いては）EU加盟国の国民にはEU内での自由移動が認められているうえ，国境管理にかかわるシェンゲン協定に参加している諸国間では国境でのパスポート検査も不要となっている。モノ（物品）については，国境を通過する物品に課される関税がなくなっただけでなく，各種の品質基準の共通化が進んでいるので国境における商品検査の必要がない。そのため，生産地である加盟国で認可された物品であれば他の加盟国でも自動的に認可されるという，一般に「原産国規制」と言われている原則が実現されている。

　EU域内の国境で，商品を満載したトラックも乗客や運転者を載せたバスやマイカーが検問なしに通過するのを見ていると，域内で国境を越えて自由移動できるという点でヒトとモノは同じであるように思われる。しかし，それは大きな間違いである。物品はどの国で使われても，文化的意味は別として，物理的・生理的にみて同じであるが，ヒトの使われ方，つまり労働の条件は国ごとに異なるからである。ヒトは自由に移動できるがその経済活動のあり方は「原産国規制」ではなく，移動先の国の規制（「現地国規制」）に従わなければならない。

　実は，この「原産国規制」の原則の適用の可否は，2005年のサービス自由化指令をめぐってEU内で巻き起こった対立の核心にかかわる問題であった。欧州委員会の最初の自由化指令案ではサービス提供業者について「本国法による規制」が謳われていたが，それはEU内周辺国の事業者が劣悪な労働条件によるサービスを中心国に持ち込むことを許すのではないかと疑われた。そのため批准された指令ではその条項が削除され，サービス提供の自由という表現に替えられた。つまり，EU加盟国のサービス産業の事業者はEUの域内国境を越えて自由にそのサービスを提供しうるという点では「本国法規制」であるが，サービス提供の際に使用する労働者

の労働条件はサービスを提供する現地国の監督を受けその規制に従わなければならない。低賃金に慣れている「ポーランドの鉛管工」をパリに連れてきたとしても，誇り高いパリの職人並みの賃金を与えなければならない。

　域内の自由移動で最も進んでいるのは資本の移動である。EU内では自国籍の市民・法人と他国籍の市民・法人の差別が完全に撤廃され，また金融市場が統合された。そのうえ，欧州中央銀行が設立され，各国の中央銀行と連携した通貨・金融政策の統合が実現したので，国内資本の不足したEU内の周辺国でも，中心国並みの低金利で資金調達ができるようになった。周辺国はまた，外国資本の直接投資を受け入れるべく税制その他の恩典を競って整備した。そのため，ユーロ圏が成立して以降，2008年の世界金融危機にいたるまでのあいだは，EU内の周辺国では年率3〜6パーセントの高成長が続き，中心国も周辺国での市場拡大を受けて好景気になるという好循環が成立しているように思われた。

　資本移動の自由のほぼ完全な実現と対照的に，労働の面では市場の統合がスムーズに進んだとはいえない。たしかに，自国民と他のEU加盟国国民との差別が撤廃され，EU市民は加盟国どこでも求職活動をおこなうことができるようになり，また自国民と他のEU加盟国民との雇用差別も許されないことになった。しかし，賃金などの労働条件と労使関係は各国ごとに形成され，雇用に関連した社会政策や税制は各国の国家主権に属するという点では労働市場は分断されている。労働移動の自由というのは，国境を越えた個別交渉に労働条件が委ねられるという意味での自由ではない。中心国で高賃金に悩む企業が消費水準の低い周辺国の労働者向けに低賃金での雇用機会を示したり，周辺国の市民が中心国の雇用主に対して低賃金，あるいは社会保険なしで働くことをオファーしたりすることは許されない。EU労働政策の一環として整備されたEURESというオンライン・プログラムにアクセスすれば，欧州のすべての地域で求人をしている企業とその職種の情報が提供されているが，そこには賃金その他の労働条件に関するデータはあらわれない。賃金その他の労働条件については，雇用する側の企業も雇用される側の労働者も，現地で形成されている水準を受け入れなければならないのである。

　実際，「労働の自由移動」が言われながらも，単一市場成立後のEU内の労働移動の率は思いのほか低かった。かつて欧州中心国に移民労働者を送り出していた南部イタリア，スペイン，ポルトガル，ギリシアなどでも，国外への労働者の流出率

は最近ではかえって低下している。これらの地域では，資本の流入と労働の流出とのあいだに代替的な関係があったのかもしれない。国外から資本が流入して経済成長が始動し雇用機会が創出されるなら，国外に職を求める必要はない。しかし，アイルランドのように高い経済成長率と高い流出率が併存する国もあるので，一概には言えない。

　域内の労働者の自由移動が保障されて20年近くなる現在でも，EU内各国の労働者に占めるEU内他国民の比率は3パーセント程度にすぎない。これは，中心国の労働組合などの警戒心をやわらげる数字ではあるが，人口減少と高齢化のなかで欧州規模での労働力の効率的な充用を望むEUとしては期待に反する数字である。失業率の統計には各国ごとの差異があることを留保のうえでも，パーセントであらわした失業率が2ケタになる高失業率の国と5パーセント程度の低失業率の国が併存し続けている。資本移動と労働移動の代替関係の有無については計量的な検証が必要であろうが，確実に言えることは，EU域内での移動の自由が保障されても，言語や生活慣習の違いによる障壁はなお強固であるということである。そのためEUは適応性のある若者にターゲットをしぼって国際的な教育と訓練を施し労働移動を促進するプログラムを設けている。

　注意すべきことは，欧州内周辺地域でも高齢化の進行に対応して，EU外のトルコ，モロッコ，アラブ諸国，ラテンアメリカなどから労働者が流入し，高失業率を維持したまま移民の純流入国となっていることである。欧州中心国の多くは非EU諸国からの移住に対して厳格な政策をとるようになっているが，これらの周辺国では，相対的に寛容な移民政策がとられることがあり，地理的・言語的な近接性をもつ非EU世界からの移住のターゲットになっている。しかし，欧州中心国での入国管理政策の厳格化も，非EU国籍移民の増加を効果的に統制できるわけではない。ルーマニア，ブルガリアなどの新規加盟諸国からの労働者移住の問題も類似の性格をもっているが，EUでの移民問題の焦点は，域内での移住問題から，域外諸国からの流入移民の増加の問題に移ってきている。それは，大局的にみれば，グローバリゼーションのもとでは，地域統合によるヒトの流動化はつねに制度化された統合の外縁にまで及ぶことを示すものであろう。

　こうした域内・域外の移民問題の複雑さは，通貨・金融面で先行した地域統合にどのように関係しているのであろうか。じつは，2008年の世界金融危機後に引き続

いて起こっている欧州内周辺国の信用危機について，経済学者の脳裏に不吉さをともなってちらついている理論がある。それは，ユーロのような共通通貨が機能するには，外的ショックによって域内経済の諸部分に生じる不均等な影響をカバーできるだけのスムーズな労働移動が存在しなければならないという，ロバート・マンデルの最適通貨圏の理論である。EU内の国際的労働移動が，米国の州間の労働移動よりも低率であることは明らかである。財政・信用危機に陥ったギリシア，ポルトガルはユーロ圏に属しているので，自国通貨のレートの調整や金利の調整で自国の経済状態に働きかけることはできない。国際的な信認を回復するには，急進的な財政緊縮を断行し，賃金水準の引き下げや各種の優遇制度の廃止を自ら実施しなければならないが，それに対する国民的な合意をとりつけられないでいる。独立した通貨をもった国であれば為替レートや金利によって経済的に調整される困難が，当該国，そしてEUの政治的危機に転化しているが，この危機の源泉も理論的にはEU地域統合における労働市場統合の遅滞に求められる。

3. 非制度化された経済統合

　加盟国が全体として国家を超えた共同体を形成することを目指しているEUと違って，自由貿易協定にすぎないNAFTAには，常設の機関も政府首脳の定期的な会合も存在しない。定められているのは紛争処理の手続きだけである。特別な機関としては，3国のそれぞれの首都にNAFTAの事務局が存在するが，その役割は各国の産業と政府間の貿易にかかわる係争を処理するための窓口にすぎない。

　しかし，経済統合の深さはEUに比べて決して浅いものとは言えない。カナダの主要経済地域はセント・ローレンス川から五大湖をへて，北緯49度で米大陸を横断する国境線に張り付いている。カナダ経済の実体は，米国と結合した国境経済にほかならない。

　米墨国境では，太平洋岸のサンディエゴとティファナ，リオ・グランデ上流のエルパソとシウダーファレス，同下流のヌエボ・ラレドとラレド・マカレン，マタモロスとブラウンズビルというように国境を挟んだツイン・シティが並び，そのメキシコ側には，米国側から搬送される原材料・部品の加工・組立工程をおこなって製品を米国に輸出するマキラドーラと呼ばれる工場群が立地している。マキラドーラはその発足時には，

製品をすべて国外（米国）に輸出するという条件のもとに原材料輸入に対する関税を免除された保税加工専用の工場であったが，NAFTA発効後も，メキシコ政府の指定する戦略的製造部門（PROSEC）の指定工場としてその性格を変えることなく存続している。NAFTAは保税加工工場を国境付近に立地させるという特別措置を無効にしたが，米墨間の関税を引き下げ・撤廃することによってマキラドーラを全国化したと言ってよい。2006年の数字では，メキシコの輸出額の44.7パーセント，輸入額の39.5パーセントが，この工場群によるものである。

　私は昨年（2010年）の2月にマキラドーラが集中する国境都市シウダーファレスを現地出身の学生の案内で視察することができた。期待していた工場見学が先方の事情によって実現しなかったのは残念であったが，3日間にわたって市の中心部や米墨国境の橋，工場団地や労働者居住区を見てまわることができた。市内に10以上ある工場団地に，2006年の数字で279のマキラドーラ工場が立地し，23.6万人の労働者を雇用し，その出荷額は504億ペソにのぼっている。保税加工工場というと中小企業のように聞こえるが，シウダーファレスのマキラドーラのほとんどは近代的な大工場で，巨大な米国市場に向けて，メキシコの低賃金労働を大規模に利用するための生産拠点である。たとえば，米国はカラーテレビの大市場であるが，米国内ではカラーテレビは生産されていない。米国で販売している日本のメーカーも，その製造拠点をメキシコに移している。シウダーファレスには，米国東芝のカラーテレビ生産の主力工場が立地しているが，松下やサンヨーなどは太平洋岸のティファナに製造拠点をもっている。

　これらのマキラドーラは，深圳，東莞などのアジアの産業集積地域とコスト競争をしているが，アジア地域にはない利点は，米国市場の変動にすぐに対応できる地理的近接性である。シウダーファレスとエルパソを結ぶ国境の橋では，トラックの専用レーンは乗用車などの一般レーンから分かれていて，マキラドーラから搬出される製品は迅速に米国市場に向かうことができる。

　米国系大企業，欧州系，日系大企業の工場がひしめくこの国境の100万人都市は，現在では「戦場を除いては世界一危険な都市」として悪名高い。国境都市として，麻薬その他の禁制物の密輸取引の中心であるだけでなく，誘拐と殺人，マフィアと警察，そしてマフィア間の抗争が絶えない。私がシウダーファレスを訪ねたつい2週間前には，フットボールの試合のあとパーティをしていた高校生たちが武装した

集団に襲われ19人が惨殺された。ふだんは国境地帯に無関心なメキシコシティの中央紙もこの事件を大々的に取り上げたが，犯人グループもその襲撃理由も不明なままであった。この都市は，国連でも取り上げられた，ほぼ600人の殺人，3000人以上の行方不明者を生んでいる連続女性誘拐殺人事件のいまなお続く舞台である。この都市とその周辺の国境地帯においてマフィア集団は公然と警察に挑戦し，しばしば勝利さえ手にしている。メキシコ政府はこの都市に，国家警察だけでなく連邦軍をも投入して警備を強化しているが，暴力・殺人の件数は減少していない。

　こうした国境地帯における経済統合と治安悪化を，人的な移動と労働市場の視角から考えてみよう。

　まず知っておくべきことは，メキシコ人にとって，無断で国境を越え米国で働くこと自体は，勇気ある行為であっても，社会的に非難される犯罪行為ではけっしてないことである。レベッカ・カミンサ監督のドキュメンタリー映画『僕らのうちはどこ』(2009年)は，南部メキシコの子どもたちが，思い立って大人たちにまじって北部国境をめざし，米国の国境監視隊に保護されて追い返されるまでを実写フィルムで示している。この映画の情景から判断すると，メキシコ政府は無断越境者を防止する措置はなにもとっておらず，人道的ボランティア団体が翻意を促す説得活動と越境の危険を防止する補助活動を展開しているだけである。おそらく，米国への密入国は，自分の可能性や仕送りによる家族への補助を考え始めたメキシコの若者にとって自然に思いつく選択肢のひとつなのであろう。越境に失敗してメキシコに追い返されたとしても，再度それを試みるまでである。

　大西洋岸からシウダーファレスまではリオ・グランデ河が国境で，メキシコからの無断越境者はこの河を渡って対岸にあるフェンスをよじのぼって米国領に侵入する。シウダーファレスから大西洋岸までは，シエラマドレの山岳地帯を含む砂漠のなかの地図上の線である。米国はこの国境線の各地にフェンスを建造し，国境監視隊を配置している。しかし，言うまでもないことだが，2000キロにおよぶ無人の陸続きの国境を完全に閉鎖することは不可能である。無断移住を犯罪と考えないのは，高度の教育を受けた人びとも同様である。出国のための資金と機会をもつ彼らには，米国入国後のオーバーステイという，よりスマートな方法が存在するだろう。

　次に知っておくべきことは，国境地域に立地するマキラドーラ自体が国境を越えた

移民労働に対する代替的な雇用創出策として生まれたということである。第二次大戦期以来，米墨間にはアメリカの農場にメキシコから季節労働者を送るブラセーロというプログラムが存在した。国境から50キロ以内の地域を特区扱いにして外国資本の保税加工工場(マキラドーラ)を立地させる政策は，NAFTA締結から約30年遡った1966年に，ブラセーロ・プログラムの廃止後の北部国境地帯に雇用を創出するために開始されたものであった。

それでは，米国から資本がメキシコに出てきて労働集約的な工場を建設することは，メキシコから米国への労働者の移動の抑制につながったのであろうか。たしかに，シウダーファレスのような国境都市がみるみるうちに100万人都市に成長したのは，マキラドーラが周囲の地域およびメキシコの全土から人びとを引き付けたからである。しかし，メキシコのマキラドーラの就業者数は，2006年の数字でも，全部わせて117万人にすぎない。これはさきにみた米国に流出した合法・「非認可」の移民数に比べての10分の1以下である。労働集約的なマキラドーラによっても，国境を越える労働の移動を押しとどめることはできていない。むしろ，国境地帯におけるマキラドーラの存在が，さらにその背後にある米国の魅力をかきたてる効果をもたらしているのかもしれない。

4. 国境を越えた労働移動の制度化

グローバリゼーション下の労働移動について考えをめぐらすとき，私は数年前に京都大学でアレンジしたジョゼフ・スティグリッツの講演における主張を思い出す。彼は貧困撲滅のミレニアム目標を達成するための国際経済の枠組みについて熱心に語った。その講演内容は，Andrew Carltonとの共著 Fair Trade For All に即したものであったが，その際，彼は労働移民を高度の専門職や国内の人が忌避する職種に限定しようとする先進国の利己主義を痛烈に批判して，貧困撲滅というミレニアム目標への最短の道は労働移動の自由化，とりわけ不熟練労働の国際移動を促進することだと論じた。たしかに，貧困国の不熟練労働者でも豊かな国に移動すれば所得を向上させることができ，他方，不熟練労働者の堆積が解消した母国での労働市場においても賃金の引き上げと効率の改善が可能になるであろう。

このスティグリッツの提言は，経済学者の視点を資本移動の自由の追求から労働

のそれへと180度転換させるものである。しかし，私は，それは実現可能な提言というより大胆な思考実験と考えるべきではないかと思った。というのは，たとえEUのように域内の労働の自由移動が可能になった場合でも，労働に関連した法制，社会保障制度，労使関係が各国の主権に属するかぎり，労働市場の制度的な分断は残っている。それに加えて，言語・文化・風習の違いが存在するなかで，異質な移住労働者の集団を受け入れることの社会的コストはきわめて高いと考えられるからである。現在の主権国家のシステムのもとでは，民主主義も国家単位のそれである。そのもとで，政策の判断基準が人類全体の福祉よりも国民単位での福祉になることはやむをえない現実である。しかし，こうしたシステムのもとでも，国際協調によって啓蒙された国益追求，あるいは世界全体の共同的な福祉の追求は可能であろう。

　EUは20年にわたる「単一市場」形成のプロジェクトのなかで，加盟国民の平等な権利を導入し，自由な労働移動を実現した。しかし，それが実現してみると，今度はそれ以上に巨大な域外からの移民の波が出現した。NAFTA下の北米では，制度にのっとって入国する移民以上に，無断に国境を越える労働移動が圧倒的に優越している。

　それでは，日本はどうだろうか。日本では少数の専門職種を除いては就労のための移住の制度は整備されていない。そのため，遊興産業で働く女性は興業をおこなう芸術家とみなされ，製造業の労働者が研修生という名目で入国・滞在している。これは，米国における「未登録」メキシコ移民のように完全に「非制度化」されているのではないが，移住労働という属性を無視した便宜的な制度転用である。そのため，さまざまなトラブルや権利無視が発生している。

　米墨間国境の「非制度化」は，無断越境の横行とともに暴力の蔓延を生み出している。研究者たちは，米墨間においても労働移動の一定の制度化を入出国管理の強化とあわせて導入することを提言している。抑制基調の入管政策をとる日本においても，現実に存在する移民労働の実態に即して，国際労働移動の制度化という視点が重要になるだろう。

NAFTAのもとでの
米墨国境経済

経済統合の（非）制度化

第**8**章

1. シウダーファレス

　シウダーファレスはリオグランデ川（メキシコでの名称はリオブラボー）を隔てて米国テキサス州のエルパソと向かいあうメキシコの国境都市である。私は今年（2010年）初めに2ヵ月間メキシコに滞在した際に，メキシコ北部の国境経済の実態を見るためにこの都市を訪ねた。この都市には，原材料を米国から無税で持ち込んで加工し，製品を米国に輸出する保税加工工場（マキラドーラ）[1]が集積しているからである。

　2008-09年の米国経済の急収縮はこの都市の製造業に甚大な打撃を与えたらしく，市内の各所にある工場団地（パルケ・インドゥストリアル）では工場敷地だけでなく既存の工場建物の売却・賃貸しの広告がいくつも見られた。そうした工場団地の敷地管理をおこなう専門の対企業サービス会社（ProLogisなど）も存在している。操業している工場やその駐車場も閑散としていて，稼働率はかなり下がっているように思えた。工場訪問の申し入れもしていたが，創業短縮にともなう労使紛争で緊張が高まっていたため，現地で最後まで連絡をとったが，結局実現しなかった。空き地になったままの広大な工場用地では，敷地を区画するフェンスに無数のポリエチレン袋がひっかかって風に空しくはためいていた。

❖1……NAFTAの発効にともない特定の事業所に対して保税加工貿易を許すというマキラドーラへの恩典は，対米国の輸出入に関しては2000年末に廃止されたが，それまでのマキラドーラの生産分野の大部分を戦略的に重要な部門（PROSEC）としてそれにかかわる輸出入を優遇する制度がすぐに設けられた。それにより，原材料の大部分を輸入にたより，メキシコで労働集約的な加工生産（組立など）をおこない，製品の大部分を輸出するという意味でのマキラドーラは，国境地区だけでなく内陸地区にまで進出した。

それでも国境にかかる橋（市内に3つある）では，日曜には自家用車，平日にはトラックが連なって国境通過を待っていた。米国からメキシコに入国するのは簡単だが，メキシコから米国にはいる際の検査は厳密なので，長い列ができる。子どももまじる物売りが車道にはいり込んで，停まった車のあいだを歩きまわって，窓を拭いたり食べ物や新聞を売ったりしていた。国境の通過には1時間近くかかりそうだった。
　講演を頼まれて訪れたシウダーファレス自治大学の建物の北側の窓からは，国境をまたぐ橋の背後に，教会や銀行などが並ぶエルパソの街並みが手に取るように見えた。リオグランデとこの大学の敷地のあいだには，さほど広くもないエルチャミサル記念公園の緑地がある。その土地は1964年に米国のジョンソン大統領の英断でメキシコに返還されるまでは，両国間で帰属が争われていた。1848年のグアダルーペ=イダルゴ協定で国境に定められたリオグランデが洪水を起こして流路が南に変わったため，その土地が米国の管理下にはいっていたからである。それを旧国境協定のラインにしたがって両国出資の新運河を建設し，係争地をメキシコに帰属させることで解決したのである。※2 シウダーファレス自治大学の創設は1968年なので，そのキャンパスも運河建設にともなう都市計画のなかで整備されたのであろう。
　大河（リオグランデ）と呼ばれるこの川も，河口から2000キロ遡ったこの上流地域では渡渉も容易な小河川になってしまっている。この川のメキシコ側は土手になっていて，そのすぐ脇を自動車道路が走っている。道路には子連れの一家が手をつないで走るシルエットの警告標識が出ている。越境者注意の標識である。たしかに，ビュンビュンと走る自動車をよけてこの道路を渡れば，米墨国境が一望できる。メキシコ側の堤を駆けおりて河原を横切り，川をなんとか渡って向こう岸に駆けあがればもう米国領にはいれるはずである。しかし，米国側の岸には照明灯が立ち並び，昼から煌々と国境を照らして密入国者を見張っている。いまでは，このようにすぐ発見される警戒厳重なところで国境を越えようとする人はほとんどいない。
　この町を出るとリオグランデは向きを北にかえて米国領（アリゾナ州）にはいる。国境線は川と分かれて砂漠のなかに引かれた地図上の直線でしかなくなる。太平洋岸の国境では頑丈な壁が築かれているが，エルパソ付近はどうであろうか。エルパソ=シウダーファレス以東では，闇にまぎれてリオグランデを渡り対岸のフェンスをよじのぼるのが越境の方法である。シウダーファレス以西では，国境地帯のなかでも，最も警備の行き届きにくい焦熱のアリゾナ砂漠，あるいは山岳地帯を，コヨーテと呼

ばれる案内人の手引きで越えるのが現在の主な越境ルートになっている。

シウダーファレスと対岸のエルパソは，もともとはひとつの町であったが，1848年の米墨条約の結果，リオグランデを境に北が米領，南がメキシコ領になった。旧市街のあるメキシコ領は，はじめはエルパソ・デル・ノルテという旧称をとどめていたが，1888年にベニト・ファレス大統領の名前を冠して現在の名称になった。人口が急増したのは**表8-❶**から見てとれるように1960年代からで，2005年には130万人の人口を数えるようになっている。マキラドーラが生産調整をしている現在では，110万〜120万人程度であろう。[3] メキシコでは，メキシコシティ，グアダラハラに続く人口数第3位か第4位の都市である。

表8-❶：シウダーファレスの人口の増加

年	人口
1900	8,218
1910	10,621
1921	19,457
1930	39,669
1940	48,881
1950	122,566
1960	262,119
1970	407,370
1980	544,496
1990	789,522
2000	1,187,275
2005	1,301,452

資料出所："Ciudad Juárez", Wikipedia,スペイン語版 2010/10/13。

対岸のエルパソは，市域の人口は60万人，郊外も入れて70万人程度であるので，あわせて約200万人の国境経済圏である。

両都市の関係は，貿易だけにとどまるものではない。米系企業は，低賃金労働を利用した組立などの工場をシウダーファレス側に置いているが，米国に残しておいた方がよい工程や部品を貯備するための工場(ツイン・プラント)をエルパソに置くことが多い。また，マキラドーラの多くの経営者や上級職員は治安のよいエルパソに住んで国境を越えて通勤している。米墨国境には，サンディエゴ(米)とティファナ(墨)，ラレド(米)とヌエボラレド(墨)，ブラウンスビル(米)とマタモロス(墨)のように，国境をはさんで対になって発展した都市があるが，シウダーファレスとエルパソはそうしたツイン・シティの最たるものである。

エルパソの住人とシウダーファレスの住民は国境を越えて日常的に買い物をしている。エルパソ自体，ヒスパニック系の住民が4分の3を占めていて，英語とともにスペイン語が公用語になっている半ばメキシコ化した都市である。とくに米国籍をもっていれば，出入国のカードもなしに72時間以内のメキシコ入国が自由にできる。

❖2……牛島万「9．エル・チャミサル問題」，大泉・牛島(2005)，73-78ページ。
❖3……Wikipediaスペイン語版のこの都市の項目の記述によれば，マキラドーラの不振だけでなく，悪化する治安と暴力抗争から逃れるために，50万人近い人が最近この都市を去っているという推測がある。

日曜の国境で列をつくっていた車の多くは，物価の安いメキシコ側に買い物に来たエルパソの住人のマイカーであろう。シウダーファレスの道路わきの広場では，食料・衣類・古物の日曜市と並んで，中古車の青空市が開かれて賑わいをみせていた。ほとんどの出物は米国からのもので，表示されている価格もメキシコ通貨ではなく米ドルであった。メキシコの交通取締りや車両検査は厳格ではないので，米国の車両ナンバーのままで使われている。

　シウダーファレスのダウンタウンには，古い教会やカテドラルがあり，公園や市庁舎に隣接して市場や繁華街があるが，この地域は犯罪の起こる率がきわめて高く，どの旅行ガイドも早急に立ち去ることを薦めている。犯罪にかかわらなくても，いつ流れ弾が飛んでくるかわからない。市街地以外の市域の大部分は，工業団地とそこに立地するマキラドーラ群の労働者住宅区（コロニヤと呼ばれる）で占められている。初期の労働者居住区は，移住してきた労働者たちが，自分たち自身でレンガを積んで家と囲いを築いてできた地域で平屋が多い。そうした自生的な居住区はいまも市内周辺部に生まれているが，その一方で連邦軍の工兵隊が居住区の建設に動員されている。同じ型の家屋を整然と立ち並べて建設しているのですぐにそれとわかるが，なかには多人数家族向きの2階建て住宅の地区もある。労働者居住区に車を入れると，舗装なしの赤茶けた砂まじりの道の両脇のあちこちにポンコツ車がとめられ，ところどころの角にバス停があってバスの運転手が数人の住人と立ち話をしている。侵入する車に対しても警戒する視線を感じるが，実際に一人で立ち入ると危険な地区もある。後述の今年1月の惨劇もこのような労働者居住区で起きている。郊外には，カリブ海沿岸の都市ベラクルーズから集団で移住してきた労働者用の居住区が建設されている。ベラクルーズは歴史のある都市だが，新興産業に乏しく，雇用機会に乏しいので労働者の集団移住が組織されたのである。私たちが訪ねたときには，工場の専用バスが数台この地区を巡回して労働者を集めていた。

　マキラドーラのいまひとつの集積地である太平洋岸のティファナとちがって，シウダーファレスのマキラドーラは，そのほとんどが市と州が造成して管理する工業団地に立地している。工業団地は，はじめは市の中心部に近いところに立地していたが，さらに広い敷地のとれる地域に建設が進み，現在では19ある（**表8-❷**参照）。統計によれば，2006年にこの都市には279工場のマキラドーラが立地し，23万6293人を雇用し，504.1億ペソの生産をおこなっていた。1工場あたりでいえば，生産

額は1億8700万ペソ,雇用数は846人になる。ティファナは,工場数は568と多いが,生産総額は318.8億ペソ,雇用数は16万4880人で,1工場あたりでは,生産額は5600万ペソ,雇用数は290人であった。シウダーファレスではティファナと比べて,雇用面でも生産額でも平均3～4倍規模の大きな工場が立地している。私たちが車で見てまわっただけでも,Bosch, Continental Automotive, Delphi, Electlux, Emerson, GE, Honeywell, Johnson Controls, Lexmark, Motorola, Nexteer Automotive, Nypro, VISHAY, Westinghouse, 日系では,Toshiba, YAZAKI (YARMEX)などの工場があった。日系ではほかに住友電装,巴川製紙が工場を持っている。電機・電子系と並んで自動車や航空機部品の工場が目につくが,化学・薬品の工場もある。東芝の工場は米国向けカラーテレビの製造拠点であるが,矢崎は米系自動車メーカー向けに自動車用ハーネスをつくっている。

工業団地の半数近くを車で見てまわったが,どの工場も近代的な建物であった。休み時間に敷地内で,バスケット・ボールに興じたり,休憩したりしている労働者はいたが,工場の敷地外に出てくる労働者は少なく,労働者向けの露店もなかった。

表8-❷:シウダーファレス自治体における工業団地

工業団地	全体面積(Has)	販売可能整地面積(Has)	建設済み面積(Has)	設立企業数
留保地(カントン)	670	0	0	0
パーク全体	1,332	255	542	229
Antonio J. Bermudez	174	0	139	32
Rio Bravo–Beffer	75	0	36	16
Panamericano	31	0	22	6
Los Aztecas	36	0	30	8
Los Fuentes	59	16	15	14
Salvacar	49	0	49	8
Zaragoza	66	47	20	5
Fernandez	30	0	12	11
Gemma I	40	3	4	12
Gemma II	10	0	10	4
Juárez	60	39	7	18
Industrial Intermex	75	4	49	15
Intermex Sur	85	52	6	7
Omega–Magnaplex	188	0	76	22
Aeropuerto–CD Juárez	72	0	28	24
Aerojuárez	70	38	3	12
Las Americas de Juárez	30	0	8	5
North Gate	36	22	7	5
Centro Industrial Juárez	146	34	21	5

資料:チワワ州のホームページ(http://201.131.19.30/monografias/contenido.asp?idcontenido=2266&Idioma=1 2010/10/07)。

図8-❶：シウダーファレスとその工業団地

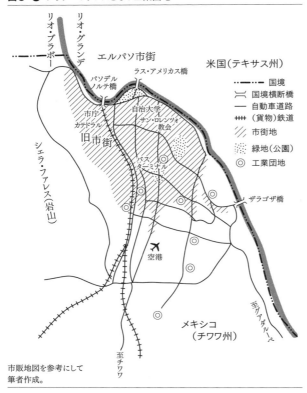

市販地図を参考にして筆者作成。

案内者の説明では，通常は，朝6時と夕方3時の2シフトで，労働者の大部分は工場のバスで連れてこられる。たいていの工場は大きな食堂を備えていて，そこで食事をとれることが，工場勤めの魅力のひとつだとのことであった。

シウダーファレスは，マキラドーラの集積地であると同時に，犯罪と暴力事件が頻発するきわめて危険な都市である。2009年には，人口10万人あたり1年間の殺人率が130人で，戦争地域以外の都市で世界最高であった。私がシウダーファレスを訪ねた3週間前の1月31日には，フットボールの試合を終えたあとの高校生のパーティが武装ギャングに襲われ16人が惨殺されるというショッキングな事件が起きていた。数台の車で乗りつけ，道路を封鎖してパーティのおこなわれている家を取り囲んで侵入し，居合わせた全員に銃弾を浴びせるという組織だった犯行で，麻薬カルテルの仕業と推測されている。この国境都市は，中南米産の麻薬を米国市場に持ち込むルートの要衝であって，この密輸ルートの支配権をめぐって，麻薬カルテル間の抗争事件が絶えないからである。高校生たちがなぜ襲われたかはどの新聞も謎としているが，対抗しあうギャング集団に高校生が利用され，抗争に巻き込まれたのかもしれない。

　警察は人員が足りないだけでなく，暴力的な威嚇にさらされている。この都市での暴力の蔓延には警官の腐敗・犯罪集団との癒着も一因であると言われているが，そうした嫌疑のある警官を追放した結果，警察の人員はさらに不足してしまった。

2009年の2月には，ギャングが48時間ごとに警官1人を殺害すると脅してそれを実行したため，警察署長がそれに屈服して辞任した。事態を座視できなくなった連邦政府が，連邦警察と国軍兵士を4500人派遣して，自治体警察とあわせて7000人で市内の治安維持にあたっていたはずであるが，そのようななかでも前述のような白昼の集団殺人が起こっている。連邦の治安への関与は，いまのところこの都市での殺人事件の数を増やしただけの結果に終わっている。私が街で見た連邦警察の警備車両の上でカービン銃をかまえていたパトロール要員は，黒覆面をして顔を隠していた。

　国連の場でも取り上げられた若い女性の誘拐そして猟奇的な殺人の連続もまったく解決していない。1990年代初頭以降現在にいたるまで，ほぼ600人が殺されただけでなく，3000人以上が行方不明になっている。犠牲者には，マキラドーラで働く婦人労働者も多い。街のあちこちに行方不明の女性の写真が貼られて情報提供の依頼がされている。教会にはいると，犠牲者の写真がたくさん並べられて花が捧げられ蠟燭が灯されている。これほどの数の殺人・誘拐事件が10年以上続きながら犯人が捕まっていないのも不可解なことである。犯行の動機も，性的動機，猟奇殺人，臓器摘出，密輸幇助，政治的示威等々，さまざまに推測されているがいまだに謎に包まれている。❖4

　メキシコの政治・文化の中心である首都メキシコシティの人びとから見れば，北部国境ははるかに遠く，国境都市の治安状況への関心は高くない。それでも，1月末の集団殺人事件が起きたときには，大統領もシウダーファレスに飛んで遺族をなぐさめ，メキシコシティの中央紙も北部の治安問題を取り上げていた。大部分が米系企業であるマキラドーラの経営者たちは，シウダーファレスへの米軍，あるいは国連平和維持軍の進駐を要望しているが，ナショナリズムを国是とするメキシコ政府は今回も断固としてそれを拒絶した。❖5 その一方で，メキシコの治安・軍事機構のなかにはす

❖4……テレサ・ロドリゲスのノン・フィクション・ストーリー『ファレスの娘たち』(Rodoriguez 2007)では，捜査員が脅迫・左遷されたり，おそらくフレイムアップによって逮捕されたバス運転手が公判前に獄中で変死を遂げたりするなど，行政や司法の内部にも関係者が潜んでいることを示唆する事実があげられている。グレゴリー・ナヴァ監督の映画『ボーダータウン：報道されない殺人者(Border Town)』(2008年)では，マキラドーラに関係しているメキシコの財閥家族の一員が犯行グループにいると想定されている。

❖5……*The News* (Mexico City), Feb. 4, 2010, p. 1.

でに米国の治安要員が秘密裏に浸透しているという『ワシントン・ポスト』紙の報道が飛び出した。駐米メキシコ大使と駐墨米国大使は共同の記者会見をおこなって、それを否定し、メキシコに米国が送っているのは技術的なアドバイスをするチームだけだと強調した。しかし、多くの人は『ワシントン・ポスト』紙の方が真実に近いと考えている。[6]

　近年の殺人の増加はカルデロン政権が国軍を用いて麻薬カルテルの掃討に乗り出して以来のことで、死亡者の多くは抗争しあう麻薬カルテルの構成員である。しかし、警官や兵士、さらに無関係な市民の犠牲も多い。従来から存在した金銭目当ての脅迫・誘拐も減少していない。在メキシコ米国商工会議所が発行した投資家向けのレポートによれば、メキシコで操業する米系企業の最大の懸念は賃金問題以上に治安問題である。企業は警察にたよらずに安全を確保しなければならないので、米系企業は平均して操業費用の3パーセントをそのために投じている。[7] シウダーファレスのような国境地域では、それ以上の費用がかかっていることであろう。2008年以降の連邦政府の制圧作戦は暴力事件を増加させただけで、それ以来の麻薬関連殺人の死者は6700人以上にのぼり、この2年間で営業を停止したビジネスは1万件近くになっていると言われる。[8] ほんの数年前、この都市は「他のどの北米よりも新規産業向け土地資産を吸収し続けている」「未来都市」であると謳われていた。[9] 米国経済が回復に向かうにつれ、この都市での産業生産も底を脱しているが、かつての活気を取り戻せるだろうか。[10] メキシコの北部国境が有する地理的近接性のもたらす経済的利点が、同時に麻薬取引と凶悪犯罪の叢生をもたらし、ビジネスをも窒息死させかねないというグロテスクな現実がある。[11]

2. マキラドーラとNAFTA

　マキラドーラの起源は、1946年から1964年にいたるまで政府間協定によってアメリカ南部農業の農繁期にメキシコから季節労働者を送り出していたブラセロ・プログラムの廃止を受けて考案され、1966年から実施された労働者就業プログラムであった。それが意図していたのは、季節労働者を送り出していた北部諸州に米国の資本を迎え入れて工場を置かせることで、国境地域に雇用と所得を生み出し、この地域を安定させることであった。それは、1910年の革命以来メキシコがとっていた経済ナショナリズムによる輸入代替的な工業化の政策から逸脱する政策であり、事

実，それは1970年代以降の自由主義的政策転換の先駆けになった。しかし，開始の段階ではそのような認識は存在せず，マキラドーラ・プログラムは政府の多額の投資なしに，米国資本（100パーセント外資）の存在を局所的に許容することで，北部諸州の雇用と貧困を解決しようとする周辺的なプログラムにすぎなかった。当初はその立地を国境から50キロメートル以内に制限していたが，労働者居住区が移住してきた労働者自身の手で形成されたように，州政府や自治体の監督と支援はごく形式的なものであった。私が現地で会った学生たちの表現によれば，「マキラドーラ」は行政の関与しない「企業王国」ないし「企業植民地」であった。国境から50キロという立地制限は1972年に撤廃されたが，太平洋岸のティファナからメキシコ湾岸のマタモロスにいたる国境南部の帯状の地域は，米国経済に緊密に統合された地域となった。その名称は，メキサメリカ（Mexamerica），いわばアメリカに売り渡されたメキシコである。❖12

はじめは，台湾，韓国の保税加工区が参考にされていたが，東アジアの保税加工区のように中小企業が中心にはならなかった。1980年代にメキシコ政府の自由主義への転換が本格化すると，巨大な米国市場で競争を続けていた米国あるいは日系，欧州系の大企業がメキシコの国境地域に注目し，大陸規模の生産ネットワークのなかにメキシコの低賃金労働を利用できる生産拠点を相次いで建設した。彼ら

❖6……*The News*（Mexico City）, Feb. 25, 2010, p. 1.
❖7……American Chamber Mexico（2010）.
❖8……Reuters（Edition U. S.）, *Global News Journal*, Oct 7, 2010（http://blogs.reuters.com/global/2010/10/07）accessed Oct. 14, 2010.
❖9……Wikipedia "Ciudad Juárez"英語版 accessed Oct. 14, 2010.
❖10……2009年通年のメキシコの実質GDP成長率はマイナス6.5パーセントと第二次大戦後最悪であったが，第4四半期から回復に転じていて，2010年の第1四半期には前年同期比4.3パーセント増になっている。この第1四半期は，とくに自動車の生産と輸出が好調で，前者が52万台，後者が43万台とともに過去最高を記録しているが，国内販売は19万台で低迷している（ジェトロ「メキシコ経済動向（2010年10月27日）」http://www.jetro.go.jp/worls/cs_america/mx/basic_03）。
❖11……メキシコ連邦政府，チワワ州政府の治安維持の約束にもかかわらず，治安状態は悪化する一方である。8月現在でこの都市での2010年の殺人数は1860人を超え，女性の誘拐殺人も142名を数えた（http://www.foxnews.com/world/2010/08/21, http://www.latina.co.jp/topics/ accessed 2010/10/14）。
❖12……マキラドーラの起源については，谷浦（2000），258ページ以下を参照。現在のMexamericaの範囲は，国境から210キロである。Moralos（2008）, p. 113.

は労働集約的な組立工程をメキシコ国境地帯に集中させて低賃金のみならず大規模生産の利益を実現しようとしたのである。

1990年代になるとメキシコ政府は通商政策を自由主義に全面的に転換し，米国市場との結合を固め，米国資本をメキシコ全体で受け入れることを意図するようになった。1994年には，米国とカナダのあいだに締結されていた自由貿易協定に加わって北米自由貿易協定（NAFTA）の体制を成立させた。加盟国間の貿易で特別な輸出優遇措置を禁止するNAFTAによって米墨間の「保税加工輸出」の特典は廃止されたが，マキラドーラは存続した。というのは，マキラドーラが生産をおこなっていた業種の多くが「戦略的優遇措置（PROSEC）」の対象になったし，また「保税加工輸出」特典もNAFTA加盟国以外が相手であれば存続したからである。むしろ，NAFTAによって米国からの輸入と米国への輸出における関税障壁が実質的に撤廃されたため，メキシコ全体が米国を中心とした生産・流通のシステムのなかに統合されることになった。関税を払わずに原材料・部品を輸入して生産をおこない国外に輸出するという「マキラドーラ」型の生産は，NAFTAのもとでは，メキシコ製造業の全領域，メキシコ全国で可能になった。マキラドーラ企業が，国境地域だけでなく内陸にも立地するようになっただけでなく，メキシコの製造業の全体が「マキラドーラ化」する可能性が生まれた。[13]

事実，1990年代にはマキラドーラは一貫して成長を続け，2000年初めにはメキシコの輸出・輸入の約4割を占めるにいたった。しかし，米国でITブームの反動が起きると，数年間，生産額においても雇用数においても後退し，マキラドーラの「衰退」が言われた。その後，2004年から今度の経済危機にいたるまで再度「復活」の様相を見せた。この時期にはマキラドーラ企業の増加よりも，そのハイテク化，製品転換，規模拡大が見られた。私がシウダーファレスで見てまわった工場群のほとんどは，そのようにして新装化したハイテク・マキラドーラであったはずである。[14]それらが，現在は2度目の試練にさらされている。

メキシコのマキラドーラ関連の最新の統計を入手できなかった（おそらく制度の変更によるものであろう）ので，以下では今次の世界経済危機以前の統計で，マキラドーラのメキシコ経済に占める位置について概観しておこう。[15]

表8-❸は，21世紀にはいって以来，世界経済危機の前の2006年までのメキシコ全体のマキラドーラの数値である。マキラドーラ企業数には減少の傾向があるが，

表8-❸:21世紀初頭のメキシコ・マキラドーラ

	2001年	2002年	2003年	2004年	2005年	2006年
付加価値（名目）	177,255.4	181,856.0	198,693.7	216,884.0	236,369.2	265,219.6
前年比増減（％）	8.5	2.6	9.3	9.2	9.0	12.2
報酬（名目）	88,932.1	88,433.1	91,604.8	100,507.1	109,652.5	119,033.7
中間投入（名目）	499,313.3	530,177.1	614,739.7	744,008.4	793,663.7	905,982.3
従業者（人）	1,071,488	1,067,948	1,050,210	1,131,726	1,156,477	1,170,962
前年比増減（％）	－18.2	－0.3	－1.7	7.8	2.2	1.3
企業数（連邦）	3,279	2,976	2,802	2,808	2,812	2,783
前年比増減（％）	－11.5	－9.2	－5.8	0.2	0.1	－1.0

単位：付加価値・報酬・中間投入の単位は100万ペソ
出所：*INFOESTADISTICA*, Año VII(1), Enero 2010, p. 169. 数値はINEGIによる。

付加価値総額は増加している。

2006年のマキラドーラは付加価値2652億ペソを生み出しているが，これは同年のメキシコ全体の名目GDPの10兆3798億ペソの2パーセント強にすぎず，就業者117万人もメキシコ全体の就業者4300万人のほぼ同様にわずかな部分にすぎない。しかし，貿易面で見ると，2006年の輸出総額2499億米ドルのうちマキラドーラによる輸出は1118億米ドルで，なんとその44.7パーセントを占めている。輸入においても，メキシコの輸入総額の39.5パーセントを占めている（表8-❹）。工場数でいってわずか3000足らずのマキラドーラがメキシコの貿易の4割以上を担っているのである。メキシコの石油輸出が油田の枯渇によって減少傾向を見せているなかで輸出超過セクターであるマキラドーラの重要性はむしろ増大している。

製造分野ごとの付加価値を示す表8-❺をみると，最大の割合を占めてきた電子・機械に，最近では自動車産業（輸送機器）が追いついてきていることがわかる。初期にはかなりの割合を占めた繊維・衣類や食料品のマキラドーラは，いまでは少数になり，最近ではそれに代わって，化学や薬品，精密機械，航空機といったハイテク産業が増えてきている。

立地でみると，電子・電機は米系企業がシウダーファレス，チワワ，レイノサ，トレ

❖13……この時期のメキシコの工業化，諸産業，NAFTAの影響について，谷浦（2000），NAFTA研究会（1998），所（2009）を参照されたい。
❖14……上田（2007）。シウダーファレスとティファナのマキラドーラの対比，内陸型と国境型の対比，「新装」ハイテク・マキラドーラ，中国深圳地域との対比，北米の自動車生産システムのなかのマキラドーラなど，この論文から豊富な示唆を得ることができた。
❖15……2006年11月にメキシコ政府は，輸出が主である企業を対象としたマキラドーラ制度を国内販売が主である企業が輸出品を製造する際の部品原材料の保税優遇プログラム（PITEX）と統合して，IMMEXというプログラムに統合した。この新制度が適用される企業の輸出義務は，年間50万ドル以上あるいは全生産の10パーセント以上である。中畑（2010），184-186ページ参照。

表8-❹:メキシコの輸出入に占めるマキラドーラの割合(2003〜2006年)

			2003年	2004年	2005年	2006年
輸出	輸出全体		164,766.4 (100.0)	187,998.6 (100.0)	214,233.0 (100.0)	249,925.1 (100.0)
	石油		18,602.4	23,666.6	31,890.7	39,021.9
	非石油		146,164.1	164,332.0	182,342.2	210,903.2
		農産物	5,035.6	5,683.9	6,008.3	6,852.8
		鉱産物	496.3	900.8	1,167.7	1,316.8
		工業品	140,632.1	157,747.3	175,166.2	202,733.6
		マキラドーラ	77,467.1 (47.0)	86,951.7 (46.3)	97,401.4 (45.5)	111,823.8 (44.7)
		それ以外	63,165.0	70,795.6	77,764.8	90,909.8
輸入	輸入全体		170,545.8 (100.0)	196,809.7 (100.0)	221,819.5 (100.0)	256,058.4 (100.0)
	消費財		21,509.0	25,409.0	31,512.9	36,901.0
	中間財		128,831.5	148,803.7	164,091.1	188,632.5
		マキラドーラ	59,057.2 (34.6)	67,742.2 (34.4)	75,678.9 (34.1)	87,503.2 (34.1)
		それ以外	69,774.3	81,061.5	88,412.3	101,129.2
	資本財		20,205.3	22,597.0	26,215.5	30,524.9

単位:百万米ドル,( )内は輸出・輸入総額に対するマキラドーラの比率(%)
資料出所:メキシコ中央銀行,*INFOESTADISTICA*, Año VII(1), Enero 2010, p. 23.

表8-❺:メキシコ・マキラドーラの製造分野別付加価値

	2001年	2002年	2003年	2004年	2005年	2006年
食品	2,018.0	2,288.3	3,411.7	3,001.1	3,566.4	4,964.9
繊維	28,029.1	27,601.3	28,493.7	29,080.1	27,873.0	25,645.4
靴	1,054.0	961.3	976.1	969.5	881.6	960.8
家具	12,842.1	12,884.1	13,557.0	15,515.7	16,600.4	18,865.9
化学	3,955.2	4,188.3	4,305.3	5,060.4	6,367.0	8,598.0
輸送機器	32,657.7	40,344.8	43,551.6	47,113.4	51,630.2	61,163.2
道具	2,789.4	3,153.2	3,812.0	4,346.8	4,847.0	5,746.2
機械	15,275.1	17,222.7	20,658.6	23,652.9	27,696.9	33,150.2
電子素材	50,596.9	44,438.2	47,926.5	50,416.1	53,536.5	56,999.4
玩具	1,642.6	1,624.8	1,446.8	1,614.6	1,597.8	1,641.5
その他	19,803.1	20,844.8	23,536.7	27,114.3	31,393.8	36,127.1
サービス	6,592.3	6,304.2	7,017.6	8,999.3	10,378.8	11,357.0
全体	177,255.4	181,856.0	198,693.7	216,884.0	236,369.2	265,219.6

単位:100万ペソ　出所:*INFOESTADISTICA*, Año VII(1), Enero 2010, p. 161.数値はINEGIによる。

オン,マタモロスなど米墨国境の中央地域からメキシコ湾岸地域,日系や韓国系企業はティファナやメヒカリなどの太平洋岸国境地域に進出した。また,グアダラハラにEMS(受託生産企業)が空港を利用した内陸マキラドーラとして立地している。航空輸送が用いられない自動車産業の場合,運輸費の上昇を避けながら,首都付近の産業集積を利用できるような中間地域(アグリエスカンテス,モレーロス,プエブラ,グアナファトなど)に立地している。これも内陸マキラドーラである。しかし,北部国

境には，米国内の自動車生産に向けた自動車部品生産が立地している。

国境立地型のマキラドーラは，独立した企業ではなく，米国にある本社の統括下にあり，米国内の生産ネットワークのなかに米国側のツイン・プラントと一緒に組み込まれているメキシコ内分工場である。その利点は，米国と比してはるかに安価な労働力を大量に用いて組立産業における規模の利益を追求できることである。たとえば，カラーテレビは米国で育った商品で米国での需要は巨大であるが，もはや米国では生産されていない。巨大な米国市場のなかでの競争の熾烈さが，賃金の高い米国での生産を不可能にしたからである。GEも東芝もその製造拠点をティファナ，シウダーファレス，ヌエボラレドのマキラドーラ工場に集約した。

内陸立地型の代表は自動車産業である。メキシコには，米国のGM，フォード，クライスラーだけでなく，日産，VWの5社が大規模な工場を有し，さらにホンダ，トヨタも進出し，2008年には全体で210万台を生産している。この年の自動車輸出は166万台で，国内向け販売の44万台をはるかに上回っている（国内購買は，輸入車を加えて102万台）。輸出先は8割近くが北米（米国・カナダ）向けで，残りが欧州と南米である。また，自動車部品産業のFDIも多く，これはメキシコ内の自動車生産だけでなく，米国内の自動車生産への供給に便利な北部国境州に立地することが多い。自動車組立工場のないシウダーファレスにも自動車部品の製造企業が多数立地していた。

メキシコで自動車産業が発展したきっかけは，NAFTAによってメキシコから米国への輸出と部品輸入のほとんどが無税に近くなったからである。輸入代替の効果が生じたのは完成品だけではなかった。北米産とみなされる要件を満たすため，部品・材料の分野においても輸入代替が起こった。メキシコに進出した米系企業にとっては，米国内に残存する生産部門や関連会社からの調達は無税だが，日系や欧州系の企業にとっては，本国から部品・材料を調達することが不利になった。しかし，

❖16……自動車産業などでNAFTAの原産国規定が日系企業に不利に働いたことが，対墨輸出の不利とともに，日本政府をメキシコとのFTA交渉に駆り立てた。2005年には「日本・メキシコ経済連携協定（日墨EPA）」が締結され，関税率の撤廃ないし引き下げがおこなわれた。日系企業は，この協定によって部品や原材料輸入の不利を軽減し，とくに自動車市場においてそのシェアを引き上げた。対NAFTA加盟国以外への輸出であれば保税加工輸入（現在はIMMEX制度）の恩典も有効であるので，日墨EPAの締結は，日本企業にとって中南米市場への進出への足がかりにもなりうる。中畑（2010），116-126，184-199ページ参照。

メキシコの在来の企業から調達がおこなわれたわけではない。日系あるいは欧州系の企業は，メキシコ内での生産を維持するために，本国のサプライヤーのメキシコ進出を促した。それにより，国境立地型のマキラドーラ以上の産業集積が起きている。治安の悪い北部国境やメキシコシティとは違って中規模の内陸都市であれば，比較的安全な生産体制を構築できる。アグリエスカンテスの日産，プエブラのVWは，その一帯にサプライヤーも含む産業集積をFDIによってつくりだしている。日産のTSURU，VWのニュー・ビートルのように，新興市場に向けた世界戦略を体現した製品も生産されている。

　マキラドーラ型の工業化の欠点としては，第一に，（完成品の）輸出と（原材料，部品，中間生産物の）輸入の連動性が高く，賃金以外の付加価値生産が小さいこと，第二に，在来の産業との連関が貧弱で，スピルオーバー効果が乏しいことがあげられる。表8-❻は，マキラドーラの代表的業種について，その価値（費用）構成と人員構成を示している。これをみると賃金以外の付加価値は中間投入の費用を合わせた総生産物価値の15パーセントを占めるにすぎない。また，中間投入は圧倒的に輸入が多く国産はわずか4パーセント程度にすぎない。ハイテク新装型の新世代マキラドーラにおいてもこの特性は持続している。

　中間投入に関して国内産業への波及効果が乏しいとすれば，残されたルートはマ

表8-❻：マキラドーラ主要業種の価値（費用）構成と人員構成（2006年12月）

	全体	繊維関連	輸送機器	機械	電子電気機器
付加価値（名目）	23,656.6	2,164.5	5,342.7	3,031.1	5,234.6
報酬	10,696.9	963.4	2,493.2	1,216.6	2,603.9
国産一次原料	2,106.8	143.6	518.0	100.8	356.7
国内包装	501.7	16.1	92.9	232.7	42.7
雑費	6,813.8	642.3	1,513.0	741.2	1,466.7
利益ほか	3,537.5	399.2	725.5	739.9	764.6
中間投入（名目）	70,031.1	3,858.4	10,797.5	16,286.2	24,178.7
国産	2,608.5	159.7	610.9	333.4	399.5
輸入	67,422.7	3,698.7	10,186.6	15,955.2	23,779.2
従事者数	1,170,962	158,286	268,032	123,632	254,887
労働者	912,047	132,519	205,548	92,455	193,139
男性	414,037	56,314	100,575	42,072	73,417
女性	498,010	76,205	104,973	50,383	119,722
技術者	156,991	17,414	37,385	18,261	37,495
管理職	101,924	8,353	1,825	12,916	24,253
総労働時間（月間）	209,035.3	27,436.0	46,322	21,357.3	48,255.6
事業所数	2,783	461	313	169	420

単位：百万ペソ，人，時間，事業所数
資料出所：INEGI Boletin 27 febro 2007, *INFOESTADISTICA*, Año VII(1), Enero 2010, p. 165.

キラドーラが雇用する労働を通じた波及しかない。メキシコの経済学者がFDIの技能形成効果について語るのはそのためであろう。しかし，米国の景気変動が増幅してあらわれ，工場の存廃や雇用調整が頻繁におこなわれるとすれば，技能形成の条件もよいとはいえない。マキラドーラ型の工業化が，その従属性を脱することは困難である。

3. 隠れた横断労働市場

マキラドーラ，あるいはマキラドーラ型のメキシコ産業の基礎は，第一に安価な労働，第二には米国の巨大市場に対する近接性（運送費用および時間における有利さ）である。

2007年における製造業労働者の時給でみると，メキシコの平均時給は2.9ドルで米国の24.8ドルの約9分の1である。これは，中国，タイ，マレーシアよりも高いが，コロンビア，ブラジル，アルゼンチン，チリよりも低い。これに米国との時差がなく，配送の費用と時間が少なくて済むという地理的近接性の利点がある。アメリカの投資コンサルティング会社アリックス・パートナー社はその報告書のなかで，メキシコを，米国企業が委託製造拠点をもつ際の「ベスト・コスト国」としている。[17]

北部国境の諸州の一人あたり所得はメキシコの平均よりも高く，北部国境地帯のマキラドーラの賃金も内陸部の工場の賃金より高い。しかし，国境を越えて職を見つければ所得がはね上がることは，チワワやバハ・カリフォルニアのような北部国境州の住人にとっても，いまなお真実である。英語がわからなくても，米国に入国しさえすれば，スペイン語だけで通用するヒスパニックあるいはラティーノの社会が越境者を待っている。シウダーファレスのような国境都市の住人自身，その過半が市外，あるいは他州から流入してきた人たちである。

メキシコは，地域間の所得格差が大きく，南部の最貧地方，あるいは中部地方の住人の米国への移住意欲はきわめて大きい。ドキュメンタリー映画『僕らのうちはどこ──国境をめざす子供たち』（レベッカ・カンミサ監督，2009年）が映像に記録したように，彼らは貨物列車の屋根にただ乗りして北部国境をめざす。主要な貨物積み替え駅の構内には，ボランティアの人権組織が彼らに休息の場と食事を与えながら，

❖17……中畑（2010），American Chamber Mexico（2010）．

越境の危険を警告し翻意を促す。越境者は，国境付近でも，行政担当者や人権組織によって翻意を促されるが，強制的に阻止されることはない。越境自体は逮捕に値する犯罪とは考えられていない。人権組織のボランティアたちが憂慮しているのは，越境者たちが過酷な国境で命を落としたり，悪質な案内人（コョーテ）や強盗の犠牲になったりすることである。

いったん米国にはいれば，そこには全米で総計4500万人近いヒスパニックあるいはラティーノと言われるコミュニティが存在している。このコミュニティの成員の3分の2近くがメキシコにルーツをもち，彼ら自身過去において越境や無許可滞在と無関係でない[18]。彼らはメキシコからの越境者をその社会のなかに受け入れ，越境者を犯罪人扱いすることに反対している。したがって，正規の入国手続きをとらずに越境して米国に滞在することを「不法(illegal)」と呼ぶこと自体が論争的である。ヒスパニック系の支持を得ようとする民主党系の政治家は一般に「不法」滞在者という表現を避けて，「非認可(unregistered, unauthorized)」滞在者と呼んでいる。

米国側国境は「国境巡視隊」が警備していて越境者を発見すれば身柄を拘束して，メキシコ人であれば国境の南に追い返すか送還する。密入国は「犯罪」とみなされていないので，刑罰を受けるわけではない。俗に言うキャッチ・アンド・リリース（捕まえて釈放する）にすぎず，再度の越境の試みが妨げられることはない。一時（1990年），越境の防止のために合衆国陸軍を配備したことがあったが，国内で合衆国軍が治安活動をすることは州の自治を侵すという理由で継続されなかった。越境者が増加すると，住民たちが自警団を組織したり，牧場が荒らされることに憤激した牧場主たちが武装したりして，越境者たちを追いたてることも増えてきた。それに対して，メキシコ系の住民たちが抗議の声をあげる[19]。

米国移民統計局の研究グループがおこなった推計では，2009年1月に米国には1075万人の非認可移民が住んでおり，そのうちの665万人がメキシコ生まれである。2000年にはそれぞれの数字は846万人と468万人であった。増加分の85パーセントがメキシコからの流入によるもので，この時期の平均をとれば毎年22万人が増加したことになる。非認可移民が最も多い州は，カリフォルニア州260万人，テキサス州168万人などの米墨国境隣接州であるが，ニューヨークやシカゴのような国境から離れた大都会にもそれぞれ50万人近い非認可移民が居住していると推定されている（表8-❼）。

合法の移民受け入れについても，近年ではメキシコが最大の移民送り出し国になっている。2009年に新たに米国永住資格(グリーンカード)を得た外国人113万人のうちメキシコ人は16万5千人(14.6パーセント)で6万人台の第2位中国，第3位のフィリピンを大きく引き離している。[20]

　ここで考えてみたいことは，毎年20万〜30万人に達する無断越境者を主としたメキシコ人の米国への移住は，国境を越えた労働市場の存在を示しているのだろうか，ということである。

　まず言えることは，米国への越境移住者の数は増加の傾向にあるが，2001-03年，2007-09年など減少した年があり，それは米国経済の不況期と合致していることである。米国からの出国は，米国への越境入国ほど危険ではないと思われるので，不況で職を失って帰国するメキシコ人も存在するのであろう。実際，表8-❼から読み取れるように，2005年から2007年の越境移住者総数の増加，2008年から2009年における同総数の減少の大部分はメキシコからの越境移民の変動で説明可能である。また，非認可移民の総数が減少した2008年から2009年の動きに州別居住数で最もよく対応しているのは，カリフォルニアとアリゾナというメキシコ隣接

　❖18……米国は1980年代の非認可移民の増加に対処するため，1986年に移民改革統制法を制定し，5年以上滞在している移民を公的に認知したうえで，新規の非認可移民を阻止しようとした。この際，約160万人がそれによって米国への永住許可を得た。1991年にも180万人の移民の合法化がおこなわれた。これらの措置は，非認可でも長期に滞在を続けていればいつかは認可されるという期待を生み出したことも否定できない。それは，身近に非認可移民がいる多くのメキシコ系市民(チカーノ)の念願であるとともに，代々のメキシコ政府の主張でもある。その後，移民による福祉負担の増大への批判が高まり，非認可移民が社会的サービスを受ける権利を否定する法と合法移民についても福祉サービスの受給権を制限する法律が成立した。しかし，それも非認可移民の流入を減少させることはなかった。

　❖19……いま米国で一番議論が分かれる争点は，警察官に対して，「非認可」滞在の嫌疑があれば当該の人物に対して職務質問をおこない「認可」された滞在者でなければ拘留する権限を認める州法にアリゾナ州の共和党知事が署名したことをめぐる争点である。批判者はこの州法は人種差別的な取り扱いを正当化する法であり憲法違反であると主張し，連邦政府もそれに同調している。しかし，膨大な数の非認可滞在者の引き起こす社会的費用も膨らんでいるので，オバマ大統領も「非認可」移民に対して実効性のある対策をとることを約束している。

　❖20……米国は，永住可能ビザの発給については，家族呼び寄せビザ(年間枠48万人)，雇用関連ビザ(年間枠14万人)，移民源多様化プログラム(年間枠5.5万人)と年間枠を設けて運用しているが，すでに米国の市民権や永住資格を得たメキシコ出身者が増加したため，新規の永住ビザについてもメキシコ人の割合が多くなっている。

表8-❼:米国の非認可移民とその滞在州の推計(2000〜2009年)

	2000年	2005年	2006年	2007年	2008年	2009年
全体	8,460,000	10,490,000	11,310,000	11,780,000	11,600,000	10,750,000
メキシコ	4,680,000	5,970,000	6,570,000	6,980,000	7,030,000	6,650,000
居住州						
全体	8,460,000	10,490,000	11,310,000	11,780,000	11,600,000	10,750,000
カリフォルニア	2,510,000	2,890,000	2,790,000	2,840,000	2,850,000	2,600,000
テキサス	1,090,000	1,670,000	1,620,000	1,710,000	1,680,000	1,680,000
フロリダ	800,000	970,000	960,000	960,000	840,000	720,000
ニューヨーク	540,000	560,000	510,000	640,000	640,000	550,000
イリノイ	440,000	550,000	530,000	560,000	550,000	540,000
ジョージア	220,000	490,000	490,000	490,000	460,000	480,000
アリゾナ	330,000	510,000	490,000	530,000	560,000	460,000
ノースカロライナ	260,000	370,000	360,000	380,000	380,000	370,000
ニュージャージー	350,000	440,000	420,000	470,000	400,000	360,000
ネヴァダ	170,000	230,000	230,000	260,000	280,000	260,000
他州	1,760,000	1,800,000	2,900,000	2,950,000	2,950,000	2,730,000

資料出所:M. Hoeffer, N. Rytina, and B. C. Baker, "Estimates of the Unauthorized Immigration Population Residing in the United States: January 2009", *Population Estimates*, January 2010, Office of Immigration Statistics.

州である。このことは,メキシコと米国とりわけ米国南部地域とのあいだに労働者が出入りする流路が存在し,超国境的な労働需要・供給の連動機構が広がっていることを示唆する。

　越境移住者の性別・年齢別構成をみると,男性が58パーセントと多く,また男性中,37パーセントが25-34歳,26パーセントが35-44歳の働き盛りの青年・壮年層に属している。女性の場合は,この年齢層はそれぞれ30パーセントと29パーセントで青年層への集中度がより少ない。これは越境が家族の呼び寄せというような社会的理由よりも,米国で職を得て所得を上昇させるという経済的理由にもとづくことを示唆する。

　越境移住者が就いている職種は,農業は現在では少なくなり,整地・清掃作業者,食品調整作業者,門番・門衛,小型大型のトラック運転手,給仕,などの低熟練サービス業・都市雑業が多い。大工場・大商店での雇用は稀で,米国人が就きたがらない不安定で低賃金の職種が多く,労働組合の組織化がおこなわれる領域ではないことが多い。そのため,非認可移住者の存在が米国労働者の賃金水準に影響する程度は軽微であると言われているが,単純労働職種に就いている米国人労働者には大きく影響する。

　非認可移住者の学歴については,大学卒業者はあまりいないが,大学院卒のような高学歴者と低学歴層に分極化していて,平均としてはメキシコ人全体の水準よ

りも高いといういささか分裂した推測がおこなわれている。高学歴層は高所得の専門職種での活動をねらっているのであろう。[23] おそらく，高学歴者の場合は徒歩で越境したというより，なんらかの資格で米国に入国したあとオーバーステイするケースが多いのではないだろうか。

また，移住者を送り出す側で見ると，『国連人間開発』報告書が紹介しているメザ＝ペデルチニ（2006）の研究では，メキシコの場合，低所得者が移住しているとはかぎらず，年間所得が1万5千ドルになるまでは，移住する確率が所得につれて高まっている。所得が高まるにつれて，移動のための資金的基礎とともに高所得をめざす願望が生まれるのであろう。もしメザ＝ペデルチニの調査結果が現在でもあてはまるのであれば，現在のメキシコの一人あたり平均GDPは1万200米ドル（2008年）であるから，今後10年程度はメキシコが順調に経済発展を続けたとしても越境移住への動きは強まり続けることになる。ラタピ＝マーチン（2006）によれば，移住圧力が減少に転じるのは2020年から2030年頃である。[24]

4. 経済統合の(非)制度化

NAFTAに先行した経済統合の例であるEUにおいては，経済統合の目標が「商品」「資本」「サービス」「ヒト」の域内自由移動の実現におかれている。それに対して，NAFTAは「商品」「資本」「サービス」を取り扱ってはいるが，「ヒト」の自由移動は含んでいない。しかし，マキラドーラの構想自体が，米国の季節労働者(ブラセロ)受け入れ廃止への対応策として生まれたこと自体が示唆するように，国境を越えた労働移動の問題は，公式には取り上げられないにもかかわらず，北米地域経済統合の最大かつ最重要な問題である。

NAFTAはFTA(自由貿易協定)であって，EUがめざすような「共同体」ではない。

❖21……ただし，この推計ではテキサス州の非認可移民数は米国の景気とは連動していない。
❖22……Latapi and Martin（2006）.
❖23……NAFTAの補完協定では，米加墨の3国で非移民の専門職ビザを発給することが定められているが，米国は2004年までメキシコ人についてはその枠を年間5500人に制限していた（労働政策研究・研修機構ホームページ「海外労働情報：アメリカの移民政策」http://www.jil.go.jp/foreign/labor_system/2004_11/america_01.htm accsessed 2010/09/28）。
❖24……Latapi and Martin（2006）, p. 18.

労働者保護については環境協定とともに補完協定が結ばれているが，これは労働条件の低いメキシコへの工場移転による雇用喪失を懸念する米国労働界(AFL-CIO)を慰撫するための協定であって，労働市場の統合にかかわる協定ではない。米国は「移民の国」と言われるが，各年の受け入れ許可の上限枠を設け，そのなかで各国に割り当てをおこなっている。その原則は，受け入れ先を平等にすることであって，メキシコやカナダが隣国であるからといって移住許可の割り当てが多くなるわけではない。とくに9.11事件以降，米国は，移民問題・国境問題は国家の「安全」の問題であって，地域経済統合の問題とは別個の領域であるという立場をとっている。

　メキシコ政府は，長く続いたPRI(制度革命党)の政権にとってかわったPAN(国民行動党)ヴィンセント・フォックス政権のときに，NAFTAに追加して労働移動の問題を取り上げる「NAFTAプラス」の政策を追求しようとした。メキシコ政府は米国に対して米国に在住している当時350万人の非認可メキシコ移民の合法化を要請し，そのうえに立って移民の流れを規制することを呼びかけた。また，年あたり約40万人の期限付き労働者を派遣するプログラムを提案した。当時は米国経済も好調で，メキシコからの有期労働者の受け入れや労働者移住の制度化が可能であると思われたからである。これは，フォックス政権の政策アドバイザーであったホルヘ・カスタネーダ(J. G. Castañeda)の発案になるもので，彼はNAFTAに労働市場の段階的統合を加えることによって北米地域の共同体化を構想していた。NAFTAをEU型の経済統合に近づけようとしたと言えるだろう。[25]

　しかし，9.11事件とともに景気後退が起こると，米国はメキシコの意向を完全に無視した。米国は国境問題を経済問題である以上に国家の安全問題であると考えて，移民局の名前を「国家安全局」と変え，主要な国境に障壁を築き，国境警備隊を増員するようになった。国境を越えた労働移動を両国で管理するという構想はたなざらしにされ，かわりに「バリケード化された国境」が出現した。

　それでは，国境で労働市場が分断されていると言えるのだろうか。そうではない。移民の出身国を分散させようとする米国の努力にもかかわらず，メキシコは米国への合法的な移住者の最大部分を占め続けている。すでに米国の市民権を得ているメキシコ系の市民が重大な家族的理由で親族を呼び寄せることを米国の憲法は拒絶できないからである。

　そして，それ以上に，許可を得ずに越境，あるいは滞在を延長して米国内に居

住している外国人が1100万人近く存在し，うちメキシコ人が600万人以上いると推測されている。彼らは，市民あるいは合法居住者としての権利をまったくもたないので，彼らを働かせる場合，雇い主は社会的経費の負担が一切ない。非登録の越境者たちはストライキや団体交渉にも訴えることなしに，最低賃金以下で働いている。越境者たちの多い地域では，その地域の産業ごとに中小企業の多くは，彼らの無権利低賃金労働によって支えられている。

EUにおいては，加盟国の市民はEU内での移動と求職を自由におこなうことができ，どの加盟国で職を得ても当該国の市民と差別されることはない。したがって低賃金国の市民が高賃金国に移住して求職活動をおこなうことを妨げることはできない。にもかかわらず，言語や文化，労働習慣の壁が域内の労働者の移動を妨げている。しかし，北米南部では，それと反対のことが起きている。メキシコ人の労働者が米国に非合法に越境移住し，米国内では無権利状態で就業する。しかし，米国内にはメキシコ系の社会が拡がり，その言語や文化の浸透が始まっている。

国境を越えたメキシコ領でのマキラドーラによる低賃金労働の利用と，米国内での越境移民の無権利低賃金労働の利用は北米における経済統合のなかで対になった現象であろう。米国が「NAFTAプラス」のメキシコ提案に応えなかったのは，9.11事件による「国の安全」意識の高揚だけによるものではなく，米国経済が現状の維持から利益を得ていたためでもある。NAFTAがEUのようになって，米墨間で労働の自由移動を認めるならば，現在米国に滞在中の600万人に加えてさらに数百万人のメキシコ人労働者が米国の労働市場の縁辺部分だけでなくコア部分にも進出し，米国人労働者の高賃金を不可能にするだろう。米国の労働組合はそれを絶対に受け入れないであろう[26]。そのような労働市場の統合はメキシコにおいては賃金上昇をもたらすので，マキラドーラの存在理由を脅かすだろう。「バリケード」化さ

---

[25] Morales (2008), pp. 122-125.

[26] NAFTAの規定する「サービス」の自由化に関して，米墨トラックの相互乗り入れをめぐる紛争がある。米墨国境でトラックを替える手間を省き，米墨間の直接輸送を実現することはこれまで米国のチムスターズユニオンの反対もあって実現していなかった。2009年には，メキシコのトラックが米国を走ることができるとするNAFTAの裁定に米国が従わなかったことに対して，メキシコは米国に対する報復関税をかけて，この紛争はいまなお決着がついていない（中畑2010, 111-115ページ）。EUの「サービス自由化」の際の紛糾と同様に，NAFTAにおいても「サービスの自由化」は「労働の自由化」と連続しているからである。

れたが実際には越境を許容している米墨国境の実態は，米国の労働市場の縁辺部分に低賃金労働力を供給することを可能にしている。いいかえれば，NAFTAが労働の自由移動を除外し，現実に存在する労働者の移動の「制度化」を拒否（「非制度化」）しているのは，米国経済がメキシコの低賃金労働力を利用する体制のあらわれである。

　しかし，皮肉なことにこのメキシコ人低賃金労働の利用体制は，米国内において，無権利移民の存在による社会コストの増大と，貧困をかかえたチカーノ（メヒカーノ）社会の成立，国境諸州・地域のメキシコ化をもたらしつつある。米国企業が生産拠点として利用しているマキラドーラの安全確保コストも上昇している。メキシコのボーダータウンに無法状態をもたらしている暴力も，そうした国境管理の「非制度化」状態のうえに蔓延している社会病理である。

参照文献

◆上田慧(2007)「メキシコ・マキラドーラをめぐるグローバル競争：マキラドーラ衰退説の検証」,『同志社大学ワールドワイドビジネスレビュー』9(1)。

◆ケン・エリングウッド(2006)『不法越境を試みる人々』(仁保真佐子訳)パーソナルケア出版部 (Ken Ellingwood, *Hard Line*, Pantheon Books, 2004)。

◆大泉光一・牛島万編『アメリカのヒスパニック=ラティーノ社会を知るための55章』明石書店, 2005年。

◆国連人間開発(UNDP)(2010)『人間開発報告書2009 障壁を乗り越えて——人の移動と開発』(横田洋三ほか監修)阪急コミュニケーションズ。

◆谷浦妙子(2000)『メキシコの産業発展：立地・政策・組織』アジア経済研究所。

◆所康弘(2009)『北米地域経済と途上国経済：NAFTA・多国籍企業・地域経済』西田書店。

◆NAFTA研究会編(1998)『新生するメキシコ産業：NAFTA効果の検証』日本貿易振興会。

◆中畑貴雄(2010)『メキシコ経済の基礎知識』ジェトロ。

◆American Chamber Mexico(2010)"Foreign Direct Investment in Mexico: Is your Investment Safe?"(www.amcham.org.mx access 2010/09/08).

◆Hoeffer, M., N. Rytina and B. C. Baker(2010)"Estimates of the Unauthorized Immigrant Population Residing in the United States: January 2009", *Population Estimates*, January 2010. (Homepage of Office of Immigration Statistics, Homeland Security, United States.)

◆*INFOESTADISTICA*, Año VII(1), Enero 2010.

◆Latapi, A. E. and S. Martin(2006), *Mexico－U. S. Migration Management: A Binational Approach, Executive Summary*.

◆Meza, L. and C. Pederzini(2006)"Condiciones Laborales Familiares y la Decision de Migracion: El Caso de México", *Documento de apoyo del Informe sobre Desarrollo Humano México 2006-2007*, Mexico City: Programa de la Naciones Unidas para el Desarollo.

◆Morales, I.(2008), *Post-NAFTA North America: Reshaping the Economic and Political Governance of a Changing Region*, Houndmills: Palgrave Macmillan.

◆Rodoriguez, T.(2007), *The Daughters of Juarez: A True Story of Serial Murder, South of the Border*, New York, London, Tronto, Sydney: Atria Books.

動揺する欧州統合と移民問題

統計的概観

第9章

1. 国民投票の悪夢

　21世紀の初頭,欧州連合(EU)は地理的拡大と統合深化を声高に語っていたが,2005年5月29日と6月1日,統合欧州の政体を整えようとした欧州憲法条約は,全加盟国政府によって調印されながら,原加盟国であるフランスとオランダの国民投票でその批准に失敗した。理念先行型の欧州統合は,愛国的な心情と対立させられる場合,大衆的基盤において脆弱であることが露呈した。その後,「憲法条約」の実質的内容は既存の共同体設立条約の改正条約に盛り込まれ,この条約(リスボン条約)は各国議会での批准により2009年に発効している。このときの危機は,「憲法」あるいは国家を連想させるシンボリックなものに対する大衆的な「拒否」にとどまったものであったから,EUにとっても「名を棄て実をとる」余地が残されていたのである。しかし,欧州統合の「理念」の失墜は,大衆の反移民・反エリート感情と結びつき,欧州統合を拒否する愛国主義・排外主義的な政治勢力を育てることとなった。

　それから10年後の2015年7月5日,EUから財政緊縮政策の強化を押しつけられたギリシアのチプラス首相は,その受け入れ可否を問う国民投票を実施し,拒否票多数という結果を支えにEUとの再交渉に臨んだ。それ以来,欧州政治のなかでは,ギリシアがユーロおよびEUを離脱するか,あるいはギリシアを離脱させるかという選択肢がしばしば登場してきている。翌年,6月23日,国民投票の悪夢が英国で,英国のEU離脱という現実の決定として再現した。保守党のキャメロン首相が与党内外の欧州批判派をなだめる目的で実施を約束していた国民投票で,国民

に対する首相の懸命な説得にもかかわらず，投票者の51.9パーセントがEU離脱を選んだのである。ギリシアよりもはるかに巨大で，独仏と並んでEUの政治力・経済力の主要支柱であった英国のEU離脱がギリシアよりも先に決定した。

　私見では，英国はEU加盟によって十分な利益を得ていて，国民投票をわざわざ実施しなければならないような客観的な事態があったようには思われない。たしかに，英国のEUへの拠出金とその受取金を比較すれば拠出超過にはなるが，サッチャー首相の強硬な談判以来，英国には特別の免除分が認められているので同水準の豊かさの加盟国に比べると，その負担分は顕著に低い。また，ユーロにもシェンゲン協定にも加盟していないので，金融政策面でも国境管理でも裁量の余地がある。ロンドンではなくブリュッセルで決定される各領域の共通規制に従わなければならないことへの反発が英国で高いのは加盟時からのことで，いまにはじまったことではなかった。経済界での離脱支持者は，EUの共通規制の適用を拒否することで自由な市場原理を回復できると考えているが，EUが実現した域内単一市場はそれが成立以来形成してきた各方面にわたる合意と規制と結びついているのであって，後者の適用を拒否して前者を利用し続けることはできない。そのためには，たとえばスイスがEUとのあいだにこれまで締結してきたような，個別・詳細にわたる協定を多数締結するという気の遠くなるような交渉が必要である。[※1]

　英国の国民を最も危惧させたと思われる移民問題についても，移民の労働によって経済を支えてきたのは英国が帝国主義本国になって以来のことで，英国経済の構造的体質である。ポーランド移民は，ポーランドがEU加盟を実現する前から英国経済のなかで地歩を築いてきていた。非EU加盟国からの移民・難民の問題も，英国自身が当事者である欧州近隣地域全体の政治経済の構造の結果で，EUの責に帰すことができる問題ではない。移民の流入が低熟練労働者の雇用および賃金に影響する可能性について指摘されているが，その影響の出方は当該国の労使関係および労働政策によって異なる。英国の国民投票は大衆の不満にEUというスケイプ・ゴートを与えた失策であった。そのような場が与えられ，欧州統合という結束の輪は，その結束心が「最も弱い環」で最初に切れた。

　多くの人が現状変更の結果が出るはずがないとみていた英国国民投票の動向を左右したのは，移民・難民問題とイスラム過激派によるテロ事件の続発に対する危惧であった。2012年頃から活発化したリビア，チュニジアからイタリアに渡る中部地中

海ルートをへてEU域内にはいった難民の多くは，ドーバーを渡って英国に入国することを希望していた。2014年から2015年に開かれたバルカンルートをたどって，100万人以上のシリア，イラク難民が欧州中心国をめざして押し寄せたことも，欧州全体の国民と同様に英国の国民にも衝撃を与えたことであろう。他方で，難民対策に協力を得るために，EUがトルコにビザなし入国の実現を約束したことも，イスラム嫌いの高齢者をEUから遠ざけたことであろう。

さらに，2015年11月パリ，翌年3月EU首都ブリュッセルで，欧州の世俗的な社会・文化をイスラムの教えに反するとして攻撃する無差別テロ事件が連続的に発生したことは，2005年のロンドン同時多発テロを思い出させたであろう。犯人のなかには，欧州で育ちフランスおよびベルギーの国籍をもつ移民2世(ホームグロウン・テロリスト)がいた。植民地・従属国を効果的に統治した大英帝国の幻想を持ち続ける高齢者には，欧州共通の治安政策は移民や外国人によるテロや犯罪に有効に対処できないと映ったかもしれない。

以上は本論の前置きで，欧州統合という歴史的プロジェクトが移民・難民問題とその政治争点化によって試練にさらされていることを言おうとしたものである。このトピックについて私は，別稿[2]でも論じているが，本稿ではこの試練の背後にある欧州社会の構造を，より系統的に，移民の構成・分布，および「社会的統合」についての統計を用いて概観したい。それによって，現在，政治情勢・国際情勢のなかで起こっている動揺自体が，不可逆的な構造変化のなかの矛盾の表出にほかならないことが確認できると思われるからである。

2. 現代の欧州移民

欧州における移民問題について統計を用いて考えようとする際，とくに注意しなけ

❖1……英国内の離脱賛成派の主張はロジャー・ブートル『欧州解体』(町田敦夫訳)東洋経済新報社，2015年を参照。福田耕治編『EUの連帯とリスクガバナンス』成文堂，2016年，岡部みどり編『人の国際移動とEU』法律文化社，2016年は，英国国民投票の前に出版されているが，英国離脱問題をEUの法制・治安政策の面から理解するのに有益である。

❖2……清水耕一・徳丸宜穂との共編『欧州統合と社会経済イノベーション』日本経済評論社，2017年，第5章「移民・難民問題に反映した欧州の内外地域構造」(八木担当)。本稿はこの別稿の考察を統計的に裏づけるために執筆された。

ればならないことは，統計上での移民(migrant)には，定義しだいでいくつかの意味がありうるということである。ひとつは在留している国の国籍をもたない人という意味であるが，国外で出生して移住を経験して現在の国に来た人という意味もあるだろう。後者の意味の移民(移住者)のなかには，現在の在留国の国籍を保有している人が含まれ，前者のなかには現在の在留国で出生したが外国籍を保持している人が含まれる。欧州諸国の多くは，長期に「よき市民」として滞在した移住者に「帰化」の道を開いているだけでなく，自国内で出生した移住者2世に対して国籍を与えているので，通常は前者よりも後者の方が多い。したがって，行政的な取り扱いを超えてそれぞれの国に在住している移民の人数(migrant stock)を把握しようとする場合には，EUも国連も後者の数値を用いている。しかし，後者にも，在住国で出生した移民2世が含まれないという大きな欠陥がある。そのため，最近では両親，あるいは片親が移住経験者である移民2世を包含する「移民の背景をもつ人」という概念が生まれている。

　上記の点に留意したうえで，まず確認すべきことは，現在の欧州社会は移民ないし移民の背景をもった住民の割合が増大し，この集団を無視しては成り立たなくなっているという人口構造上の事実である。とくに労働力となって経済を支える生産的年齢層において，それが著しい。総体として人口の自然減の段階にはいりつつある欧州社会にとって，域外からの(とくに生産的年齢層の)人口流入は社会の活力の維持にとって欠かせない存在にすでになっている。

　表9-❶は，欧州各国における国外出生者の人数および当該国人口総数に対する比率とその世代構成を国内出生者と比較して示したものである。国外出生者には現在の居住国の国籍取得者も含まれるが，国境を越えた移住の体験者という意味で「移民」とみなせる。この定義での移民は，EU28ヵ国全体で5200.8万人，総人口の10.3パーセントに達していて，そのうち生産年齢人口(15歳～64歳)が80.8パーセントを占めている。生産年齢人口比率は，国内出生者の同比率を15パーセント上回っていて，国外出生者が居住国の社会の支えになっていることが推測される。「移民国家」である米合衆国では，国外出生者比率13.0パーセント，その生産年齢人口比率82.4パーセント(国内出生者の同比率を17.7パーセント上回る)に近づいている。

　国別で見ると，ドイツ，英国，フランス，オランダ，ベルギーなどの欧州中心部先

表9-❶：欧州各国における国外出生者とその世代構成（2011-12年）

	国外出生者		国外出生者（世代分布百分率）			国内出生者との差異（百分率）		
	総人数（千人）	総人口に対する百分率	0〜14歳	15〜64歳	65歳以上	0〜14歳	15〜64歳	65歳以上
オーストリア	1,365	16.2	5.9	86.3	7.7	−12.3	14.3	−2.0
ベルギー	1,690	15.2	7.9	79.3	12.8	−10.6	15.7	−5.0
ブルガリア	96	1.3	9.2	76.0	14.8	−6.0	2.2	3.8
クロアチア	425	10.1	2.4	74.8	22.7	−14.5	9.1	5.3
キプロス	201	23.2	7.3	88.6	4.2	−14.7	18.5	−3.8
チェコ	744	7.1	2.8	77.6	19.7	−12.4	8.3	4.1
デンマーク	456	8.2	7.6	84.5	7.9	−11.3	21.1	−9.8
エストニア	198	14.9	1.5	59.2	39.4	−16.5	−9.0	25.5
フィンランド	285	5.3	9.3	85.7	5.0	−7.5	20.6	−13.1
フランス	7,538	11.9	5.5	75.1	19.4	−14.6	11.6	3.0
ドイツ	10,918	13.3	3.1	83.1	13.8	−11.4	19.6	−8.2
ギリシア	730	6.6	5.4	87.0	7.6	−10.3	23.8	−13.5
ハンガリー	424	4.3	5.6	69.1	25.4	−10.5	1.7	8.8
アイルランド	749	16.3	12.2	83.0	4.7	−11.2	19.5	−8.4
イタリア	5,696	9.4	7.3	86.6	6.1	−7.3	23.3	−16.0
ラトビア	279	13.8	1.2	60.2	38.6	−14.7	−11.1	25.8
リトアニア	140	4.7	1.1	79.0	19.9	−15.8	4.5	11.4
ルクセンブルク	226	42.6	7.4	82.7	9.9	−16.5	23.3	−6.8
マルタ	38	9.0	6.3	84.3	9.3	−10.8	9.8	0.9
オランダ	1,928	11.5	4.8	85.8	9.4	−14.2	20.8	−6.6
ポーランド	679	1.8	15.0	21.0	64.0	−0.2	−51.0	51.2
ポルトガル	881	8.4	7.5	85.9	6.6	−8.1	21.6	−13.5
ルーマニア	183	0.9	15.7	77.0	7.4	−0.7	1.3	−0.7
スロバキア	158	2.9	9.4	65.1	25.5	−6.1	−7.1	13.2
スロベニア	300	14.6	4.1	81.3	14.6	−11.3	13.5	−2.2
スペイン	6,618	14.3	9.7	83.9	6.4	−6.3	18.4	−12.1
スウェーデン	1,473	15.5	7.0	78.7	14.3	−11.3	16.2	−4.9
英国	7,588	11.9	7.3	81.2	11.5	−11.7	17.4	−5.7
EU全体（28ヵ国）	**52,008**	**10.3**	**6.2**	**80.8**	**13.0**	**−10.5**	**15.0**	**−4.5**
スイス	2,218	27.7	5.4	80.3	14.3	−13.3	17.6	−4.3
トルコ	867	1.2	6.5	75.4	18.1	−19.2	8.2	11.0
ノルウェー	664	13.2	10.3	84.1	5.6	−9.6	20.3	−10.7
米合衆国	40,738	13.0	5.6	82.4	12.0	−16.6	17.7	−1.1

出所：OECD StatLink（http://dx.doi.org/10.1787/888933214009）を加工。

進国，さらにオーストリア，スウェーデン，アイルランド，スペインなどがEU平均並み，あるいは米合衆国に近い数字を示している。小国ルクセンブルクで43パーセント，キプロスで23パーセントに達することも，EUに所属しないスイスの28パーセント同様，不思議なことではない。それに対して，ブルガリア，ポーランド，ハンガリー，リトアニア，スロバキアなどの東欧諸国での国外出生者の比率は5パーセントを下回っている。かつての出稼ぎ国，イタリア，ポルトガル，ギリシアは5〜10パーセント

にとどまっている。これからわかることは、欧州の先進国社会は、すでに米合衆国に近い「移民比率」をもった「移民社会」になっているが、東欧および域内周辺国では国外移住者を出しこそすれ、受け入れ数は少ない社会が維持されているということである。移民の受け入れ比率から見ると、欧州は二分されているのである。

図9-❶は国連経済社会部（UNDESA）の人口統計によって、**表9-❶**の意味の「移民」に合致する「移民ストック」の1990年以後の5年ごとの推移を欧州内の主要国について示したものである。1990年にドイツとフランスがかかえる移民ストック数はほぼ同数であったが、ドイツの移民ストックは1990年代以降コンスタントな増加を続け、現在ではフランスを400万人近く上回っている。[※3] ドイツの国外出生者数が1990年代に顕著に増加したのは、1990年代のはじめに旧ソ連・東欧に居住していた民族ドイツ人に国籍を与えて「帰還」を促すとともに、旧ユーゴ内戦、コソボ紛争と引き続く紛争で生じた難民の多数を受け入れたからである。英国、スペイン、イタリアで2000年代に増加率がアップしていることには、欧州拡大による人口移動とともに、周辺国（北アフリカ、アルバニアなど）からの流入が大きい。また、人口小国なのでグラフからはその増加を読み取りにくいが、オランダ、スウェーデンも比率としてはドイツ並みの増加を示している。

本節の冒頭で「移民」に在住者中の外国籍保有者と国外出生者という2つの定義があることを断った。これまでの考察は移住ということに注目した後者の定義によるものであった。それに対して、外国籍の在住者という意味での「移民」は、在住国の国籍の有無、他国籍であってもその国の在住国との関係によって、その人の権利が確定されるので行政上有

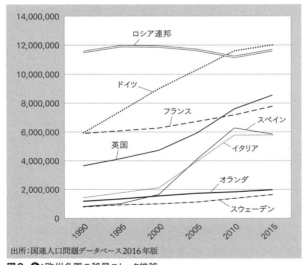

出所：国連人口問題データベース2016年版

図9-❶：欧州各国の移民ストック推移

益な区分である。したがって，移民問題はこの2つの定義による人数を組み合わせながら考察していかなければならない。

表9-❷は，EU統計局(Eurostat)が2015年1月の欧州主要国に在住する2つの定義での移民をその国籍別・出生国別に上位5位まで対比的に示したものである。これを見ると，各国ごとの移民の人口構造が，一方ではその国の歴史事情と地理的事情，さらにEUのなかでのポジションと移民政策によって，それぞれに独特の構造を生み出していることが，ある程度推測できる。以下では，問題が少ない先進国の国籍保有者ないし出生者を無視して各国の移民人口の構造を概観していこう。

まず反移民の風潮が国民投票にまで影響を与えた英国を見てみると，たしかに外国籍在住者の1位がポーランド，5位がルーマニアとなっている。しかし，国外出生者では1位インド，3位パキスタン，4位アイルランド，そしてこの表にはないが6位バングラデシュ，7位ナイジェリア，9位ジャマイカと旧植民地国での出生者が多数を占めている。アイルランドを除いて，旧英領植民地国での出生者数がそれらの国の国籍保有者を大きく上回っているのは，彼らのうちの多くが英国国籍を得ていることを意味する。ポーランドについては，同国の国籍保持者が同国出生者を上回っているが，これは英国で生まれながらポーランド国籍を保持しているポーランド人が存在することを示唆する。つまり，ポーランド人は英国国籍を取得しなくても持続的に生活を維持できるコミュニティをすでに形成しているのである。この点で第5位のルーマニア人❖4とは異なるであろう。

ドイツについては，Eurostatは国籍別の統計数値だけを示していて，その断然1位が1960年代以来のガストアルバイターの母国トルコである。5位のギリシアも同様に半世紀前からのドイツへの移民送出国であるが，3位のイタリアはさらに古くから

❖3……ドイツで「移民国家」としての自己理解があらわれた経過とその実態については，近藤潤三『移民国としてのドイツ』木鐸社，2007年，昔農英明『「移民国家」ドイツの難民庇護政策』慶應義塾大学出版会，2014年を参照。

❖4……ルーマニアに限ったことではないが，欧州の移民問題にかかわるきわめて微妙な問題は，欧州全体で1000万人以上を数えるといわれるロマの同化の問題である。移動民であるロマは国籍をもたないこともあるが，多くの場合は元居住国の国籍を保有している。EUの東方拡大はバルカン地域に居住していたロマの西方への移動を容易にした。EUはロマの市民権も保証しているはずだが，定住を嫌い滞在国社会への同化が困難なロマに対する差別はなおも続いている。

表9-❷:欧州主要国内の移民(国籍別および出生国別)

	国籍	単位千人	百分率	出生国	単位千人	百分率
英国	ポーランド	869.1	16.0	インド	808.1	9.6
	インド	371.7	6.9	ポーランド	804.9	9.6
	アイルランド	336.9	6.2	パキスタン	532.8	6.3
	パキスタン	213.6	3.9	アイルランド	389.9	4.6
	ルーマニア	178.3	3.3	ドイツ	306.1	3.6
	その他	3,452.5	63.7	その他	5,569.2	66.2
オランダ	ポーランド	99.6	12.9	トルコ	192.7	9.7
	トルコ	77.5	10.0	スリナム	181.0	9.1
	ドイツ	71.8	9.3	モロッコ	168.6	8.4
	モロッコ	44.9	5.8	インドネシア	126.4	6.3
	英国	43.0	4.0	ドイツ	119.1	6.0
	その他	436.6	56.5	その他	1,208.6	60.5
スペイン	ルーマニア	708.4	15.9	モロッコ	699.9	11.9
	モロッコ	688.7	15.5	ルーマニア	646.2	11.0
	英国	301.8	6.8	エクアドル	416.4	7.1
	イタリア	182.7	4.1	コロンビア	347.5	5.9
	エクアドル	174.4	3.9	英国	306.0	5.2
	その他	2,398.4	53.8	その他	3,475.3	59.0
ドイツ	トルコ	1,372.1	12.3			
	ポーランド	640.3	8.6			
	イタリア	537.6	7.1	表示なし		
	ルーマニア	345.8	4.6			
	ギリシア	304.6	4.0			
	その他	4,339.4	57.6			
イタリア	ルーマニア	1,131.8	22.6	ルーマニア	1,016.0	17.5
	アルバニア	490.5	9.8	アルバニア	446.6	7.7
	モロッコ	449.1	9.0	モロッコ	424.1	7.3
	中国	265.8	5.3	ウクライナ	222.9	3.8
	ウクライナ	226.1	4.5	ドイツ	214.3	3.7
	その他	2,451.2	48.9	その他	3,481.4	60.0
スウェーデン	フィンランド	1,372.1	12.3	フィンランド	158.5	9.9
	ポーランド	640.3	8.6	イラク	130.2	8.1
	ソマリア	537.6	7.1	ポーランド	81.7	5.1
	シリア	345.8	4.6	イラン	68.4	4.3
	デンマーク	304.6	4.0	旧ユーゴ	67.9	4.2
	その他	4,339.4	57.6	その他	1,096.1	68.4

2015年1月現在。出所:Eurostat Migration and migrant population statistics (May 2016), Table 6.

補足:出生国別移民(国連統計による)

在留国	1位	2位	3位	4位	5位	その他
ドイツ	ポーランド	トルコ	ロシア	カザフスタン	ルーマニア	その他
単位千人 (百分率)	1,930.1 (16.1%)	1,656.0 (13.8%)	1,080.5 (9.0%)	1,016.8 (8.5%)	590.2 (4.9%)	5,732.1 (47.7%)
フランス	アルジェリア	モロッコ	ポルトガル	チュニジア	イタリア	その他
単位千人 (百分率)	1,430.7 (18.3%)	926.5 (11.9%)	713.2 (9.2%)	389.6 (5.0%)	367.6 (4.7%)	3,956.8 (50.8%)

出所:United Nations, Population Division (POP/DB/MIG/Stock/Rev. 2015).

の移民送出国である。2位のポーランドはドイツにとって，両大戦前から経済的・文化的に関係の深い国であり，東西ドイツの統合によってその近隣関係がいっそう密になった国である。

　ドイツの出生国別移民統計を，ほぼ同時期の国連の移民ストック統計(2015年央)[5]で補ってみると，国籍別とは1位と2位が入れ替わり，3位と4位にロシア，カザフスタンという意外な国名があらわれる。これは，東欧の激変後に旧ソ連領に住んでいた民族ドイツ人の帰還によるものであろう。彼らにはドイツ国籍が与えられたから，国籍別統計には含まれないのである。これらの東方ドイツ人の帰還・定住は2000年代初頭にはほぼ終わり，旧東欧からの移民としてはポーランドとチェコ，そして数年遅れてルーマニアとウクライナが続いている。さらにコソボ紛争による難民や最近のシリア難民にいたる中東・アフリカ難民の受け入れが増加している。まとめれば，ドイツは国籍別では移民労働者の送出国，出生国別では東欧・ロシア，およびバルカン・中東の激変の影響が大きい。

　英国，ドイツとくればフランスを欠かすことはできないが，Eurostatはフランスについての統計を示していないので，ドイツ同様に国連の移民ストック統計で補足してみると，1位アルジェリアと2位モロッコの出生者だけであわせて30パーセントを占めている。4位チュニジアもあわせて，この3国はフランスの植民地国ないし保護国であった。しかし，いずれもムスリムの国であるから，これらの国からの移民は，宗教を公的生活から排除するフランスの同化主義的政策に抵抗を示しがちである。

　オランダの移民は，ポーランド，トルコ，モロッコから送り出された経済移民と，スリナム，インドネシアという旧植民地国出生者からなっている。スペイン，イタリアはもともと移民送出国であったが，現在ではバルカン地域や北アフリカ地域から移住者を受け入れる国になっている。イタリアはアドリア海を隔てたバルカン半島のルーマニア，アルバニア，さらにウクライナからの移民があり，地中海を隔てたモロッコからの移民も多い。スペインもイタリア同様に国籍別でも出生国別でもルーマニアとモロッコが上位にあるが，エクアドル，コロンビアという南米諸国(イベロ・アメリカ)からの移住者が多い。

　最後に特徴があるのはスウェーデンである。フィンランド，デンマークという北欧隣国とならんで東欧の移民送出国ポーランドが進出しているだけではない。国籍別で

❖5……国連人口問題データベース2016年版(POP/DB/MIG/Stock/Rev. 2015)による。

ソマリア，シリアが3位，4位を占め，出生国別ではイラク，イラン，旧ユーゴスラヴィア（ボスニア＝ヘルツェゴビアなど）が2位，4位，5位になっている。シリア，ソマリアは出生国別の6位と7位である。近隣国フィンランド，ポーランド，デンマークと並ぶこれらの国は1990年代以降の引き続く紛争のなかで大量の難民を生み出した国である。スウェーデンの移民受け入れの多くは，庇護申請を求めた難民や定住できた難民をたよってやってくる家族などによって占められている。

　以上，わずか7ヵ国にすぎないが，これらの国の概観から，移民出生国と現居住国との関係に以下のようないくつかのパターンがあることが見て取れる。

- 旧植民地国と帝国主義本国
- その他の古い歴史的関係（民族的関係や近隣関係）
- 1990年代以前からの労働者送出・受け入れ関係
- EU拡大，あるいはEUへの接近による人口移動
- 難民などの発生・受け入れ

　ドイツ，フランス，英国のような域内大国では，移民出生国の上位は上の3つのパターンが占めているが，中位，下位をみると下の2つのパターンが進出し，急速に増加している。上に見てきたなかでは，ポーランド，ルーマニアがEU拡大によって移民送出が増加した国であるが，最近のウクライナ移民の急増もEUへの接近にともなう人口移動であろう。そして，1990年代の旧ユーゴスラヴィア紛争やコソボ紛争によって生じた難民，最近ではソマリア，エリトリアなどのアフリカ難民，アフガニスタン，イラク，シリアの中東難民の波が欧州に向かっている。

　旧くから欧州先進国に来住している移民集団は，居住国に集団的な生活拠点を築いていて，新規入国者もその支援をあてにできる。しかし，2000年以降に増加した新しい移民集団は，そのような支援を欠いていて，文化的な異質性も高い。移民のなかにも，在留社会のなかに拠点をもつ旧移民とそれをもたない新移民の分裂があるように思われる。

3. 地位と権利からみた欧州移民

　国籍の点から移民を考察するのは，移民の生活上の権利を考えることになる。とくにEUの加盟国に在留する移民の場合には，すべての加盟国民に在留国の国民と同じ市民権を保証しているので，同じ外国籍保有者でも，EU加盟国民と非加盟国民とのあいだには大きな権利の違いがある。EUの統計では2014年1月現在でEU28ヵ国総人口5億685万人中，外国籍市民として在留している人が6.7パーセントの3396万人で，うち2.8パーセント，1419万人が他のEU加盟国籍の保有者，3.9パーセント，1977万人がEU非加盟国の国籍保有者であった。

　表9-❸を**表9-❶**と比べてみると，国外出生者という定義ではEU全体で10.3パーセントであった移民人口が外国籍者という定義では6.7パーセントまで減少していて，米合衆国の移民比率に近かった域内主要先進国でも自国民比率が90パーセント超を維持していることがわかる。国籍付与は国家の主権事項であってEUとしても関与できない行為であるが，EU内主要先進国は移民の同化政策を帰化（国籍取得）にまで結びつけているのである。しかし，EU加盟国民は「欧州市民」として参政権を除いた市民権については，在留国の国民と同等の権利が保証されているので，法制上の意味で権利の格差があるのは，非EU加盟国市民（および無国籍者）である。EU全体をとっても，ドイツ，フランス，スウェーデンでも，後者の方がEU加盟国市民の割合を上回っている。[6]

　外国籍市民のうち，EU加盟国民は域内の移動・居住は自由であり，また営業・雇用においても滞在国民と同等な権利を保有している。それに対して，非EU国民は各国の所轄官庁が発給するビザがなければ在住し経済活動をおこなうことができない。「選択的移民政策」のいう「高度人材」に合致する科学者・高度技能者・投資家＝経営者であれば，永住許可・入出国自由な「欧州版グリーンカード」を取得できるであろうが，一般労働者にはその取得は無理である。非EU加盟国労働者の入国に必要な労働ビザは労働者自身ではなく雇用主の側の申請によって期間を区切って発給されるが，それは多くの場合単身ビザで家族としての滞在を許すものではない。

❖6……ただし，エストニアとラトビアで非EU国民の比率が高いのは両国に居住しているロシア人によるもので，他の諸国の非EU加盟国民とは事情が異なっている。

表9-❸：EU加盟国居住者の国籍別割合（2014年1月）

	居住者総人口	居住者総人口中の割合（%）			
				うち	
		当該国市民	外国市民	他のEU加盟国民	非EU国民*
EU全体（28ヵ国）**	506,847,612	93.3	6.7	2.8	3.9
オーストリア	8,506,889	87.5	12.5	6.1	6.4
ベルギー	11,203,992	88.7	11.3	7.4	3.9
ブルガリア	7,245,677	99.2	0.8	0.2	0.6
クロアチア	4,246,809	99.2	0.8	0.2	0.6
キプロス	858,000	80.5	19.5	12.9	6.6
チェコ	10,512,419	95.9	4.1	1.6	2.5
デンマーク	5,627,235	92.9	7.1	2.8	4.2
エストニア	1,315,819	85.1	14.9	0.6	14.3
フィンランド	5,451,270	96.2	3.8	1.5	2.3
フランス**	65,835,579	93.7	6.3	2.2	4.1
ドイツ	80,767,463	91.3	8.7	3.8	4.9
ギリシア	10,926,807	92.2	7.8	1.8	6.1
ハンガリー	9,877,365	98.6	1.4	0.8	0.6
アイルランド**	4,605,501	88.2	11.8	8.1	3.7
イタリア	60,782,668	91.9	8.1	2.4	5.7
ラトビア	2,001,468	84.8	15.2	0.3	14.9
リトアニア	2,943,472	99.2	0.8	0.1	0.7
ルクセンブルク	549,680	54.7	45.3	39.0	6.3
マルタ	425,384	94.1	5.9	3.2	2.7
オランダ	16,829,289	95.2	4.8	2.4	2.5
ポーランド**	38,017,856	99.7	0.3	0.1	0.2
ポルトガル	10,427,301	96.2	3.8	1.0	2.9
ルーマニア	19,947,311	99.6	0.4	0.1	0.3
スロバキア	5,415,949	98.9	1.1	0.8	0.3
スロベニア	2,061,085	95.3	4.7	0.8	3.9
スペイン	46,512,199	89.9	10.1	4.3	5.8
スウェーデン	9,644,864	92.8	7.2	3.0	4.2
英国	64,308,261	92.1	7.9	4.1	3.8

*無国籍者を含む　**暫定値　出所：Eurostat Newsrelease 230/2015

　最近では，1999年のタンペレ理事会でEUの「共通移民政策」のなかに，非EU加盟国民にもEU加盟国民に近い権利と義務を与える「公平な扱い」を実現する課題が盛り込まれ，多くの国で一定期間以上平穏に滞在しいくつかの条件を満たすならば，非EU国民に対しても長期在留や家族呼び寄せの権利が与えられるようになっている。しかし，それが自動的に与えられるのではなく，非EU国民は滞在国ごとに異なった，各段階に分けた規制のもとで滞在が許可されていることにかわりはない。[7]

　移民の実質的な社会的統合については次の節にまわして，この節の後半では欧

州(EU加盟国)に非EU加盟国からの移民の在留許可を得た合法的な入国・滞在と不法入国・滞在，さらに在留国の国籍取得について，統計的に概観してみよう。

▶3.1……在留許可

まず在留許可の事由は統計上，①家族呼び寄せ，②教育，③雇用等の報酬活動，④その他，に分けられている。「その他」には，外交官，資産のある退職者，働く権利のない滞在者，国際的庇護，その他裁量的在留許可者が含まれる。図9-❷はEU28ヵ国が在留許可した非EU国籍者の人数を事由別に示したものである。毎年，200万人から250万人程度がEU加盟国での初回の在留許可を受けているが，変動が少ない家族事由と教育事由に対して，雇用事由とその他事由の変動が大きいことがわかる。

その実態は許可国，被許可者の出身国ごとに異なるので，2014年に欧州主要国で出された在留許可について，許可事由ごとの割合と滞在許可取得者の主要国籍を書き抜いた表9-❹をご覧いただきたい。

この年で異常なのは，ポーランドがウクライナ人に大量の雇用事由の在留許可を与え，ウクライナ人がEU全体でも最多の在留許可を取得したことと，ドイツ，オランダ，スウェーデンでシリア難民の在留許可が増加したことであろう。EU全体をみても，ウクライナ人の在留許可の7割が雇用関連事由であるのに対して，シリア人の場合は8割が「その他」事由(国際的庇護)である。欧州外囲の北東部と南東部から発するこの人口移動に国際情

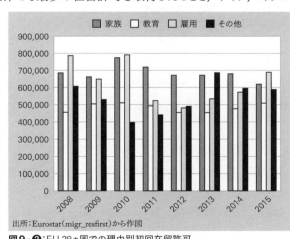

出所：Eurostat(migr_resfirst)から作図

図9-❷：EU28ヵ国での理由別初回在留許可

❖7……労働政策研究・研修機構「欧州における外国人労働者受入れ制度と社会的統合」(労働政策研究報告書，no. 59，2006年)，和喜多裕一「EUにおける共通移民政策の現状と課題」(『立法と調査』293号，2009年)参照。

表9-❹：EU主要国の在留許可事由と許可者の国籍（2014年）

	許可事由別割合（％）				滞在許可者総数	国籍別割合（％）		
	家族	教育	雇用	その他		国籍1位	国籍2位	国籍3位
EU 28ヵ国	29.5	20.7	24.8	25.0	2,305,758	ウクライナ(13.1)	米合衆国(8.5)	中国*(7.4)
ドイツ	38.6	20.8	12.3	28.3	237,627	シリア(12.5)	トルコ(8.0)	中国*(6.1)
フランス	42.2	30.0	8.8	19.1	218,267	モロッコ(11.8)	アルジェリア(11.6)	中国*(7.1)
オランダ	31.8	18.3	16.9	33.0	69,569	シリア(12.2)	インド(8.9)	中国*(8.2)
英国	17.0	31.2	20.6	31.2	567,806	米合衆国(24.0)	中国*(13.0)	インド(12.8)
スペイン	53.5	15.6	22.5	8.4	188,573	モロッコ(19.3)	中国*(6.4)	コロンビア(4.9)
イタリア	49.5	11.9	26.1	13.5	204,335	モロッコ(9.7)	中国*(8.3)	アルバニア(7.1)
スウェーデン	42.9	8.5	12.8	34.9	107,947	シリア(24.5)	無国籍(7.5)	エリトリア(6.6)
ポーランド	0.3	8.4	58.0	33.3	355,418	ウクライナ(69.5)	ベラルーシ(20.8)	モルドバ(1.7)

*香港を含む
出所：Eurostat Residence permits statistics（Statistics Explained, 14/08/2016）Table 1, 3.

勢が影響を与えていることは明らかである。その他には，近年の傾向としてモロッコ人と中国人の進出が目立つが，モロッコ人の在留許可事由の3分の2が家族事由であるのに対して，中国人の6割は教育関連事由である。

　雇用関連事由をみると，ドイツ，フランス，オランダ，スウェーデンが雇用事由の在留許可を与えることに慎重な態度をとっていることが見て取れるが，これらの国でも家族関連の事由での在留許可を抑制することはできない。英国，フランスでは教育事由の在留許可が全体の3割に達している。英国とスペインの在留許可取得者の国籍別割合をみると，英国が英語世界からの，スペインがイベロ世界からの欧州への入口になっていることがわかる。雇用事由での在留許可に比較的寛容であった英国の入国管理方針を反映してインド人のEU全体での在留許可事由の4割が雇用関連になっているが，トルコ人の場合には1割を割っている。トルコ人の得る在留許可事由の最多は家族関連事由であるが，それに続くのは教育関連事由である。

▶3.2……非正規入国者

　在留許可を得て合法的にEU加盟国に滞在する移民の対極に，許可を得ないで入域・入国して不法滞在する「非正規移民」が存在する。2014年，2015年には地中海ルート，バルカンルートによる難民の密入国の急増が欧州に危機をもたらしたが，それでなくても，毎年40万人から50万人の外国人が不法入国ないし滞在のかどでEUを去るように命じられている。しかし，母国ないしEUに入域する前の滞在国に実際に送り返されているのは，その40パーセントにすぎない。

　図9-❸はEUの共通入国管理政策が始動した2008年から2014年にいたるまで

国籍4位	国籍5位
インド(5.8)	モロッコ(4.2)
インド(5.0)	米合衆国(4.9)
チュニジア(6.5)	米合衆国(3.3)
米合衆国(7..1)	トルコ(5.7)
オーストラリア(3.4)	パキスタン(3.0)
ドミニカ(4.4)	ボリビア(4.4)
インド(6.4)	バングラデシュ(5.8)
インド(6.1)	中国*(4.6)
中国*(1.3)	ロシア(1.0)

の入国管理措置対象者数の統計である。2008年以降，不法入国者と彼らに対する退去命令が減少傾向にあったなかで，2014年に不法入国者発見数が20万人以上増加したことが見て取れる。2015年には国境障壁の構築とともに入国管理の強化がおこなわれているから，入国拒否件数の減少傾向も逆転しているだろう。

図9-❹は不法入国・滞在者の発見国別の人数を示したものである。ドイツ，フランス，英国といった経済的中心国だけでなく，モロッコに近接したスペイン，アルバニアに近接したイタリア，中東難民の密入国ルートの入口に位置するギリシアにおける発見数が多いことにも注意されたい。2015年には，ギリシアでは91万1470人，ドイツでも37万6435人に爆発的に跳ね上がる非常事態になっているが，この図はその前年までの数値である。

この期間，2008年から2014年の7年累計で発見された不法入国・滞在者の国籍を10位まであげると，1位アルバニア28万8515人，2位アフガニスタン28万3755人，3位モロッコ21万7055人，4位シリア17万9980人，5位パキスタン15万8050人，6位アルジェリア11万5650人，7位インド11万5455人，8位イラク11万4985人，9位エリトリア11万3540人，10位チュニジア10万8945人，さらに　ナイジェリア，ウクライナ，中国，ソマリア，ブラジル，ロシアと続く。これらの国名から察しがつくように，政治的な難民と経済的な動機による不法入国・滞在者が混じり合っている。純粋に経済的な動機による不法入国

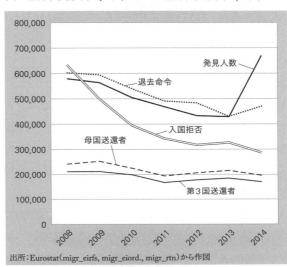

出所：Eurostat(migr_eirfs, migr_eiord., migr_rtn)から作図

図9-❸：EUの入国管理措置対象者数

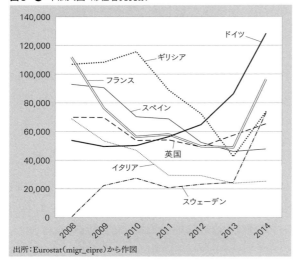

図9-❹：不法入国・滞在者発見数
出所：Eurostat（migr_eipre）から作図

者であれば母国への送還で解決がつくが，生命の危機や迫害が予想される難民の場合は，それは解決にはならない。そのため，EU域内への入国経路にあたる最後の国が安全であれば，そこに送還するという代替的な措置が講じられる[8]。

EUはこれまではEU領域に到着した難民に対して，最初EU域内にはいった国で庇護申請をさせるというダブリン・システムによって共通庇護政策を運営してきたが，2015年の難民危機でそれが機能しないことが明らかになった。現在は，不法入国をさせないように域境管理を強化するとともに，庇護申請を域外の施設でおこなわせ，認定した難民を加盟国で分担して受け入れるというシステムを構想している。しかし，ハンガリーのようにそれに公然と反対する加盟国もあり，またその具体的実施においては人権や国内・国際政治で批判が集中しているトルコの協力が欠かせないため，1年たったいまでもその実現の見込みは立っていない。

►3.3……国籍取得（帰化）

非EU国民でも，かなりの期間合法的に在住し，経済的・社会的に在住国社会に統合されていることを示すことができるなら，EU国民並みの権利（長期滞在，自由入出国など）を得たり，あるいは国籍を取得したりすることも不可能ではない。多くのEU諸国は，そのような移民にとっての地位向上・権利取得の目標を与えることで，移民の同化ないし統合政策をおしすすめている。

表9-❺は近年のEU全体および主要国での国籍取得者の人数であるが，2014年には英国，スペイン，スウェーデンなどが国籍付与数を絞ったため，EU全体としては前年の9パーセント減になっている。この数値は前EU加盟国民の在留国の国

籍取得者を含んでいるが，2014年の場合でいえば，約88.9万人の国籍取得者のうち前EU加盟国民の割合は10.8パーセントにすぎなかった。

表9-❺：EU全体および主要国での国籍取得数（単位：千人）

	2009年	2010年	2011年	2012年	2013年	2014年
EU 28ヵ国	771.8	815.2	785.5	821.6	981.0	889.1
ドイツ	96.1	104.6	109.6	114.6	111.9	110.6
フランス	135.9	143.3	114.6	96.1	97.3	105.6
オランダ	29.8	16.3	28.6	31.0	25.9	32.7
英国	203.6	194.8	177.6	193.9	207.5	125.6
スペイン	79.6	123.7	114.6	94.1	225.8	205.9
イタリア	59.4	65.9	56.2	65.4	100.7	129.9
スウェーデン	29.5	32.5	36.6	50.2	50.2	43.5

出所：Eurostat, Statistics Explained "Acquisition of citizenship statistics" (14/08/2016)

同年のEU加盟国籍取得者の前国籍の1位は約9.3万人を数えたモロッコ人で，その9割近くがスペイン，イタリア，フランスの3国から国籍を取得している。約4.1万人で2位になっているアルバニア人の国籍取得先のほとんどはイタリアとギリシアである。トルコ人は約3.8万人が国籍取得してEU全体では3位であるが，その6割はドイツから国籍を取得している。同様に4位のインド人，7位のパキスタン人の半数以上は英国の国籍を取得し，9位，10位のボリビア人，ペルー人はほとんどがスペインから国籍を得ている。

国籍取得の条件は国によって異なるが，一定期間の合法的な居住だけでなく，社会的・経済的に在留国社会に統合されている証明，さらに在留国の言語への習熟を条件づけることが多い。なお，国籍取得者の世代としては20歳から34歳の青年層と50歳から64歳の高年齢層の2つのヤマがあり，32歳が中位年齢となっている。

移民は，帰化だけでなく出生によっても在留国の国籍を取得する。英国，フランスはもともと出生地主義で国籍を付与しているが，伝統的に血統主義をとっていたドイツも最近は出生地主義を取り入れ，選択可能とした。したがって，最近では，「移民」の社会的統合を重視する視点から，「移民」の定義をさらに拡げて，両親の双方または片方が「移民」であった「移民2世」も含めて「移民的背景を有する人」というカテゴリーが使われている。この定義を最も頻繁に用いているのはドイツの連邦統計局で，そのホームページでは，総人口81.8百万人(2015年)，外国人9.1百万

❖8……中坂恵美子『難民問題と「連帯」』東信堂，2010年，岡部編 前掲書，福田編 前掲書を参照。この3冊が説明を主としているのに対して，森千香子／エレン・ルバイ編『国境政策のパラドクス』勁草書房，2014年は欧州各国・EUの移民政策に対する人道的視点からの痛烈な批判を含んでいる。

図9-❺：欧州における移民・難民問題の構図
著者作図

人(2015年)と並んで「移民の背景を有する人」16.1百万人(2014年)という数字が「重要数字」として掲げられている。[9]

この数字のなかには祖先の地に帰還したヴォルガ・ドイツ人も含まれているであろうが、重要なのは移民的背景をもった青少年の社会的統合である。ドイツの数字をとれば、2013年に同国の15歳〜34歳人口のうち、その7.2パーセントと2.5パーセントがそれぞれ、国外出生者どうしと、国内出生者と国外出生者がドイツでもうけた子孫であった。[10]これに同年齢層の7.5パーセントと8.1パーセントを占める、児童期に来住した国外出生者と成人後に来住した国外出生者を加えると、25.3パーセントになる。つまり青年層の4分の1が「社会的統合」が必要とされる「移民的背景」をもった集団である。

私はさきにあげた別稿で、欧州における移民問題について図9-❺のような見取り図を描いた。ここでは、1990年代までの旧移民と2000年代以降の新移民、EU加盟国国民と非EU（第3国）国民でクロスさせているが、旧移民は第2世代の社会的統合の問題をかかえている。ほとんどがキリスト教国であるEU加盟国からの移民と異なって、大部分がムスリムである非EU国民の場合には困難な宗教的・文化的な障壁がある。そして非EU国からの新移民のかなりの部分は難民で、その庇護認定や滞在管理についての問題が付随している。

4. 移民の社会的統合

2000年紀にはいり、それまで放置されてきた移民問題への政策担当者の関心が高まるなかで、欧州各国は移民の社会的統合を政策的に展開し始めた。それにあわせて、移民の社会的統合の実態を統計指標によって示す探求がEU内の専門家によっておこなわれるようになった。これまで、2011年、2013年、2015年と3つの報告書が公表されているが、最後のものはOECDの専門家と連携して、国際的にもより広い視野をもった報告書になっている。[11]

表9-❻:移民の社会的統合の指標

指標	移民/同2世の数値と在留国出生者/同2世の数値の差(%)
移民(15〜64歳の外国出生者で比較相手は同年齢の在留国出生者)	
雇用率	−1.9
失業率	4.2
労働力参加率	1.2
期間契約で就業している労働者の率	4.7
低技能職種の労働者の率	9.4
自己雇用労働者の率	0.7
高学歴被雇用者のうちの過剰学歴率	11.0
高学歴者の率	4.0
16〜64歳のなかでごく基礎的な読み書きしかできない人の率	18.3
貧困率	12.3
健康良好と申告する率	−0.3
過密な住居で暮らしている人の率	8.4
過密あるいは劣悪な住居で暮らしている人の率	8.1
投票参加率	−5.5
在留国で出生した移民2世(両親とも外国出生者の15〜34歳の2世で比較相手は両親とも在留国出生者の同年代2世)	
15歳での読む能力において成績の低い人の割合	11.1
15〜34歳の人びとのうち,雇用・教育・訓練のいずれにも組み込まれていない人の割合	8.4

出所:OECD/EU(2015), Table 1.2, p.22.

　本節では,この2015年版OECD/EU報告書『移民統合のインディケーター2015:セッリング・イン』に拠って,欧州における移民問題の実態を瞥見しよう。この報告書は,移民の社会的統合は多次元的に進められるべきプロセスであって,その測定指標も多次元的になるとして,複数の重要指標を選定している。なお,法律的な権利ではなく,社会的統合の実態に関心のあるこの報告書では,移民は外国出生者の意味で用いられていて,その内には在留国の国籍を取得した人も含まれていることに注意されたい。

　表9-❻は,それらの重要指標を,移民(外国出生者)と在留国出生者,移民の2世と在留国出生者の2世,に分けて対比した結果である。移民1世においては,労働力参加率においては非移民を上回りながら,失業や労働条件,職種においては不利をこうむっていること,高学歴者が多くてもそれに適した職に就けずに過剰学

　❖9……Statistisches Bundesamt: Homepage/Facts & Figures/Society & Status/Population(Accessed July 23, 2016).
　❖10……OECD/EU(2015), p.235 http://dx.doi.org/10.1787/888933214214
　❖11……Euostat, *Migrants in Europe: A Statistical Portrait of the First and Second Generation*, Brussel, 2011; T. Huddleston, J. Niessen and J. D. Tjaden, *Using EU Indicators of Immigrant Integration*, Brussels, 2013; OECD/EU, *Indicators of Immigrant Integration 2015: Settling In*, Brussels, 2015.

表9-❼：差別されている集団に属すると思う割合（％）

国名	片親だけが移民	両親とも移民	15歳前移住者	その他移民	国外出生者（15〜64歳）
オランダ	5.32	36.19	29.68	23.91	18.67
オーストリア	2.54	34.43			22.47
フランス	6.19	27.10	32.81	18.92	17.46
英国	10.14	22.88	13.81	16.13	13.00
EU 27ヵ国	5.92	21.17	15.61	18.99	14.41
ポルトガル	0.94	20.33	12.87	33.12	17.63
エストニア	12.46	20.00	20.27		16.77
ベルギー	4.51	18.25	9.91	15.88	10.78
ドイツ	5.97	15.39	12.75	17.03	12.79
デンマーク	2.16	12.73	7.25	13.56	14.05
スウェーデン	3.03	10.67	17.07	9.35	11.34
スイス	2.64	5.47	10.65	13.18	8.54
カナダ		11.00			15.7
米合衆国		7.34			13.5

出所：OECD/EU（2015）（dx.doi.org/10.1787/888933212057）

歴に甘んじやすいこと，読み書き能力の低い人が多く，貧困率が高く，居住条件が劣悪であること，投票権を得てもその行使率が低いことが示されている。移民2世においても，読み書き能力の低い人の割合が高く，雇用・教育・訓練に組み込まれていない若者が多いことが示されている。移民1世だけでなく，ほとんどが在留国の国籍を得ていて権利上の差異はないはずの移民2世においても，社会的統合は未完成で多くの課題を残しているのである。

　もちろん移民2世は移民1世以上の社会的統合の度合を高めている。たとえば，移民と在留国出生者のあいだに生まれた移民2世は，しばしば両親が在留国出生者の2世よりも，学業においても社会生活においても高い達成度を示す。また，移民1世の女性の就業率は在留国の女性に比べて格段に低いが，移民2世の女性の就業率は在留国の女性に近い水準になっている。

　しかし，この報告書が懸念を示しているのは，自分が差別されている集団に属すると感じる率が，移民2世において移民1世以上に高い率になっていることである。表9-❼は2002年から2012年にかけての欧州社会調査（European Social Survey）その他のアンケート調査の結果を示したものである。EU 27ヵ国全体でみると，両親ともに移民の2世は現在の在留国で生まれ育っても2割以上が被差別の意識をもっている。それは，2世になると被差別意識が弱まっている米合衆国およびカナダと対照的である。欧州のなかでも，スウェーデンとスイスは例外的で，北米2国に近い。「移民の背景をもつ」2世であっても，片親だけが移民で片親が在留国出生者の場合には，被差別意識をもつ若者はかなり少なくなっている。おそらく，両親とも移民である若者は，片親が在留国出生者である若者に比べて，在留国社会への文化的統合の経路が少ないのであろう。

　移民2世がかかえるこの被差別感は，さまざまな反社会的行動や反欧州的な狂

信的行動の温床になりかねない。1世よりも2世の方で被差別感が強いというのは，移民社会であることを公言している米合衆国やカナダとは逆の結果であって，現在の欧州の文化や価値観を前提した欧州各国の社会的統合政策に反省を迫るデータかもしれない。

▶4.1……労働市場への統合

さきに示した**表9-❻**の指標では，移民は在留国出生者に比べて，雇用率が低く，失業率が高く，就業できた場合でも，低技能職種や不安定雇用，あるいは学歴のミスマッチを起こしやすいことが示されていた。しかし，だからといって移民労働者が在留国経済にとって周辺的な存在であると考えるのは間違っている。この労働市場への統合問題にかかわって，この報告書は世界金融恐慌前で欧州経済が成長過程にあった2006-07年の時期と恐慌後の経済停滞を脱しえないでいた2012-13年の時期について，2つの時期における移民と自国出生者の雇用率の差の興味深い比較をおこなっている。この報告書は散布図を作成して分析しているが，ここでも主要国の原数値を抜き出した表を示すことにしよう。

EU 28ヵ国全体では，金融危機後は，移民の雇用率がわずかに下がり，自国出生者に対するギャップも拡大している。この欧州全体の数値の動きをみると，移民労働は欧州経済にとって景気後退時に減少するバッファー的な存在のようにも思える。しかし，最大の経済力をほこるドイツでは移民の雇用率は高まり，自国出生者に対するギャップも縮小している。これは，移民の雇用率が減少し，自国出生者に対するプラスの差が縮小したスペイン，イタリアとは反対の動きである。スペイン，イタリアの労働市場では，移民労働者が景気に対応したバッファーのように機能しているのに対して，ドイツでは，移民労働者は，自国出生者に対して雇用率で差があるとはいえ，労働市場の中心に統合

表9-❽：世界金融危機前後の移民の雇用率

	雇用率（％）		移民と自国出生者との差（％）	
	2006-07	2012-13	2006-07	2012-13
ベルギー	50.5	52.3	-12.6	-11.4
カナダ	69.8	69.6	-4.3	-3.7
ドイツ	59.4	68.5	-10.3	-8.0
デンマーク	65.1	62.4	-13.4	-11.8
スペイン	70.6	51.6	5.3	-4.9
EU 28ヵ国	**63.5**	**61.7**	**-2.0**	**-3.3**
フランス	57.6	57.2	-7.2	-7.8
英国	68.5	68.0	-7.8	-4.5
イタリア	65.5	59.0	7.6	3.2
オランダ	63.5	62.9	-13.5	-13.7
スウェーデン	63.4	63.1	-12.5	-13.6
米合衆国	71.9	68.0	1.5	2.4

出所：OECD/EU（2015）Fig. 5. 4（dx.doi.org/10.1787/888933212315）

されていることを示唆している。

英国で移民の雇用率はわずかに下がったものの，自国出生者との差が縮まっているのも，同様に移民労働の労働市場への統合を示唆しているだろう。米合衆国では，移民の雇用率は自国出生者よりも高くて，2012-13年期にはその雇用率は下がっているが，自国出生者とのプラスの差はかえって増加している。これは，米合衆国の労働市場が欧州以上に移民労働に志向していることを示すものであろう。

▶4.2……**移民の経済に対する効果**

さきに移民および移民2世の被差別感について紹介したが，OECDとEUの報告書は，欧州社会の側からの移民に対する態度として，欧州社会調査(European Social Survey)が2008～2012年にかけておこなった「移民は経済に好影響を与えるか悪影響を与えるか」という設問の結果を示している。表9-❾は，それからEU加盟国の数値を抜き出したものである。

欧州の移民は在留国の労働市場において，もはや周辺的な存在ではない。それは欧州の経済を支えるとともに，在留国の労働者との競合があるということである。したがって，このアンケートでは，「経済的影響」という刺激的でない設問にもかかわらず，好影響という評価が過半数になる国はなかった。ほとんどの国で中立的回答が最大多数で，移民に好意的な回答が必ずしも多数派でないことがわか

表9-❾：移民の経済への影響の判断（欧州社会調査2008～12年：％）

	悪影響	どちらでもない	好影響
スウェーデン	15	45	39
フィンランド	17	48	35
ポーランド	18	45	37
オランダ	18	53	29
ドイツ	19	45	36
デンマーク	21	45	34
ルーマニア	23	40	37
スペイン	23	45	24
フランス	23	52	29
EU 24ヵ国	**25**	**46**	**29**
エストニア	27	51	34
ブルガリア	27	39	22
ベルギー	29	49	24
ポルトガル	30	46	26
リトアニア	30	44	27
アイルランド	32	40	24
英国	32	43	19
クロアチア	33	38	10
スロヴェニア	35	44	21
スロバキア	37	46	17
チェコ	41	44	15
ラトビア	41	39	19
ハンガリー	44	45	11
キプロス	47	36	17
ギリシア	54	35	11

出所：OECD/EU(2015), p. 223 Fig. 12.7 (dx.doi.org/10.1767/888933213140)

る。それでも，ドイツ，スウェーデン，オランダでは好影響回答が悪影響回答を上回っているが，英国はすでにこの時期から悪影響を選ぶ回答が好影響を選ぶ回答よりも多かった。フランスでは好影響と悪影響が拮抗していて，EU全体としてもそれに近い。移民問題が経済問題を超えて，政治化している現在では，反移民の感情はさらに強くなっていることであろう。ドイツでも，2016年の春以降，反移民をかかげた「ドイツのための選択肢(AfD)」が州議会選挙で伸長し，メルケル首相の保守与党を脅かしている。

　移民問題をめぐる対立によって，私たちは地域統合が人の統合でもあるという本質的な問題に気づかされる。欧州統合という歴史的プロジェクトの成否は，上部における金融・通貨問題とともに，民衆レベルにおける移民問題の反響によって左右されている。欧州統合に関心をもつものにとって，予断がゆるされない事態が連続している。

グローバリゼーションと EU結束政策

第10章

1. リスボン条約調印による再出発

2005年5,6月にEUの憲法条約がフランスとオランダの国民投票で拒否されたことはなお記憶に新しい。その後,善後策についてさまざまな見解が出るなかで,EUは事態の沈静化をはかるために2年間の熟慮期間を設けていた。しかし,2007年元旦にルーマニア,ブルガリアの加盟も予定どおり実現し,ドイツが欧州理事会の議長国になると,既存の条約を修正する「改革条約」によって,挫折した「憲法条約」の実質的内容を取り込む方向で調整が積極的にはかられた。議長国がポルトガルに交替した昨年(2007年)後半,10月のリスボン理事会で全加盟国の合意が成立し,12月13日に首脳たちによる「リスボン条約」の調印がおこなわれた。この条約も発効するためには,全加盟国の批准を必要としている。しかし,多くの国が「憲法条約」の場合よりも簡略な批准手続きを採用しているので,1年の目標期間を超過することがあっても,発効することはほぼ確実と見られている。

この条約は,EUを単一の国際法上の主体(法人格)に格上げし,任期2年半の常任の欧州理事会議長職と統合された外交担当職の創設を規定している。また,政策分野の再編成をはかるだけでなく,基本権憲章に法的効力あるものとして言及し,欧州議会の権限を拡張している。憲法という形式を避け,国歌や国旗にあたる規定を除去するなど,加盟国のナショナリズムを刺激しないための配慮がなされているが,国家を超えた政体としての内容がより整ってきたことは事実である。[1]

❖1……EU駐日代表部のホームページ(http://jpn.cec.eu/int/home_jp.php)はこの条約の概要を紹介し,本文入手の便宜をはかっている。

それでは，統合の体制をこのように整えながら，EUはなにを目的に行動しようとしているのか。昨年10月のリスボン理事会には，「欧州の利益：グローバル化の時代における成功」という政策文書が首脳たちの討論のたたき台として提出された。欧州委員会のバローゾ委員長はそれを説明して，次のように述べている。

　　「21世紀におけるEUの存在意義は明瞭である。欧州を，グローバル化した世界に対応できるようにすることである。そのためには，人材，成長，雇用，エネルギーの安全保障，気候変動への対策，消費者に対するより公正な扱い，犯罪とテロとの戦いにおける協力に投資していかなければならない。」「保護貿易主義を押し通しても，欧州はこれ以上豊かにはなれない。保護貿易主義は，市民を守るのではなく，むしろ疲弊させてしまうだろう。だが，我々は無知ではない。簡単に騙されるような相手でもない。我々は，同じ土俵で競争することを求めることができ，実際にそれを求める。課題となるのは，保護貿易主義に陥ることなく，いかに自国・地域を守っていくかである」[2]。

　かつてのEUは保護主義の城壁をめぐらせた「城砦欧州（Fortress Europe）」と呼ばれた。保護主義を放棄してもなお残るEUの存在意義としてあげられているのは，欧州をグローバル化した世界に対応できるようにするための「投資」であった。それは，2005年に雇用と成長確保の政策と結合された改訂リスボン戦略に謳われている「競争力」育成のための投資でもある。拡大したEUは，域内の経済統合の深化をはかりながら国際経済秩序の積極的なアクターになろうとしているのである。

　EUのグローバリゼーションへの対応が重要なのは，それが世界の通商関係において占める割合の大きさだけによるものではない。加盟諸国の経済統合と政策調整をふまえて行動するEUは，WTOその他のグローバル・レベルの経済交渉においても，単独で行動している日本が敵わないほどの発言力を有している。さらに，EUが，加盟諸国間・域内地域間の調整を域外におけるグローバリゼーションへの対応と結びつける仕方は，それ自体としても，他の地域の政策形成者の関心を惹きつけるであろう。

　東アジアでは，ビジネス先行で実質的な経済統合が進むなかで，通商問題だけでなく，通貨・金融問題，資源・環境問題に対応しうる地域的な連携の制度化が模

索されている。それはいまや，「東アジア共同体をめざす」と表現されるまでにいたっている。もし，そうであれば，東アジア地域でも，域内の格差問題や雇用調整問題への政策的対応が早晩必要になるだろう。この論文は，そのことを念頭において，EUの域内格差問題にかかわる「結束政策」との関連という視点から，EUのグローバリゼーションへの対応を考察してみたい。

2. 結束政策とその問題群

東方拡大を実現したあと憲法条約批准に失敗したEUは，予算問題にかかわる紛糾やEU理事会での決定の票数問題などの解決に手間取り，欧州統合の階段における「踊り場」にあると評された。しかし，この時期に妥協をともないながら準備された改革が，2007年後半以降のEUのグローバル・アクターとしての積極的復帰を支えている。2005年春に欧州理事会は，グローバリゼーションに積極的に対応することによって成長と雇用を確保するという改訂版リスボン戦略を採択した。外見上は統合が停滞した時期に見えたこの時期に，2007年以降の中期財政計画の作成と結びつきながら改訂版リスボン戦略と結びつけた政策の再編成がおこなわれたのである。

この時期における政策の再編は，域内・域外における市場競争の拡大のもとで競争力を発展させるという新自由主義のラインに沿ったものである。しかし，欧州の政治家や欧州委員会はグローバリゼーションが市民によって肯定的に受け止められていないことをよく知っている。したがって，グローバリゼーションへの対応においても，EUは「多様性のなかの統一（unity in diversity）」と「社会的結束（social cohesion）」を核とした「欧州的価値」を強調し，それを維持するためにも現代化が必要であると主張し，またそのようなスタンスを政策においても具体化しなければならなくなっている。[3]

ここで「結束（cohesion）」という私たちには耳なれないことばとそれにかかわるEUの政策について説明しておくといいだろう。この「結束」という語は，1987年の単一欧州議定書で地域政策が欧州共同体の公式の政策領域として加えられた際に登場（「経済的社会的結束」）し，その後，EUを創設したマーストリヒト条約で，より一般化されて単一市場の創設と並ぶEUの目的（「結束の強化」）をあらわすために用いら

❖2……EU日本代表部訳 EU News133/2007-200/10/03.
❖3……*European values in the globalised world*, COM（2005）525final.

れた。必ずしも定義があるわけではないが，共同体の調和ある発展をはかるために，個人にせよ地域にせよ格差が過大になることを避けることを意味している。「結束政策」と呼ばれている政策領域も，直接には地域政策（欧州地域開発基金，欧州社会基金，欧州農業指導保証基金指導部門，漁業指導基金などの構造基金と結束基金）を指しているが，「社会的結束」と言われる場合には，雇用政策や労働市場政策のような社会政策もそのうちに含めて理解されている。

　社会政策同様に，地域政策ももともとは加盟国の専権事項でEUの関与が当初から認められていたわけではない。ローマ条約の原加盟6ヵ国は欧州中央部に位置する，経済の発展度に大きな差違のない諸国で，南部イタリアを除けば深刻な後進地域問題をかかえていなかった。欧州レベルでの地域政策の端緒は1975年の欧州地域開発基金（ERDF）の創設に求められるが，そのときはまだ，単年度ごとに国別に資金を割り当てるだけの政策であった。しかし，1980年代に南欧の後進国であるギリシア，スペイン，ポルトガルが加盟するなかでEU全体としての方針をもった地域政策の確立が課題となり，1988年にそれまで成立していた各種の構造基金（ERDFなど）を統合して，優先目的を定め，当事者の参加のもとに（パートナーシップ）多年度にわたるプログラムを作成しておこなう管理方式が定められた。その後，マーストリヒト条約の批准の際に市場競争による犠牲を恐れた諸国の要求で，1994年に環境保護および幹線交通インフラの整備による欧州の結束強化を名目にした結束基金（対象はギリシア，スペイン，ポルトガル，アイルランドの4ヵ国）が設けられた。欧州地域政策の優先目的としては，1988年改革の時点では，低開発地域の開発および構造調整，産業衰退地域の転換，長期失業対策，若年者の就業促進，農業構造の調整促進，農村地域開発があげられたが，その他に欧州委員会が独自に発案して実施しうる「共同体イニシアティブ」が認められていた。2000–2006年期には，これらの優先目的が整理され，一人あたりGDPがEU平均の75パーセント以下の後進リージョンを対象として開発と構造調整を促進する「目的1」，構造的困難に直面するリージョンの転換を支援する「目的2」，教育・職業訓練・雇用を促進する「目的3」に整理されたが，それに加えて，前記の「結束基金」による支出や，「共同体イニシアティブ」に属する越境地域間協力（Interreg），農村開発，都市活性化，労働市場の差別撤廃の事業，さらに漁業特別枠による支援やイノベーション支援の事業が存在した。

2007年に始まる中期財政計画では，それまでの「目的1」と「結束基金」が統合されて，開発の遅れた地域での成長と雇用の改善による格差是正，つまり「収斂」という新しい「目的1」になり，またそれまでの「目的2」と「目的3」が統合されて新しい「目的2」「地域競争力と成長」になった。また，「共同体イニシアティブ」に属していた越境地域間協力が「目的3」に昇格して，ローカル・レベル，下位地域レベル，さらに欧州全域の3レベルにわたる越境地域協力の政策分野「欧州領域協力」に整備された。❖4

　この地域政策関連の予算は，EUの予算の3分の1強を占めている。これまでEU予算の最大部分を占めてきたのは共通農業政策（CAP）であったが，支持価格を引き下げるとともに農業者の所得補償を生産量と切り離すデカップリングを柱とした改革が進むなかで，EU予算における共通農業政策への支出の割合はやや減少している。そのため，2007年からの中期財政計画では，結束政策の予算は狭義の共通農業政策の予算をわずかながら上回るにいたっている。この共通農業政策の改革自体が，EU拡大による共通農業予算の急増への対応と域外農産物輸出国の農産物貿易の自由化の要求に対応したものであることはいうまでもない。EUはその農業支持政策の重点を，直接支払いによる所得補償と自然資源の保全などにかかわる農業の多面的機能の維持，農村開発に移すことによって，グローバリゼーションに対応しようとしている。このように，共通農業政策はしばしば保護主義的な後ろ向きの政策として批判され，またそのような批判を受け入れて改革がなされてきた。それでは，欧州地域政策の方はどうなのであろうか。

　欧州地域政策を評価するにあたって念頭におくべき問いが2つある。その第一は，たしかに欧州地域政策においては，すべての加盟国でなんらかのプログラムが実施されるように配慮されているが，支払いと受け取りを差し引くと純支払国と純受取国に分かれることは明らかである，そうだとすれば，それは日本がアジアの諸国に対しておこなっている開発援助（ODA）とどこが違うのだろうか，欧州地域政策はつきつめていえば欧州地域内の開発援助政策ではないのかという問題である。図10-❶は

❖4……2005年12月の欧州理事会をへて確定した2007-2013年期財政計画では，「成長と雇用のための結束」に，現行価格で総額3076億ユーロの支出が認められ，そのうち2513億ユーロが目的1，488億ユーロが目的2，75億ユーロが目的3に割り当てられている。なお，この期間のEUの総支出予定額は8624億ユーロで，EU27ヵ国全体のGDPの1.045パーセントである。CEC, *Investing in Europe's Member States and Regions*, 2006.

図10-❶:2000-2006年期,2007-2013年期の結束政策の支出

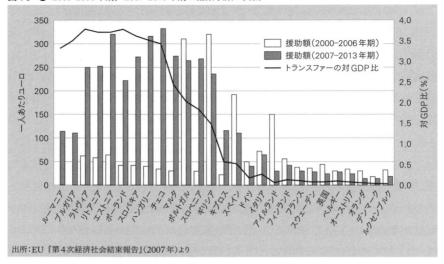

出所:EU『第4次経済社会結束報告』(2007年)より

2000-2006年期と2007-2013年期における各国民一人あたりの地域政策による補助受け取り額とそのGDPに対する割合を示している。負担額の水準は国によって異なるが,地域政策の予算の総額はEUのGDPの0.45パーセント以下に抑えることが合意されているので,それを基準に考えればこのグラフだけからでも純支払い国と純受け取り国が見て取れるだろう。しかし,欧州の地域政策は,先進国における衰退産業地域・教育訓練政策・都市政策などをも包含しながら,援助・被援助の関係に還元できない理念(「結束」)と統一的な目的と運営方針を生み出し,ローカル主体を参加させるパートナーシップ原則や越境地域協力によって国家の役割を相対化させながら発展してきたものである。欧州地域政策の評価にあたっては,一方的な援助政策との違いをどれほど実質化させ,またそれが共同体の「結束」における効果をどれだけ達成しているかを基準に判定されなければならないだろう。

　第二は,地域政策に経済的な合理性はあるのかという問題である[5]。多くの経済学者を悩ませるこの問題は,さらに,そもそも市場統合は経済格差を解消させるのかそれとも格差を拡大させるのかというサブ問題と,市場統合で解決されない格差問題が残るとして,はたして地域政策は格差の軽減に貢献しているのかというサブ問題に分かれるであろう。

　第一のサブ問題に対しては,経済学者は格差解消派と格差拡大派に分かれているが,理論的にはどちらにも定められないというのが暫定的な解答であろう。という

のは，静態的に考えるならば，生産要素の自由移動によって要素価格の均等化の運動が生じることになるが，規模の経済や学習効果などの属性によって集積とともに生産性の上昇が生じる動態的な世界を想定すれば，経済統合によって起こる生産要素の移動がかえって格差の拡大をもたらしうるからである。実態の方からみると，欧州の経済は，「4つの自由移動」に開かれた単一市場の存

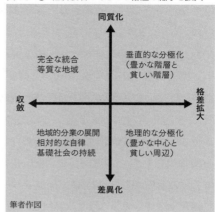

図10-❷：経済統合のもとでの格差の縮小と拡大

筆者作図

在にもかかわらず，とくに労働移動の率は米国経済に比べてかなり低く，その市場には地域性・国民性が残るということを多くの調査が明らかにしている。したがって市場統合にもかかわらず，それは同質な市場を欧州全域にわたってもたらすのではなく，地域的国民的な分化をともなう市場を生み出す可能性がある。このように考えれば，経済統合の結果は，格差の縮小・拡大だけでなく，市場の同質化と分化という2つの軸で整理することが適切になる（図10-❷）。

すべての地域で市場が同質になる場合でも個人間で格差が増大することがありうる。この個人間の格差増大を集団的に階級として捉えれば，国境を越えた階級分解という古典マルクス主義的な構図になる。それに対して，同質的な市場で個人間についても格差が縮小するというのは，個人の性向・能力・資産の同質性を前提にする新古典派的な見方である。このような見方に立てば，所得格差の解消は市場統合自体によって達成されるのであって，独自の「結束」政策は不要であることになる。他方，市場は同質にならないとみる側で，地域が経済資源を吸収する中心とそれが流出する周辺に分かれるという格差拡大派の見方がありうるが，これは〈中心―周辺〉を強調したネオ・マルクス主義的な見解に近い。最後に，市場に異質性が残りながらも所得格差が減少するというのは，比較優位のはたらきによって分業が発展するという古典派的な経済発展観に対応するであろう。EUが掲げる「多様

❖5……この部分については，J. ペルクマンス『EU経済統合』（田中素香訳）文眞堂，2004年，F. McDonald and S. Dearden eds., *European Economic Integration*, 4 ed., Pearson Education, 2005 を参照。

性のなかの統一」という理想は，新古典派的な市場観よりも古典派的な市場観に近いのかもしれない。

　EUのこれまでのデータでは，加盟国平均でみるならば，一本調子の進行ではないが格差の縮小の傾向がみられる。たしかに2000年以降の経済成長率をとっても，EU内周辺国や新規加盟国の経済成長率は全体としてEUの中心国グループの成長率を上回っている。しかし，この成長率格差が継続するとしても，EU平均に到達するまでには数世代の年数が必要なことは明らかである。他方で，国内地域間の所得格差をとってみると，アイルランドなどの高成長国も含めて，格差がかえって増大する傾向がある。とくに，所得上昇率の高い首都地域とそれ以外の地域との格差が拡大している。つまり，実証面でも，格差解消説と格差拡大説の勝敗はついていないのである。

　第二のサブ問題は，集積の効果を取り入れた動態的な理論に立てば経済統合が格差問題を生み出すことを説明しやすいが，格差の発生が経済的な効率化の結果であるならば，格差を政策的に解消しようとすれば経済統合の利益を否定することになるという問題でもある。所得補償をおこなうならば労働移動をくいとめて地域格差の拡大を阻止することができるが，経済統合の利益は得られないままである。所得補償ではなく交通インフラなどの整備によって後進地域の経済的条件を改善しようとしても，後進地域から集積地域への流出が加速されるだけである。したがって多くの経済学者は，直接に格差の解消や集積あるいは過疎化の阻止を企てるのではなく，経済全体の科学技術水準とイノベーション能力を向上させ，後進地域に残る住民にもそれへのアクセスを保証することが結果として地域間の所得格差の縮小をもたらすと考えている。具体的には，後進地域の住民に教育・訓練の機会を与え，ITを広めることによって，外部の市場的競争への対応力やローカルな生活と結びついたイノベーションによって雇用と福祉状態を改善すること，つまり地域の競争力を強めることである。この欧州地域政策の格差是正への効果という第二のサブ問題についての実証的研究も一致した結論には達していないが，主要な受け手の国や地域に経済成長のための刺激が与えられたことは否定できないだろう。しかし，経済学者たちはそのような補助が経済統合の利益に背反せず，かつ，経済負担を過大にしないように，効率的に実施されるようにアドバイスしているのである。

　2005年以降のEUの地域政策の再編も，この第二のサブ問題への経済学者た

ちのアドバイスのラインに沿っている。たとえば，2004年の『第3次経済社会結束報告』は，欧州拡大に備えて再編された地域政策の政策思想を次のように表現している。そこでは地域政策が，地域の競争力と教育・訓練へのアクセスによる個人の能力育成への援助を目的とすることが明瞭に表明されている。

「加盟国および地域は，構造的な弱点を克服し，その比較優位を発展させて域内市場の内部および外部で競争できるようになるための援助を必要としている。同様に，人びとも，どこで生活するにせよ，その能力を発展させるために，教育と訓練の機会が得られることを必要としている。EUの結束政策は，まさにこの2つの並行的なニーズに対応するために，単一市場のプロジェクトが開始されるのと時を同じくして，ほぼ15年前に強化された。そのような援助は，現在，欧州拡大が格差の増大をともなっているだけに，とりわけ重要性が増している。」

3. 労働市場における「結束」?

1997年11月のルクセンブルク欧州理事会以来推進されている「欧州雇用戦略」はドロール委員長時代の末期からおこなわれてきた欧州の社会政策・労働政策の見直しを体系化したもので，労働市場の柔軟化への要請を認めながら，それを雇用確保，労働者の権利・参加・能力向上に結びつけようとする政策である。[6]「欧州雇用戦略」がかかわる社会政策の分野においても，「結束」という語が用いられるが，この場合，主として問題にされるのは，産業的理由や性・年齢・文化・居住地などによる労働生活からの「排除」である。長期失業者や就業の機会・意欲・能力を与えられていない若年者や女性に就業の機会を与え，社会に参加させる「社会的包摂（social inclusion）」が「結束」の主要内容である。これは，2000年のリスボン戦略以降の「フル就業」（2010年までの目標就業率——全体で70パーセント，女性60パーセ

❖6……「欧州雇用戦略」では，欧州理事会の結論をもとにして各国がそれぞれ「行動プログラム」を作成し，その進展を閣僚理事会のレベルでピア・レビュウするというやり方によって，各国の政策形成と実施を欧州レベルでの調整に向かわせている。いわゆる「開かれた調整方式（OMC）」である。

ント，55〜64歳層50パーセント）や男女機会均等などの政策目標に結びついている。こうした目標の達成に貢献する教育や職業訓練，労働市場サービス啓発などの活動が地域に関連するかぎり，主要構造基金のひとつである欧州社会基金(ESF)がそれを支えることができる。

　2005年に欧州理事会で決定された2007-2013年期の地域政策の「ガイドライン」は，地域政策を「成長と雇用のための結束」と位置づけ，その資金をリスボン戦略の達成のために動員することを謳っている。新しい「目的2」の名称がそれを物語っているが，「目的1」と「目的2」においても，イノベーションの振興が環境対策と並ぶ重点課題とされている。直接的な格差是正は背景に退き，イノベーションと競争力，それを基礎にした成長と雇用が「結束政策」の主要内容になったのである。

　しかし，バローゾ委員長が率いる欧州委員会は，グローバリゼーションに対する欧州の労働者の不安を鎮め，グローバリゼーションを積極的に受け入れるEUに対する労働者の支持を確保するには追加的な政策が必要であると考えたらしい。バローゾ委員長は，さきに言及した「欧州の価値」文書がグローバリゼーション下での連帯を訴えたことを受けて，グローバリゼーションにともなう工場閉鎖や海外移転によって職場を失ったり，移住したりしなければならなくなる労働者のために期間を限った適応支援をおこなう「グローバリゼーション調整基金(EGF)」の創設を2005年の10月に欧州理事会に提案した。これは翌年末に，欧州議会で承認され，2007年から毎年5億ユーロ，対象人員5万人という規模で実施されることになった[7]。

　現在のEUでは，失業保険などの労働法制は各国ごとに運営されており，地域政策の内部での労働市場政策は教育・職業訓練や産業転換などの中長期的なプログラムに支出されている。この新しい調整基金は失職した労働者に直接援助をおこなう点でEUの政策の拡大といえる。EUが労働者の失業対策に直接乗り出したのは，EUが加盟諸国の通商政策のまとめ役兼国際的な交渉役となったことにもとづいている。今後は，国際競争力の弱い産業をかかえた一部加盟国の利益に反した貿易の自由化や制限の緩和・撤廃を受け入れることが予想されるが，その場合，不満がEUに向けられるのは当然であるうえ，それらの国で十分な失業対策が整っているとはかぎらないからである。

　この提案を検討した『欧州リストラクチャリング・モニター・レポート』は，それをEUの自由主義的通商政策の「政治的実現可能性」と「社会的欧州」の信頼の双方にか

かわる「少なくともシンボリックには，きわめて重要な方策」であると評価している。これについてはだれしも異論のないことであろう。経済的側面については，労働市場において非受給者のクラウディングアウト(排除)を起こす賃金補助のような施策をとるべきではないこと，ジョブ・マッチングやキャリア・カウンセリングの活動は有益であり，とくにEU内の移動への補助金は有望であるとアドバイスしている。❖8 職場保護ではなく，積極的な職場転換と「フル就業」のための補助金という性格は，2007年になって明らかになった実施計画でも明らかで，退職年金や失業給付などの受動的な社会保障は加盟国の責任であるとして，求職支援・職業ガイダンス・再訓練などの実施と参加，企業精神促進と自営業支援，求職活動・移動の手当，生涯教育訓練への参加手当，高齢あるいは不利な条件をもつ労働者の労働生活への復帰・残留促進のために支出されるとしている。実施はグローバリゼーションにともなうリストラクチャリングによって1000人以上の失職者が生まれるということを知った加盟国政府の申請によって行動計画が作成され，理事会と欧州議会の予算支出承認を得て実施されるが，加盟国が基金から受け取る補助金は行動計画の50パーセント以下である。

　この基金は創設されたばかりで，現在の実施状況も明らかでない。具体的には中国やインドなどの新興市場大国からの輸出によって脅威を受けている繊維産業や金属・機械産業や，多国籍企業の生産再配置やリストラクチャリングが念頭にあるのであろう。しかし，問題が発生しやすい新規加盟国の財政力の弱さや既存の制度との調整の複雑さなどの問題点をクリアーして円滑に実施できるかどうかは予断を許さない。

　グローバリゼーション調整基金はシンボリックな政策にとどまるにせよ，それが労働者の職場保護よりも職場転換の促進に向けられていることに注意しなければならない。これは，労働市場の柔軟化を受け入れながら労働者の「就業能力」と「適応能力」を増進させることによって雇用を確保する積極的労働市場政策を重視する「欧州雇用戦略」に沿ったものである。この積極的労働市場政策にかかわって，欧州委員会が最近急速な傾斜をみせているのが「フレキシキュリティ(flexicurity)」の考えである。労働市場・労働配置における柔軟性(flexibility)と雇用の保障(security)のバランスは以前から強調されていたが，低失業率などの実績のあるオランダとデンマークの経験を基礎に両者を直接結合する思想が生まれてきたのである。

❖7……http://ec.europa.eu/employment_social/egf/index_en.html
❖8……*Restructuring and employment in the EU: The impact of globalisation*(*ERM Report 2007*), p. 99.

欧州委員会は，2006年の1年間をデンマーク・モデルを中心としたフレキシキュリティ思想の普及と政策的検討に努め，2007年6月にフレキシキュリティの共通原則を定め，同年12月の閣僚理事会でそれを承認させた。したがってこの共通原則は，2008年以降の雇用政策の調整のなかで実現がはかられることになる。その中心になっているのは，①柔軟で信頼できる雇用契約，②就業能力・適応能力を高める包括的な生涯学習，③実効的な積極的労働政策，④現代化された社会保障制度，の4原則である。

　欧州の労働組合組織は，このフレキシキュリティ路線が，解雇の容易化と雇用保障の低下につながることを警戒している。たしかにモデルとされるデンマークでは，解雇・転職の容易さと低失業率が両立しているが，それは連帯的な失業保険制度と同質的な労使関係に支えられているものであり，他の条件のもとでも好結果をもたらすとはかぎらない。そうした批判に応えることも意図しながら，欧州委員会は国ごとの雇用制度と労働市場の型に応じて，フレキシキュリティにいたる4つの「経路」を想定している。

　第一は，労働市場の分断が顕著な諸国向けの経路で，雇用契約の整備によって非正規雇用の労働者の地位の改善が重視される。第二の経路は，労働移動が比較的少ない諸国向けで，まず企業内で柔軟な技能の養成によってフレキシキュリティを実現し，それを基礎にリストラクチャリングや冗員化に備えさせようとする。第三は，技能と就業機会の格差が大きい諸国向けの経路で，人的資本への投資により技能格差と就業格差を縮小することが重視される。第四の経路は，産業リストラクチャリングなどによって就業率が低下し，福祉給付やインフォーマル雇用に依存する人が多くなった諸国向けで，失業給付の確立と積極的労働市場政策によって雇用機会を拡大し福祉依存から脱却させることが重視される。4つの経路はそれぞれ異なるが，最終目標は労働市場における柔軟な調整と高い就業率である。欧州の労働組合側がまだ警戒的な姿勢を崩していないのに対して，経営側が積極的であるのは当然であろう。

4. 埋め込まれたネオリベラリズム，あるいはその再編？

　この論文では，グローバリゼーションと域内市場統合の競争圧力への対応として

2005年以降の地域的・社会的な「結束政策」の再編が生まれていることを説明した。私は，それは「埋め込まれたネオリベラリズム（embedded neoliberalism）」の再編と理解するのが適切ではないかと考えている。「埋め込み」というのは，19世紀に生じた自由主義的な市場経済の社会領域までの浸透に対して，それを社会のもとに埋め込む対抗運動が始動したというカール・ポラニイの『大転換』に由来する議論である。それを受けて，政治学者のJ.ラギーが，第二次大戦後の自由主義的な国際経済秩序が，国民国家単位での社会勢力間の妥協を基礎にした保護と補償の体制と組み合わされて政治的に支持されている状態を指して「埋め込まれた自由主義」と呼んだ。IMF-GATT体制下の国民国家単位の政治経済的ガバナンスのあり方を特徴づける理論である。「埋め込まれたネオリベラリズム」というのはその新版で，ドロール委員長時代に推進された欧州規模での労使間対話を欧州資本主義のヘゲモニー戦略とみなしたファン・アペルドーンによってはじめて用いられた[9]。この新版の「埋め込み」においては，単位は国民経済ではなく，拡大された欧州になり，妥協しあう社会勢力も地理的に拡大されている。

　単一市場の導入と同時期に成立した「結束」という思想と「結束政策」を，市場経済に対する同様な「埋め込み」の政策であると解するのは容易である。それが純然たるネオリベラリズムと異なるのは，結果として生じる格差についてもその軽減を意図しているからである。しかし，それが国民国家単位での「埋め込み」に比べて，はるかに希薄な「埋め込み」であることも明らかである。EU予算は加盟国GDP総額の約1パーセントにすぎず，「結束政策」予算は0.4パーセント程度にとどまる。EUは市民，地域の生存を保障する力はなく，「結束政策」は，生存＝競争力獲得を手助けするだけである。その主要な推進者も，もはや集団的な社会的勢力ではなく，EUの政治家・公務員などである[10]。はたして，EUはこのような希薄化された「結束」だけで，グローバリゼーションへの積極的対応という方針に対する人びとの支持を確保できるのであろうか。

❖9……B. van Appeldoorn, *Transnational Capitalism and the Struggle over European Integration*, Routledge, 2002.

❖10……ボーレは新加盟国で社会政策的条件を整えさせるように動くのは，進出先で競争条件を整備しようとする多国籍企業であるという。D. Bohle, "Neoliberal hegemony, transnational capital and the terms of the EU's eastward expansion," *Capital and Class*, spring 2006.

欧州統合と地域政策の新しい役割[*1]

第11章

1. 市場統合の補償から新しい成長の手段へ

　21世紀初頭において欧州連合(以下EU)は，共通通貨ユーロを実現しただけでなく，旧東欧諸国の加盟を受け入れ，地理的拡大とともに統合の深化が誇らしく語られていた。EU内周辺諸国の高成長は中心諸国の経済にも好影響を与え，統合欧州の課題は知識基盤経済の確立によって北米・東アジア諸国に負けない競争力をつけることだとされていた。しかし，このバラ色の展望は2008年の世界金融恐慌以来暗転した。欧州の金融機関が軒並み弱体化しただけでなく，財政の健全性に疑いがもたれた諸国の国債が信用を失い，ギリシア，アイルランド，ポルトガルと救援を必要とする諸国が次々にあらわれた。財政調整の制度のないEUでは，救援は自動的にはおこなわれず，あくまでそれぞれの国ごとの財政再建が基本である。そのため救援の条件として，しばしば政権交代も含む財政緊縮を要求された諸国ではEUへの不満が高まった。他方，救援する欧州中央銀行などを支える側の国でも次から次へと続く負担に対する国民の不満が噴出した。EUは財政主権を有する独立国の経済的連合というその制度上，はじめから想定されていない事態に直面した。それだけでなく，経済危機のなかで失業が増加した英仏などの先進国においても，外国人排斥の風潮にのって反EUのナショナリズムが強まり，それが欧州議会でも無視できない勢力となった。もともと反EUの意識の強いイギリスでの2016年6月の国民投票は，EU離脱支持が51.9パーセントを占めるという衝撃的な結果となり，

　[*1]……本章は八木(2016)を縮約したものである。

他の諸国への連鎖が恐れられている。

しかし，欧州統合の現在を客観的に判断するには，危機や対立の側面をみるだけでなく，繰り返しあらわれる対立，あるいは潜在的な対立のなかからなんとか妥協を成立させてきたEUの現実的な姿を視野に入れなければならない。いったん妥協が成立すると，それは対立者どうしを結びつけるカスガイになる。代表的な例が共通農業政策(CAP)と最近ではしばしば結束政策(Cohesion Policy)とも呼ばれる欧州地域政策である。この研究では，農業という特定産業とその従事者の利害から完全には脱しきれないCAPではなく，地域という政策統合の場を有するこの政策領域の新しい動向を研究対象にする。それは市場統合の代償として各国利害の妥協から生まれた政策が，地域を基礎においた成長という新しい視点から再編成されようとしていることに注目するからである。欧州地域政策は，2S1I(「知的な成長(smart growth)」，「持続可能な成長(sustainable growth)」，「包摂的な成長(inclusive growth)」)を掲げる成長戦略「欧州2000」の政策手段の枢要部分として，CAPの一部も含めて，科学技術政策，環境政策，社会政策と融合し始めている。

現時のギリシア危機などに露呈している欧州の財政金融機構の不備がどのように解決されるかという喫緊の課題の重要性を否定するわけではない。しかし，一般に，とくに日本では，関心の薄いEUの地域政策について，その実態とその再編成の方向性を紹介することにもそれなりの価値があることと思われる。

第一には，地域政策は首脳レベル，あるいは政府間での合意にもとづいて規制的なルールとして，あるいはアドホクな課題として取り組まれる政策領域とは異なって，EUが独自の中期予算計画(多年度財政枠組み：MFF)のもとに日常的に展開している政策であることによる。加盟国間の資金再分配をともなって実施されるこの政策が，欧州各国(とくに受益国・受益地域・受益者)をEUに結びつけている。新しいMFFの策定が近づくごとに加盟国政府と欧州委員会・欧州議会などが数年かけて交渉をおこなうが，いったん策定されるならばMFF期間のあいだは欧州という名前を冠した活動が持続する。それは金融・市場統合・外交等の領域外でEUが独自の活動をおこなっている政策として，いわば現場レベルのEUの存在理由になっているのである。

第二には，EUはこの政策領域とそれに従来向けられていた政策資金(構造基金)をその野心的な成長戦略「欧州2020」を実現するための政策として再編成しよう

としていて，それは現在の日本で成長戦略や地域振興政策を考える際にも参考になると思われるからである。EUの地域政策は，それが単に生産要素の円滑な移動を妨げるだけにとどまるならば，市場の統合によって経済的な効率を高めようとする欧州統合の基本目的に背反する正当化不可能な政策である。しばしばその経済的な合理性に疑問が投げかけられるこの政策が市場統合に対する補償あるいは再分配の政策として誕生したことが，新しい成長戦略を掲げるEUに独自の資金と政策展開の可能性を与えることになったのである。これも欧州統合のパラドクスのひとつであろう。

2. 地域政策をめぐる論議：2000年から2006年

　欧州地域政策はその当初からその存在理由を問われながら続けられてきた政策である。その実態を欧州連合内の豊かな国から貧しい国・地域への再分配であるとみなすならば，一方では国際援助・国際開発協力との違い，他方では一国内での地方財政調整との違いを整理しておくと理解が進むであろう。[7] まず国際開発協力とは，EUという権限を有した超国家的組織のもとでその政策枠のなかでおこなわれ

❖2……欧州地域政策は，欧州委員会(European Commission)のなかで地域総局(Directorate-General for Regional and Urban Policy)が所管するEUの政策分野の総称であるが，1992年のマーストリヒト条約で「経済的・社会的・領域的結束」という目的が書き込まれて以来「結束政策(Cohesion Policy)」と呼ばれることが多い。この政策に用いられる資金は，後に本文中で説明するERDF，ESF，EFF，Cohesion Fund，EAFRDがあり，それらは総称して構造基金と呼ばれるので，構造政策という語も，地域政策，結束政策と同様の意味で用いられている。

❖3……EU財政における結束政策の意義の増大に注目した論文としては，名取(2007)，豊(2008)を参照されたい。なおEU研究・教育の教科書McDonald and Dearden eds.(2005), Wallace, Pollack and Young(2010)のなかの関連章の通読も有益である。

❖4……例外はEUの地域政策について，その成立から21世紀初頭にいたるまでを総覧的に検討した辻(2003)である。その他，経済史研究者，地方財政研究者，行政担当者の側から欧州地域政策に関心が向けられることがあるが，システマティックな研究にはなっていない。若森・八木・清水・長尾編(2007)および清水(2010)も参照されたい。

❖5……この再編成・発展の全容については，八木・清水・徳丸編著(2017)を参照されたい。

❖6……MFF期間は5年以上とされているが，最近は2000-2006年，2007-2013年，そして最新の2014-2020年と7年間になっている。なお，地域政策のプログラムのすべてがMFF期間と合致するとはかぎらない。また，課題の達成のために2年間の継続(M＋2)が認められることもある。

❖7……石井(2014)はEUの地域政策を財政移転の政策として捉えて，その効果を検討している。

ている点でまったく異なっている。地域政策の簡素化の主張のなかには，その対象を最も貧しい国に限定するという提案もあるが，その場合でもEUという超国家的組織のもとでのルールによる補助という違いは残されている。それに対して，一国内の財政調整と比較して考えてみると，やはりその規模が異なる。2014年のわが国の地方交付税は総額16.9兆円で同年のGNIの約3.3パーセントになり，これはEUの地域政策資金の対加盟国総GNI比率の約10倍である。しかも地方交付税は受け取り自治体が自由に使える財源であるが，欧州構造基金は使途を限定しプログラムの承認のもとにおこなわれる政策資金である。

地方交付税のような一国内の財政調整は，地方自治を認めた行政制度のもとで国民の安全と生活に責任をもつ国家がおこなう財政資金の再分配である。超国家機構ではあるが加盟国の主権を否定しないEUの地域政策は域内市民・地域に対する直接的責務ではなく，格差の放置・拡大が統合欧州というプロジェクトの支障になることを防ぐという「結束」目的という，いわば間接的な責務にもとづくものにすぎない。極論すれば，独自の地域政策がなくてもEUは成り立つ。構造基金の純支払いの増加を恐れる国の地域政策に対する批判の背後には，構造基金を廃止して地域政策の再国民化をはかろうという主張がつねに漂っている。

国際援助でも財政調整でもないとすれば，そこには欧州統合という独自のプロジェクトにもとづく積極的な独自政策のビジョンがなくてはならない。欧州地域政策の歴史はこのような見解に抗して，統合欧州と結びついた独自政策のビジョンを探求する歴史であった。

本稿は，その最新の動向を探るものである。

ドロール改革によって定着し，1990年代をつうじて資金規模も増加してきた欧州地域政策に対して，改革を強いる圧力が強く感じられるようになったのは1990年代の末から21世紀の初頭にかけてである。この時期に，一方では旧東欧移行経済諸国の加入を見越して持続性のある制度設計を考える必要が生じていた。他方では，開始以来10年余をへた欧州地域政策の経済効果についての調査研究があらわれはじめ，その肯定的結果，否定的結果の双方をふまえて，地域政策を正当化することが政策担当者に要求されていた。地域政策の効果は実証されたというのが政策担当者（地域総局）の見解であったが，地域政策の効果を直接的効果（雇用増

加・所得格差の収斂など)だけでなく，民間企業・投資への刺激，地域の協働関係の構築，外部との連携交流，欧州の共属感の形成等の「付加的価値」も含めて広義に捉えようという考えもこの時期に生まれている。さらに2000年には，欧州経済が米国および日本経済に競争力と雇用パフォーマンスで立ち遅れているという認識から，研究開投資や教育研修を促進して10年間で「知識基盤経済」を実現するという「リスボン戦略」が始動している。欧州地域政策の目的にも，雇用改善と競争力強化という課題を取り込むことが課題になった。

その後，2007-2013年の第4期MFFでは，財政計画の筆頭に，従来の「農業」にかわって「1 持続可能な成長」が登場し，これまで「対内政策」のなかに含まれていた科学技術・教育文化政策の費目を「1.1 成長と雇用のための競争力」と並べて，地域政策を指す「1.2 成長と雇用のための結束」を配した。両者あわせて全年度計で総予算枠の44.9パーセント(1.1が9.2パーセント，1.2が35.7パーセント)になっていて，共通農業政策を指す「1.2 自然資源の保全と運用」の42.3パーセントを超している。[*8] この第4期MFFは，こうした表題の変更からわかるように，2000年の「リスボン戦略」とその2005年の改訂版(成長と雇用に焦点をあてなおした「再生リスボン戦略」)に対応したものである。

この第4期の結束政策の決定過程を関係者インタビューにより跡づけた研究(Bachtler, Mendez and Wishlade 2013, chap. 9)によれば，欧州委員会の内外，加盟各国政府，欧州議会，地方政府，専門アドバイザーらの利害と思惑が複雑にはいり組むこの政策決定過程をリードしたのは地域総局であった。担当コミッショナーのミシェル・バルニエ(Michel Barnier)は早々と2001年に，その年初に公表された第2次結束政策報告書を用いて，その後に始まる次期MFFの地域政策予算をめぐる討議のアジェンダを設定しようとした。この第2次結束報告書は，結束政策資金による地域振興は実際に効果をあげているだけでなく，民間投資の活性化，地域の協働関係の構築および外部との連携などの「付加的価値」をも有すると論じて，地域政策が拡大欧州の経済的・社会的・領域的結束に貢献することを力説した。バルニエはそれを受け

❖8……MFFで示されているのは配当可能予算額(上限予算)であって実績ではない。実績支払額表では，全体としてMFFより少なくなっているが，この減少の結果，「1 持続的な成長」の費目支払額は「2 自然資源の保全と運用」の支払額よりも少なくなっている。プログラムやプロジェクトが中心の項目1では，農業者への直接支払いが主になっている項目2と異なって，プログラムの作成・運営・管理の面で予算の実効使用に問題が残るからである。

て，地域政策の再国有化を正面から否定するとともに，加盟国総GNPの最低でも0.45パーセントを確保して地域政策を強化することを訴えた。

　しかし，2003年には地域政策の拡大を抑えようとする動きが出てくる。まず7月には，地域政策（と共通農業政策）に厳しい評価を与え大幅な改革を要求した「サピア・レポート」(Sapir et al. 2003)が公表された。これは欧州委員会委員長のロマーノ・プローディ(Romano Prodi)がブリュッセル自由大学の経済学教授アンドレ・サピア(Andre Sapir)にリスボン戦略と欧州拡大のもとで成長を加速する戦略を提言するように依頼したことに応えた専門家委員会の報告書である。プローディは事前の説明なしにコミッショナーの会合でサピアに報告をさせたが，突然，共通農業政策のカットと地域政策を全面的に整理する提案を聴かされたコミッショナーの猛烈な反発を受け，提言依頼者のプローディ委員長からも距離を置かれた失敗した提言となった。しかし，この報告書が成長効果を基準として大胆に政策評価をおこなったことは，のちのちの政策形成に水面下で影響を及ぼした。

　師走の15日には，イギリス，フランス，ドイツ，オランダ，スウェーデン，オーストリア6ヵ国の首脳が連名書簡で次期MFFにおけるEUの支出平均が総GNIの1パーセントを超さないようにと要求した。この連名書簡はEUの公式手続きにはない意思表明であったが，主要純拠出国の意思として，その後のEUの予算に上限を課すものとなった。ただし，欧州委員会は，1パーセント上限は約束金額についてのものではないと解してMFFレベルでは1.1パーセント，また交渉段階では1.25パーセントまで許容されると考えた。

　バハトラーらの研究は2004年から2006年にいたる欧州首脳会議での地域政策をめぐる各国の対立とその収拾過程を詳細に跡づけている。欧州委員会は，最初，GNI比1.24パーセントの総予算枠，地域政策は対GDP比0.45パーセントの原案を提出し，スペイン，ポルトガル，ギリシア，ベルギー，またほとんどの新規加盟国の支持を得たが，それに対してさきの連名書簡に加わった6ヵ国が1パーセント上限を掲げて立ちはだかった。しかしこの6ヵ国グループも一致した行動をとらなかった。EUの盟主を自任するフランスは欧州規模の地域政策の存続に好意的であったし，支出の限定・効率化を要求したドイツは構造基金からの補助を望む州政府との軋轢に悩まされた。中間的な立場をとったフィンランド，イタリア，アイルランドは対GNI比1.1から1.4パーセントを示唆した。延々と続く交渉の結果，修正や減額が

表11-❶：第4期MFF（EU 27ヵ国）2007-2013年期の予算（2004年価格，百万ユーロ）

項目	2007年	2008年	2009年	2010年	2011年	2012年	2013年	期間総額	割合(％)
1 持続的な成長	50,865	53,262	55,879	56,435	55,693	57,708	58,696	388,538	44.9
1a 成長と雇用のための競争力	8,404	9,595	12,018	12,580	11,306	12,677	13,073	79,653	9.2
1b 成長と雇用のための結束	42,461	43,667	43,861	43,855	44,387	45,031	45,623	308,885	35.7
2 自然資源の保全と運用	51,962	54,685	51,023	53,238	52,136	51,901	51,284	366,229	42.3
うち市場関連支出と直接支払い	43,120	42,697	42,279	41,864	41,453	41,047	40,645	293,105	33.9
3 市民権・自由・安全・正義	1,199	1,258	1,375	1,503	1,645	1,797	1,988	10,765	1.2
3a 自由・安全・正義	600	690	785	910	1,050	1,200	1,390	6,625	0.8
3b 市民権	599	568	590	593	595	597	598	4,140	0.5
4 グローバル欧州	6,199	6,469	6,739	7,009	7,339	7,679	8,029	49,463	5.7
5 管理費	6,633	6,818	6,816	6,999	7,044	7,274	7,610	49,194	5.7
6 補償	419	191	190	0	0	0	0	800	0.1
約束合計額	117,277	122,683	122,022	125,184	123,857	126,359	127,607	864,989	100.0
EU 27ヵ国GNI比(％)	1.08	1.09	1.06	1.06	1.03	1.03	1.01	1.05	
支払合計額	115,142	119,805	109,091	119,245	116,394	120,649	120,418	820,744	
対GNI比(％)	1.06	1.06	0.95	1.01	0.97	0.98	0.96	1.00	

出所：EC（2012），COM（2012）184 final p. 5.

加えられて，最後には中間派の主張に近い1.12パーセントに落ち着いている。初期には，「地域の競争力と雇用」を中軸にかかげることにすら反対もあったが，新規加盟10ヵ国を含む多数国の支持がそれを沈黙させた。結果としてのMFF 2007-2013が**表11-❶**である。

これら一連の過程を振り返ってバハトラーらは次のようにコメントしている。

「後になって気づくことは，2006年改革のためにこの政策が直面している問題について厳密かつ独立的な系統だった分析がなされなかったことである。地域の諸問題はたしかに，とりわけ結束政策報告などに詳述されている。しかし，政策展開における弱点は政策問題の改革論議のなかで明確にされてはいなかった。サピア・レポートのように弱点のヘッドラインを示した批判的な見方も存在したが，政策効果の厳密な評価にもとづいたものではなかった。事後評価をともなうより戦略的なアプローチは2006年の後になるまで導入されなかった。」(Bachtler, Mendz and Wishlade 2013, p. 158)

3. 第5期の地域政策に向かって

前節では2006年改革に向かう意思決定過程のなかで結束政策の目的と内容についての考えが変化してきたことをみた。補償的な政策から非経済的領域も含めて

広義に把握された成長戦略の手段への変化で,それをある研究者は「リスボン化」と呼んでいる。しかし,2006年の改革は,「パラダイム・シフトの開始」にすぎず,それは第5期MFFのための2013年改革にまで引き継がれる[9]。

2014年から始まっている第5期のMFFの内容については次節を参照願いたい。そこで約束予算(上限)の配分表(表11-❸)を示しているが,その予算項目の最初にくるのが「1 スマートで包摂的な成長」である。この項目は,その下に「1a 成長と雇用のための競争力」と「1b 経済的・社会的・領域的結束」がある。その次に「2 持続可能な成長:自然資源」が続く。1bが結束政策であり2が共通農業政策であるから,この配列は第4期のそれと同一である。しかし,名称が「スマート,サステナブル,インクルーシブな成長」をかかげた成長戦略「欧州2020」に対応したものになっている。

政策内容においても,1aの中心に研究開発とイノベーションの促進予算「ホライゾン2020」が置かれ,約束予算額の割合としても13.0パーセントに増加している。このMFF表には示されていないが,後に説明するように地域政策の中心になるERDF,ESFの使途においても,科学技術政策の領域で生み出された「スマート・スペシャリゼーション」の考えが導入されている[10]。また地域政策,農業政策の双方でエコロジカルな施策・投資に資金が向けられるように,そのミニマムな割合が設定されている。第5期MFFの結束政策・農業政策は,前期に引き続いて拡充された科学技術・イノベーション政策と並走しながら,補償・再分配制度の性質を残しながらも,社会経済的な成長政策としてのその「付加的価値」を全面化したものになった。

またこの第5期MFFおよびそのもとでの結束政策では,財政の効率化と実施にかかわる管理運営における成果重視とガバナンス向上に意が用いられている。この第5期MFFの約束予算規模を全期間についてみると対GNI比でちょうど1.00パーセントと予想されていて,これは前期のMFFの予算枠の対GNI比よりも実績支出額の対GNI比に近い。

今期のMFF(とくに地域政策)の政策形成過程を,バハトラーらのように詳細に裏づけるようなことはできないが,2007年5月,2010年11月,2014年7月に出た第4回,第5回,第6回の結束報告とその他の主要な文書をたどって2013年改革に向けた動きを概観してみよう。

最初の第4次結束政策報告は，2007-2013年期の結束政策実施に向けて加盟国が提出したプログラム文書にもとづいたものであるが，より長期的な将来にわたって地域が直面する「新しい挑戦」をあげて，地域政策再編のための討議を方向づけようとしたものであった。担当コミッショナーのダヌータ・ヒュブナー(Danuta Hübner)はそれを「人口変動」「気候変動」「社会的排除」「エネルギー」など，と数えあげている。

　この報告書はEU各国の所得と雇用における格差が過去10年間のあいだに縮小し，地域政策がそれに貢献したことを具体的にあげ，なお残る問題や，国および自治体レベルの政策との連携をはかる必要を説明している。それを受けて今後の討論を方向づけるために，以下のような3領域にわたる11の設問を提出している(EC 2007a)。

〈過去の経験に学び，新しい挑戦に応えるために〉
1. 欧州の地域は，どのようにすれば，低・中程度のテクノロジーのセクターで，ダイナミックな競争者の出現から生まれたリストラクチャリングの圧力に対応できるのか？
2. 出生率・死亡率および移住の流れが地域ごとに大きく異なっているなかで，人口変動問題への対応のなかで結束政策のとるべき役割はなにか？
3. 気候変動問題は，どれだけ結束政策に対する挑戦なのか？
〈発展・成長と雇用のための統合的で柔軟なアプローチを発展させるために〉
1. どのようにすれば結束政策は，EU領域における多様性(最も恵まれない地帯，島嶼部，農村および沿海部，都市，衰退産業地域，その他特別な地理的特性をもった地帯)を考慮に入れたうえで，調和的で持続可能な発展をよりよく促進できるのか？
2. 報告書は，包摂，統合，すべての人への機会の提供などを社会的結束の枢要な要素とみなしているが，それはどのようなインパクトをもつ挑戦なのか？

❖9……Bachtler, Mendez and Wishlade (2013), p. 260.「リスボン化」と名づけたのはMendez (2011)。
❖10……これはERDFのテーマ別目的1，2に各国・地域が申請する際の事前要件になっている。この新しいコンセプトについては，八木・清水・徳丸編著(2017)，第13章(八木担当)を参照されたい。

3. 私たちの市民にとって，新しい挑戦に対応するための将来の枢要なスキルはなにか？

4. 地域にグローバルな意味で競争力をもたせるために地域レベルで発展させるべき決定的な能力はなにか？

〈政策の運営法に関して〉

1. 結束政策プログラムに効率的なマネージメントが求められているとして，マルチレベル・ガバナンスのシステムの内での共同体〔EUを指す：著者〕，国，および地域のあいだの最適配分はなにか？

2. どのようにすれば，結束政策が加盟国および地域の公共政策をより効果的に支援できるようになるのか？ どのような実施方式をとれば，結束政策をよりパフォーマンス重視型，よりユーザー志向型にできるのか？

3. どのようにすれば結束政策と国および共同体の他の政策との連携をもっと強めて，よりよいシナジーと補完性を生み出すことができるのか？

4. EUの内部だけでなく外部も含めて，地域どうしの協働にとって，どのような新しい機会が生まれているのか？

　一読するとわかるように，地域政策を救済政策としてではなくグローバル競争にさらされたなかでの地域を基礎にした発展・成長戦略の一環として，統合的に捉えていることが明らかである。私たちに最も関心のある政策課題認識においては，中・低レベル技術セクターでの競争力問題，人口変動問題，気候変問題ときわめて明確に焦点を絞った設問が投げかけられているが，結束政策のアプローチや運営法についての設問も興味深い。

　ヒュブナーはさらに，イタリアの経済財政大臣であったファブリチオ・バルカ（Fabricio Barca）に独立した立場からの調査を依頼した。それに応えたバルカは2009年4月に300ページを超える浩瀚な報告書を提出した。この報告書は，地域政策の効果と正当性を認めたが，その実態と実施法についてはかなり批判的なものであった。後進地域への資金の大部分は住民を飛び越してインフラ整備に用いられ，また地域を対象にした事業も外部者によってマネージされることが多く，住民の学習効果を生ま

ないことが多い。そのような傾向を批判してバルカが打ち出したのは「場所に基礎をおいた政策(place-based policy)」の視点に立って地域政策の内容と運営法を再構築することであった。

> 「場所に基礎をおく政策は，潜在力が長らく活用されていない状態に取り組み，特定の場所における社会的排除を外部からの介入とマルチレベル・ガバナンスを通じて軽減させるための長期的な戦略である。それは状況に応じて財・サービスを統合的に供給することを促進し，制度変化を開始させる。」
>
> 「場所に基礎をおいた政策においては，公的な介入はローカルな知識に依存し，場所相互の連携も考慮に入れられるが，その場で確かめられ検証に付される。このような視点をとる戦略が，その領域的焦点を明らかにせず，しばしば空間を無視さえする他の戦略に勝る……」(Barca 2009, p. vii)

バルカは結束政策のガバナンス改革の柱として，以下の10点をあげた(Barca 2009, p. viiif.)。

1. コア優先事項を革新的に集中化すると同時に領域的配分は保守的にすること
2. 結束政策のための新しい戦略的枠組みの必要性
3. 新しい契約関係，実施法および成果の報告法
4. コア優先事項のガバナンス強化
5. 追加的・革新的でまたフレキシブルな支出の奨励
6. 実験精神を促進しローカルな主体を活性化すること
7. 学習過程を促進する：見込まれるインパクトの評価
8. 欧州委員会(担当総局)を能力ある組織として強化しその役割を位置づけなおす
9. 金融的な運用と管理
10. 政策のチェック＆バランスをおこなうハイレベル政治システムの導入

表11-❷：MFF（EU 27ヵ国）2014-2020年期の欧州委員会の当初案（2011年価格，百万ユーロ）

項目	2014年	2015年	2016年	2017年	2018年	2019年	2020年	期間総額	割合（％）
1 スマートで包摂的な成長	64,706	66,588	68,138	69,957	71,594	73,763	76,163	490,909	47.4
うち経済的・社会的・領域的結束	50,468	51,543	52,542	53,609	54,798	55,955	57,105	376,020	36.3
2 持続可能な成長：自然資源	57,833	56,759	55,707	54,670	53,660	52,665	51,633	382,927	37.0
うち市場関連支出と直接支払い	42,691	41,854	41,034	40,229	39,440	38,667	37,909	281,825	27.2
3 治安と市民権	2,532	2,571	2,609	2,648	2,687	2,726	2,763	18,535	1.8
4 グローバル欧州	9,400	9,645	9,845	9,960	10,150	10,380	10,620	70,000	6.8
5 管理費	8,542	8,679	8,796	8,942	9,073	9,225	9,371	62,629	6.1
うちEU制度の管理支出	6,967	7,039	7,108	7,191	7,288	7,385	7,485	50,464	4.9
約束合計額	143,013	144,241	145,094	146,179	147,164	148,758	150,551	1,025,000	100.0
EU 27ヵ国GNI比（％）	1.08	1.09	1.06	1.06	1.03	1.03	1.01	1.05	
支払合計額	133,851	141,272	135,506	138,384	142,228	142,894	137,966	972,102	
対GNI比（％）	1.01	1.05	0.99	1.00	1.01	1.00	0.94	1.00	

出所：EC(2011), COM(2011)500 final.

　バルカの提言は6年前のサピア・レポートのように拒否されたわけではないが，担当総局の強化やハイレベル政治システム（地域政策理事会）の設置のような提案は無視された。また「場所に基礎をおく戦略（place-based policy）」もEUの公式文書で採用されることはなかったが，そこで提言されているコア優先事項の集中化，地域のアクターや潜在力の重視，ガバナンスの強化などはその後の討議に影響を与えていると思われる。

　第4次報告の3年後に出た第5次結束政策報告は，第5期MFFに向けての討議の中間まとめという性格をもっていると考えられる。そこでは，「リスボン戦略」の後継戦略である「欧州2020」と結束戦略との適合性が重視され，①競争力強化と収斂が統合して論じられ，②高齢化・貧困・社会的排除問題に焦点が当てられ，③気候変動問題を軸として環境的な持続可能性が地域政策の主要課題として明確に位置づけられている。しかし，報告書自体の独自提言としては，EUおよび加盟国の政策との整合性の確保のための方策（プログラミングの手続き・条件など）や地域パートナーを重視した運営法，ガバナンス強化，評価の客観化などの政策運営法の方に重点が置かれている。政策内容の枠組みが「欧州2020」で与えられているからであろう。

　バルカ・レポートによる支持もあって結束政策の効果を確認し，またこの政策を2010年3月の欧州理事会で採用された成長戦略「欧州2020」のなかに位置づける方針を固めた欧州委員会は2011年の年初から次期MFF作成の具体的な準備にはいり，MFF 2014-2020の最初の案（表11-❷）を同年6月29日に加盟各国に提

示した。欧州経済は不況にいまなおあえいでいて，反欧州感情の高まりのなかでは，欧州委員会も，欧州結合機構（Connecting Europe Facility）のような野心的な投資を提案しながらも予算の規模増大を提案することはできなかった。2011年価格で初年度（2014年）上限1430億ユーロ，支払額1339億ユーロ，2014-2020年全体では上限1兆250億ユーロ，支払額9721億ユーロであった。対GNI比でいうとそれぞれ，1.08パーセント，1.01パーセント，1.05パーセント，1.00パーセントであった。それでもさっそく9月には，純拠出国8ヵ国政府首脳からEU予算の削減を要求する連名書簡が提出され，それに対して純受け取り国16ヵ国が対立し，財政緊縮と野心的な政策提案の入り混じった延々と続く駆け引きが開始された[※11]。

その2年半後の2013年11月19日に，欧州評議会と欧州議会によって最終的に採択されたMFF（表11-❸）は，その初年度予算は2011年価格で上限1343億ユーロ，支払額1280億，期間全体で同上限9600億ユーロ，支払い額9084億ユーロとさらに切り詰められた。さきと同様に対GNI比でいうと，それぞれ1.03パーセント，0.98パーセント，1.00パーセント，0.95パーセントである。10年前の6ヵ国首脳連名の1パーセント・シーリングの要求が完全に達成された。しかし，ある欧州議会議員が評したように，「大きな野心に小さな資金」（Jedrzejewska 2013）と言わざるをえない結果である。

この予算交渉が決着したあとの2014年7月に公表された第6次結束政策報告書（EC 2014）では，その期間中に深刻な不況に陥った欧州経済において格差縮小の傾向が停止したことを認めながらも，結束政策によって不況の影響が緩和されたとしている。この報告書が列挙している数字を実績効果として記しておこう（第6次報告書，p. xvi以下）。

▶ 2008年から2013年にかけてEUは，28ヵ国全体で公共投資が20パーセント減少しているが，結束政策がなければその落ち込みはさらに厳しいものになっていた（図11-❶）。
▶ 2010-2012年の数字では，中東欧諸国7ヵ国にマルタ，ポルトガルを加えた9ヵ国では，結束政策資金とそれと共同した国家資金による公共投資はこ

❖11……Berkowitz, et al.（2015）p. 14.

表11-❸：決定された第5期MFF(EU 28ヵ国)2014-2020年期(2011年価格,百万ユーロ)

項目	2014年	2015年	2016年	2017年	2018年	2019年	2020年	期間総額	割合(%)
1 スマートで包摂的な成長	60,283	61,725	62,771	64,238	65,528	67,214	69,214	450,763	47.0
1a 成長と雇用のための競争力	15,605	16,321	16,726	17,693	18,490	19,700	21,079	125,614	13.1
1b 経済的・社会的・領域的結束	44,678	45,404	46,045	46,545	47,038	47,514	47,925	325,149	33.9
2 持続的成長:自然資源	55,883	55,060	54,261	53,448	52,466	51,503	50,558	373,179	38.9
うち市場関連支出と直接支払い	41,585	40,989	40,421	39,837	39,079	38,335	37,605	277,851	28.9
3 治安と市民権	2,053	2,075	2,154	2,232	2,312	2,391	2,469	15,686	1.6
4 グローバル欧州	7,854	8,083	8,281	8,375	8,553	8,764	8,794	58,704	6.1
5 管理費	8,218	8,385	8,589	8,807	9,007	9,206	9,417	61,629	6.4
うちEU制度の管理支出	6,649	6,791	6,955	7,110	7,278	7,425	7,590	49,798	5.2
約束合計額	134,318	135,328	136,056	137,100	137,866	139,078	140,242	959,988	100.0
EU 28ヵ国GNI比(%)	1.03	1.02	1.00	1.00	0.99	0.98	0.98	1.00	
支払合計額	128,030	131,095	131,046	126,777	129,778	130,893	130,781	908,400	
対GNI比(%)	0.98	0.98	0.97	0.92	0.93	0.93	0.91	0.95	

出所：EC(2013)MEMO 19, Nov. 2013.

> れらの国の公共投資総額の50パーセントから90パーセントを占め，これらの国の経済の根幹的な下支えになっている。
> - ERDF基金は，雇用面でも，2007-2012年の期間に60万人の雇用を生み出した。また，20万件の中小企業プロジェクト，8万件の新規開業を支援し，2.2万件の産学協働のプロジェクトに融資した。
> - ブロードバンド接続者の範囲を500万人拡大し，下水処理利用者を550万人増加させた。
> - 結束政策のもとで，欧州交通幹線ネットワークの3000キロ分が建設され，低開発加盟国政府の研究開発予算を倍に増加させた。
> - 同期間に，ESF基金がおこなったプロジェクトには6800万人が参加し，ESFの補助を受けたあと就職した失業者・不活動者は570万人，技能を身につけた人は860万人に達した。また，40万人以上が自営業を開始した。

　今後の結束政策については，「欧州2020」に対応して「スマートな成長」「インクルーシブな成長」「サステナブルな成長」に分けて論じているが，目新しいこととしては「グッド・ガバナンス」の意義を強調していることがある。結束政策のなかに腐敗がはいり込むなら，政策効果を削ぐだけでなく，EU自体の信認にかかわるからである。
　2014-2020年期の結束政策については，独自の想定にもとづいたシミュレーショ

ンによって，主として恩恵をうけるEU 13ヵ国のGDPに対して2.5パーセント程度のプラス効果をもち，それが支出経費額を超えることが示されている(図11-❷)。

そのうえで，以下のように断言している。

「2つの目的〔結束政策と成長戦略〕は相互に完全に両立している。じっさい，『欧州2020』のゴールの追求は，地域の発展目標の追求のための，また，地域の成長ポテンシャルを決定するさまざまな要素を強化するための手段ともみなせるからである。」(EC 2014, p. 10)

この第5次MFF期の結束政策を開始するにあたっては，以下の10点の改革がおこなわれている(EC 2013)。

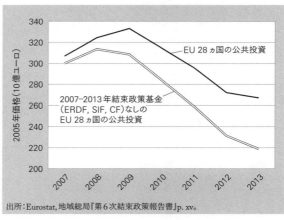

図11-❶：公共投資に対する結束政策の効果（2007-2013年）

出所：Eurostat，地域総局『第6次結束政策報告書』p. xv。

図11-❷：2014-2020年期結束政策のGDPに及ぼす効果の推測

出所：QUEST 3R&Dのシミュレーション結果，『第6次報告書』p. 268。

1. EU内の全地域で投資可能にするとともに，発展のレベルと支援および国家的拠出のレベルを適合させる（一人あたりGDPがEU平均の75パーセント未満の低発展地域，75パーセント以上90パーセント以下の過渡的地域，90パーセントより上の発展地域）。
2. 枢要な成長部門に資源を向けるための規定。ERDFによる投資は，「イノベーションと研究」，「デジタル整備」，「中小企業支援」，「低炭素経済」の優先事項に地域の発展レベルに応じて（低発展地域は50パーセント，過渡的地域は60パーセント，発展地域は80パーセント）集中させる。1000億ユーロがこれらのセクターに向けられ，そのうち230億ユーロが低炭素経済への移行を支援する。また，低発展地域はERDF資金の12パーセント，過渡地域は15パーセント，発展地域は20パーセント以上をこの目的に向けなければならない。結束基金中の約660億ユーロはTENあるいは環境インフラプロジェクトにあてられる。ESF資金は，少なくとも700億ユーロが加盟国のニーズに応じて確定される。ESFに結びついた少なくとも60億ユーロ相当の青年雇用新イニシアチブで青年保証制度の実施を支援する。
3. 明解・透明かつ計量可能な目的をもち，説明可能性と成果を目標とする。国および地域は入手できる資金で達成することを意図する目的とその進捗を測定する方法を明らかにしなければならない。それとともに定期的なモニタリングと資金の使用法についての討議を導入し，良好な達成者には期末に追加資金が得られるようにすることができる。
4. 投資を効果的にするために，基金につながる前の受給条件を導入する。たとえば，特徴的な強みや潜在力を見つけだすための「スマート・スペシャリゼーション」戦略，企業親和的な改革，輸送戦略，公共調達制度の改善，環境法規コンプライアンス，青年就業戦略，学校中退対策，ジェンダー均等化，差別撤廃などがみな事前条件になる。
5. 調和性を高め重複を減らすために共通の戦略を確立する。共通戦略枠組み（Common Strategic Framework）によって基金相互の調和を実現し，さらにHorizon 2000, CEF, 雇用・社会イノベーション・プログラムなどの他のEU政策手段と調和させる。

6. 官僚主義を打破してEU投資を簡単化する。各基金の手続きルールを共通化し，デジタル技術も用いて簡素化する。
7. 政策の都市的次元を高める。都市における統合的なプロジェクトに向けられるERDF資金のミニマムを設定する。
8. 国境に沿った協働を強化する。越境協力のプロジェクトを増やす。ドナウ流域とバルト海地域のようなマクロリージョン戦略に国家的・地域的プログラムによる支援を結びつける。
9. 結束政策をより広範な欧州経済ガバナンスとしっかりと結びつける。支援されるプログラムは国家的改革プログラムに一致し，また欧州政策討議(European Semester)における各国別の推奨事項での改革課題に向けられたものでなければならない。欧州委員会は，必要な場合には，加盟国に対して，「マクロ経済条件」条項によって，重要な構造的改革に取り組むようプログラムを変更するように求め，それが繰り返し裏切られる場合，資金の提供を差し止めることができる。
10. 中小企業の金融利用を促進し，それに対するより大きな支援と信用アクセスを実現する。EUの資金は共通のルールにしたがって，ローン，保証金，証券，ベンチャー・キャピタルのために利用できる。贈与よりも貸与の方がプロジェクトの効率性を高める。

　以上みてきたように，第5期の結束政策においては，救済・補償的なパラダイムから(広義に解された)成長戦略の手段というパラダイムへの移行とともに，欧州レベルの結束政策の解体・再国民化という潜在的な抵抗を抑制するための配慮が払われていると言えるだろう。今後は，それが公然たる反EU勢力の「新しい挑戦」をともなう欧州経済の苦難のなかで試されることになる。

参照文献

◆石井吉春(2014)「財政調整制度としてのEUの地域政策」(http://homepage2.nifty.com/yoishii/ronbun/17EU.pdf　2015/08/01 access)。

◆豊嘉哲(2008)「EUの地域政策(2007～2013年)について」,『山口経済学雑誌』第56巻第6号, 949-974ページ。

◆喜田智子(2014)「EU地域政策とEU財政の構造的変化——EU財政における純負担国と純受取国の現況」,『経済学論纂』(中央大学)第54巻第5/6合併号(2014年3月)。

◆清水耕一(2010)『地域統合：ヨーロッパの経験と東アジア』大学教育出版。

◆辻吾一(2003)『EUの地域政策』世界思想社, 264ページ。

◆中村健吾(2015)「『欧州2020』戦略とEUによる危機への対応」, 福原宏幸・中村健吾・柳原剛司編『ユーロ危機と欧州福祉レジームの変容』明石書店, 所収。

◆名取雅彦(2007)「新たな展開を見せるEUの結束政策——わが国への示唆」,『NRIパブリックマネジメントレビュー』January 2007, vol. 42, pp. 1-8.

◆八木紀一郎(2016)「地域政策の新しい役割と欧州統合」,『摂南経済研究』第6巻第1・2号。

◆八木紀一郎・清水耕一・徳丸宜穂編著(2017)『欧州統合と社会経済イノベーション』日本経済評論社。

◆若森章孝・八木紀一郎・清水耕一・長尾伸一編(2007)『EU経済統合の地域的次元：クロスボーダー・コーペレーションの最前線』ミネルヴァ書房。

◆Bachtler, J., Mendez, C. and Wishlade, F.(2013)*EU Cohesion Policy and European Integration: The Dynamics of EU Budget and Regional Policy Reform*, Farnham, Surrey: Ashgate.

◆Barca, F.(2009)An Agenda for a Reformed Cohesion Policy: A place-based approach to meeting European Union challenges and expectations. Independent report. April 2009.

◆Berkowitz, P., Von Breska, E., Pienkowski, J., and Rubianes, A. C.(2015)The Impact of the Economic and Financial Crisis on the Reform of Cohesion Policy 2008-2013, Working Paper(WP03/2015), DG of Regional and Urban Policy, European Commission.

EC: European Commission

◆EC(2007a)4th Report on Economic and Social Cohesion: Growing Regions, Growing Europe(May 2007).

◆EC(2007b)Commission assesses impact of funding for regions, launches debates on next round of cohesion policy(IP/07/721).

◆EC(2010a)EUROPE 2020: A Strategy for Smart, Sustainable and Inclusive Growth, COM(2010)2020 final.

◆EC(2010b)5th Report on Economic, Social and Territorial Cohesion: Investing in Europe's Future(November 2010).

◆EC(2011)"The Multiannual Financial Framework 2014-2020. A budget for Europe 2020", Presented to CPMR 39th General Assembly, Aarhus, DK, 28-30 September 2011.
◆EC(2013)MEMO "Refocusing EU Cohesion Policy for Maximum Impact on Growth and Jobs: The Reform in 10 points"(19 November 2013).
◆EC(2014)6th Report on Economic, Social and Territorial Cohesion Investment for Jobs and Growth: Promoting Development and Good Governance in EU Regions and Cities.

◆Jedrzejewska, S.(2013)"The MFF 2014-2020 negotiations. Big ambitions, little cash", *EP TODAY*, Nov. 6, 2013.(http//eptoday.com/the-mff-2014-2020-negotiations-big-ambitions-little-cash/ accessed 2015/08/22).
◆McDonald, F. and Dearden, S. eds.(2005)*European Economic Integration*, 4th ed., Harlow, Essex: Pearson Education.
◆Mendez, C.(2011)"The Lisbonization of EU Cohesion Policy: A Successful Case of Experimentalist Governance?", *European Planning Studies*, 19(3): 517-37.
◆Sapir, A., Aghion, P., Bertola, G., Hellwig, M., Pisani-Ferry, J., Rosati, D., Viñals, J. and Wallace, H. eds.(2003)*An Agenda for a Growing Europe*, Oxford: Oxford University Press.
◆Wallace, H., Pollack, M. A. and Young, A. R.(2010)*Policy-Making in the European Union* (sixth ed.), Oxford: Oxford University Press, p. 597.

地域市民社会と
ソーシャル・キャピタル
大阪府北河内地域の場合

第12章

はじめに：大都市圏近郊都市地域の市民社会

　日本の労働経済における転換点は1960年代の前半にあった[❖1]。その前後の高度経済成長期は地方から都市に人口が大量に移動するとともに、地方も含め日本社会が農村型から都市型に転換した時代であった。その後、石油ショック後の成長減速とともに人口移動は一時均衡したが、1980年代および2000年代には地方から都市部に向かう人口移動の波が再度起きている[❖2]。しかしこれらの時期の人口移動が膨大な数にのぼるにもかかわらず、かつて6大都市と呼ばれた東京23区、大阪市等そのものの全国人口に占める比率はそれほど増えていない。人口を増加させたのは、むしろ、土地に余裕があった隣接都市および近郊地域で、一方では鉄道や道路などの幹線交通路に導かれながら商工業地域が拡大するとともに、かつての田園や丘陵地帯が団地や新興住宅地に変貌した。そのようにして、点と線から始まって最後は面のようになって拡大した大都市圏のなかに、百を超える衛星都市群が成立した。

　同様な、近郊都市化は、札幌、仙台、広島、福岡などの地方中心都市周辺でも、さらに小規模な県レベルでの中心都市周辺でも起きている。これらの都市では、一部には都市化以前の地域社会の伝統を残してはいるが、過半の住民が外から移り住んできた人びとである。彼らも帰るべき故郷をもっているとはかぎらない。大部分の人たちは、どのような縁であれ、ともかく住みついた近郊都市地域で子どもを

❖1……南亮進『日本経済の転換点』創文社、1969年。
❖2……増田寛也編著『地方消滅』中公新書、2014年、17ページ以下を参照。

育て，隣人づきあいもし，また老齢期もそこで迎えようとしている。

　現在の日本の人口1億2千万人のうち，東京，近畿，名古屋の三大都市圏の人口6.5千万人のうち約半数はこの大都市近郊地域の住人である。また，これに地方中心都市の周辺都市を加えると，現在の日本の3分の1程度がこうした近郊都市社会の住人であると考えられる。私は，この近郊都市の地域社会を戦後日本が生み出した市民社会の代表的な型として考察する必要があると思う。というのは，この近郊都市社会には戦前期の農村のような村落共同体，あるいはかつての炭鉱町・工場町のような閉鎖性はないが，かといって地域のつながりを必要としないような超個人主義的な社会でもない。多くの人は，通勤・通学・買い物，生活・健康の利便，そして住居への支出可能額にしたがって居住地を選択し，移動を数回繰り返したうえで腰をおちつける。私が「市民社会」というのは，まずこのような選択にもとづいて生まれた社会だということに注目するからである。

　この近郊都市社会は，伝統的な地域共同体や完備した行政組織に欠けるなかで形成されてきた新しい地域社会であるから，そこに腰をおちつけた住民たちは，必要に応じてまとまりをつくって，行政や学校・警察・消防・保健所等との連携を求めざるをえなかった。かつては「町内会」と呼ばれた組織がいまでは多くの場合「自治会」と呼ばれているのは示唆的である。上から呼びかけられたにせよ，自発的につくられたにせよ，それは住民のニーズにもとづく組織化であった。住民の増加にともなって商工業・サービス業が伸び，小さいながらも随所で商店街が形成された。それらの業主たちも，地元の人ばかりではなく，移住者や転業者が多かった。20世紀も末になると，それまでは職域・学校域で組織されていたサークル等の活動が地域のサークルとなり，なかにはNPOとして活動するようになった。このようにして成立した大都市近郊部の地域社会は，高度成長期の人口大移動とその後の人口定着の過程でつくりだされた地域市民社会として，戦後の日本社会を代表する型になっているのではないかと思われる。

　現在の問題は，1950～60年代におけるその初期的な成立後，約半世紀をへたこの戦後型地域市民社会が高齢化と人口縮小にさらされていることである。それは地域における経済活動の縮小と所得の減少の可能性とともにニーズの大規模な変動が起きることを示唆している。しかし，日本の社会はこれまでの発展のなかで，戦前とは比べものにならないほど高度な経済的資本とインフラストラクチャー，文化・

科学・教育資産，さらに人的資産を蓄積している。したがって，私たちの問いは，日本の地域社会はこれらの既存資産を活用して，自らを持続可能で発展的なものにできるだろうか，またそのためにはどのような課題があるだろうか，ということである。

　この問いに即答することは困難であるが，私は日本の社会が半世紀以上かけて蓄積してきた種々の資産を有効に活用できる人的な資産が重要ではないかと思う。近年の有力な見解は，地域社会の発展の成否を左右するのは「ソーシャル・キャピタル（社会関係資本）」と呼ばれる，人びとのあいだの連携と信頼感であるとするものである。このような「ソーシャル・キャピタル」が日本の都市地域社会に存在するとすれば，それはどのようなものであろうか。それについても，まず現場を知り，地域で活動している人たちの声を聴くことが重要であろう。

　本稿では，筆者の勤務校が立地している大阪府北東部の北河内地域を対象にして2014年秋におこなった地域リーダーに対するアンケート調査[※3]の結果を主要な素材としてこの地域の都市市民社会について考察する。さらに，この地域の市民社会集団・組織についての情報を補足する。私の暫定的な結論は，この地域のような近郊都市地域の都市市民社会は，行政との関係において，自立型・対抗型というよりは，行政補完型，あるいは市民協働型というような関係のものになっていて，今後もそのような性格を維持しながら社会の成熟・人口縮小に対応していくのであろうということである。

> **北河内地域**……北河内地域というのは，大阪府北東部に位置し，生駒山系と淀川にはさまれた南北に約20キロメートル，東西には約15キロメートル程度に広がる地域で，守口，枚方，寝屋川，大東，門真，四條畷，交野の7市からなっている。守口と枚方は江戸時代からの宿場町であるが，あとの5市は新興の都市である。7市あわせても177平方キロメートルしかないこの地域に，2015年現在で116万人，49万世帯の人びとが住んでいる。京阪本線およびJR学研都市線を用いた大阪市への通勤者も多いが，企業活動も盛んで，4万弱の事業所で39万人の人が働いている（2012年現在で）。パナソニック，サン

❖3……摂南大学地域総合研究所『北河内総合研究1 地域リーダー・アンケート（市民社会活性度調査）調査報告書』2015年5月がその報告書であり，本稿はこの報告書を再整理しながら執筆した文書を縮約したものである。

ヨーの松下グループの本拠地だったこともあり，いまでも製造業出荷額は1.8兆円，商業年間販売額も同程度ある。面積は別として，人口や経済活動からいえば，小規模な県を上回る実力をもった地域である。しかし，7市が分立していること，鉄道や道路などの交通幹線が大阪から放射状に走り，横をつなぐ幹線が少ないこともあり，地域としてのまとまりが強いとは必ずしもいえない。

1. 2014年北河内市民社会アンケート

2014年のアンケート調査の企画にあたっては，先述のソーシャル・キャピタル論を参考にして地域リーダー層に対象を絞った。「ソーシャル・キャピタル」というのは，地域・社会に開かれた人びと相互の信頼感・連帯感というべきもので，米国のロバート・D・パットナムらの研究グループがイタリアの各地方を比較対照しながら，ソーシャル・キャピタルの豊かな地域では民主主義的な制度が有効に機能するが，それが不足する地域ではそうならず，政治と経済に病理現象がはびこると論じたことから，普及した見解である。「社会関係資本」とも訳され，日本への応用や，国際的な比較研究もおこなわれている。信頼感・連帯感といっても，親族や閉鎖的な地域共同体（ムラ），親分子分のような閉鎖的な集団内のそれではなく，強制関係のない開かれた市民社会のなかでの信頼感・連帯感である。

北河内のような大都市圏内の近郊都市社会では，先祖代々住み続けてきた地付きの住民の割合は高くない。住民の多くは仕事の都合や通勤・居住等々の便宜から自分の代か，せいぜい親の代に住み始めた人が大部分であろう。高度成長期以降，この地域では工業団地や住宅団地などの多くの開発がおこなわれ，かつては交野ケ原と呼ばれていた丘陵地域に大規模な住宅団地が生まれた。こうした歴史の浅い地域社会で，今後の成熟社会を支えうるようなソーシャル・キャピタルはどのようにして生み出され，またどの程度の厚みで存在しているのであろうか。

ソーシャル・キャピタルについては，その概念の曖昧さや計量の困難さについての批判がある。私たちも「ソーシャル・キャピタル」を住民一般の「信頼感」「連帯感」において捉えるのはあまりにも漠然としているので，むしろ地域社会に対する具体的な貢献のなかでそれを捉えなければならないと考えた。私たちが取り組んでいるのは，

ソーシャル・キャピタルの抽出・実証というような純学術的な研究ではなく，地域社会の現実および動態を把握することであり，ソーシャル・キャピタルという概念はその手助けにすぎない。

　私たちが考えたことは，まずは地域におけるリーダーを対象にして，その人たちの意識および判断から出発して地域の現状と課題を抽出すれば，そのなかに自然とこの地域におけるソーシャル・キャピタルの存在の仕方が反映されてくるであろうということであった。パットナムや日本での彼の協力者たちは政治学者たちなので，彼らの関心は地方政治と市民活動の関連に集中していた。しかし，日本の地域社会にとっての「ソーシャル・キャピタル」のありかを考える場合には，地域社会のなかに住民の意識形成・活動の方向づけにかかわるどのようなチャンネルが存在するかを考える必要がある。

▶1.1……3種の地域リーダー

　私たちは北河内地域のような大都市周辺の地域社会において，そのようなチャンネルはおおまかにいって3つあり，それに影響を与える人たちを地域リーダーとみなせると考えた。そして初年度の調査として，それら3グループのリーダーに対して北河内の地域に対するイメージと課題，将来目標と期待する活動主体についての判断を問うアンケート調査を企画した。

　図12-❶は，この調査を企画した際に想定された地域市民社会についての構図である。チャンネルの第1は，町内会や自治会といった居住地ごとに存在する地域住民組織であり，基礎自治体の広報やサービスもこの住民組織との協力のなかでおこなわれていて，そのリーダー層たちの態度や意見を無視して地域サービスを遂行することはできない。その会長あるいは実質的に取り仕切る人が第1のタイプのリーダーであり，彼らは居住者のまんなかにいて，地域の居住・衛生・保健・福祉・治安の状態について知悉しているグループである。しかし，高齢者が多く，また住民の生活意識のただなかにいるだけに全体的な視野や革新性には乏しいかもしれない。

❖4……ロバート・D・パットナム『哲学する民主主義』（河田潤一訳）NTT出版，2001年。ソーシャル・キャピタルの概念を軸にした日本も含む国際比較として同編『流動化する民主主義』（猪口孝訳）ミネルヴァ書房，2007年がある。

❖5……稲葉陽二ほか著『ソーシャル・キャピタル：「きずな」の科学とは何か』ミネルヴァ書房，2014年，4ページ以下。

図12-❶:地域市民社会の3つのチャンネル

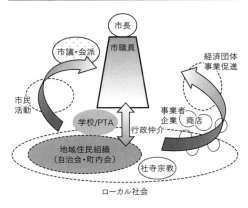

この調査では市の担当部局や上部団体(連合協議会)などのルートを用いることのできた都市の自治会・町内会については,そのルートを利用して調査票を配布することができた。そのようなルートが得られなかった市・地域については,市販の詳細地図に記載されている町内会・自治会の所在地に調査票を郵送した。

第2は,行政や市政,市民活動にかかわるリーダー,市民社会のリーダーである。具体的には基礎自治体で主導的な立場にある職員や市議,NPOやその他の市民活動団体のリーダーである。政治的意思形成を主要な関心事項とする欧米流の市民社会論では,政府はふつう市民社会から除外されているが,地域の市民社会を考える際には対市民サービスを主要な活動領域にしている基礎自治体の職員を除外することはできない。軍隊・徴税・司法といった中央政府に直結する権力的な作用を担う官庁・職員は「市民社会」から除外するべきであろうが,基礎自治体の職員は市議会構成員などの地方政治関係者とともに,地方自治を支える市民社会の一員である。それに対して,市民活動のリーダーは基礎自治体の職員や市議会の構成員のように特定可能とはかぎらないが,最近では市民活動のグループの多くがNPO法人として登録されているか,法人になっていない場合でも,公共施設の利用団体として登録されていることが多い。したがって,そうした登録団体リストからそのリーダーに接近することができる。

第3は,経済活動・福祉活動の領域のリーダーである。個々の企業や福祉活動従事者ではなくて,その上部に位置する経済団体(商工会議所,各種同業組合,商店会,福祉団体・協会,労働組合,消費組合等)のリーダーたちである。彼らは一方では傘下の商工業者や営業者の活動を方向づけるとともに,地域の行政とさまざまなかたちで協力し,行政および地域政治に影響を与えるアクターである。労働運動や消費者運動のような経済的な性格をもった社会運動のリーダーも本来であればこのグループにはいるはずであるが,今回の調査ではその対象を把捉することが困難であった。この第3グループは,全体としても,調査票の配布対象数,回収

数がともに他の2グループに比べて少なかったので，本稿でも考察の焦点からは外されている。

　ひとつ残る問題は，地域レベルでの政党や宗教団体の要因である。大阪府下では新興勢力の「大阪維新」とそれ以外の政党がさまざまな問題で対立しているが，とくに北河内地域でいえば，共産党および公明党と創価学会の日常的な地域活動も無視することができない。しかし，それらの政党および宗教団体の政策は基本的に組織として確定しているので，私たちが知りたいと思う地域リーダーの意識とは別次元の要因と考えるべきであろう。こうした要因の地域市民社会への影響はそれ自体として重要な問題ではあるが，私たちの当面の目的にとっては，特別の考慮は必要ないであろう。じっさい，上記3グループを対象にしておこなったアンケート調査の対象のリーダーのなかには，そうした政党や宗教団体のメンバーも含まれていて，その人たちの判断も調査結果のなかにはいっている。

▶1.2……調査票の設問

　上記のようにして，地域の住民および経済活動従事者と基礎自治体を含む地域市民社会を結ぶチャンネルに位置する3グループのリーダー層を抽出した。そのうえで，全グループに配布し共通に答えてもらう調査票(調査票A)とグループごとに質問内容を替えた調査票(調査票B-1, 2, 3)を用意したが，いずれも無記名・選択式である。本稿では3グループ全体を包括する調査票Aによる調査結果を取り扱う。

　この調査票A「全体的な考えの部」では，まず回答者の「居住・主要活動都市」(問1)，「北河内」という地域名にどれくらいなじみがあるか(問2)，さらにこの地域で市域を超えた協力が望ましい分野を複数選択可で選んでもらった(問3「地域協力」)。その後に，回答者の居住・主要活動都市と北河内地域の全体に分けて，そのイメージあるいは評価を問う設問(問4)を配した。引き続いて，同じく回答者の居住・主要活動都市と北河内地域に分けて，現在の「重要課題」(問5)，「将来の目標」(問6)，「地域発展の主体」(問7)を，複数選択してもらった。最後に，「回答者属性」を，「性別」，「年齢(10年刻み)」，「活動分野」に分けて選択してもらった。「活動分野」は，以下の6分野から選択させ，それによって回答者をグループ1からグループ6までに区分した。本稿での主要関心は，問4，問5，問6，問7への活動分野別6グループの回答にある。

問4【自市の評価】の小問：「1. 大いにそう思う」,「2. どちらかといえばそう思う」,「3. どちらかといえばそう思わない」,「4. まったくそう思わない」,「5. わからない」から選択

4-1「工業が盛んでにぎわっている」
4-2「医療・保健の水準が高く,健康な地域である」
4-3「犯罪や事故が少なく安全である」
4-4「近隣の親しみがあり助け合いの気風がある」
4-5「教育・文化の水準が高い」
4-6「都市環境(上下水道,電気ガス,交通網など)がよく整っている」
4-7「公園や運動施設が整っている」
4-8「所得水準が高く豊かである」
4-9「歴史遺産や自然環境にめぐまれている」
4-10「市民活動が活発である」
4-11「大阪府全体のなかで発展している方だ」
4-12「全般的に言って住みやすいところだ」

問5【重要課題】：以下13の選択肢のなかから,「現在の重要な課題」と思われるものに順位をつけて5位まで選択
1. 安全・治安対策 2. 高齢化問題 3. 医療・保健の整備 4. 商工業の振興 5. 教育・文化水準の向上 6. 域内各市の行財政改革 7. 公園や街路の整備 8. 貧困・失業問題 9. 都市インフラ(上下水道,防災,道路)の整備 10. 市民の自治活動の振興 11. 男女共同参画・子育て支援 12. 国際化(国際交流・外国人受け入れ)への対応 13. その他

問6【将来目標】：以下5つの選択肢のなかか,地域の「将来の目標として自分の考えに最も近いもの」に順位をつけて3位まで選択
1. 健康で安全な地域 2. 商工業が活発な地域 3. 教育と文化の水準が高い地域 4. 近隣の親しみと助け合いがある住みやすい地域 5. 新しいことがどんどん生まれる創造的な地域

> **問7【回答者の活動分野】**：以下の6つの活動分野から1つ選択
> 1. 市政関係者 2. 自治会・町内会役員 3. 行政団体・公共組織関係者 4. 市民団体・サークル関係者 5. 経済・労働団体関係者 6. その他一般市民

▶1.3……調査票の配布と回収

　2014年10月から調査票の配布を開始し11月末に回収を終えた。配布は，地域内各市および関連団体の協力を得ておこなう方法と公示情報によって郵送する方法の2通りを併用した。いずれの場合も，A4対応特製封筒に調査の趣意書，A調査票，B調査票のどれか1種，および返送用の料金受取人払いの封筒を入れて配布した。この複数のルートで，A票およびB票を組み合わせた2361セットを配布し，942セットを回収した。回収率が高かったのは，市職員と自治会・町内会役員のグループで，それに比して，市民活動と経済活動リーダーのグループの回収率は悪かった。市別では交野市での回収数が人口比率で優る他都市よりも多かったので，まだ田園風景の残る住宅都市交野のバイアスがはいっている可能性がある。

　A票をもとに設問8（回答者属性）での回答をもとに，活動分野別に性別，世代別の属性をクロスさせてみると表12-❶のようになっている。活動分野として多いのは自治会・町内会役員と市政関係者，性別では男性，年齢別では60代，50代が多く，次いで70代，40代となっていて，シニア層への偏りがある。これはある程度，それらのリーダー層の構成実態を反映した偏りであろう。

表12-❶：2014年アンケート調査の回答者の構成

活動分野	性別			年齢別								全数
	男性	女性	NA	20代	30代	40代	50代	60代	70代	80歳以上	NA	
G1 市政関係者	230	40	1	6	10	97	129	27	2	0	0	271
G2 自治会・町内会	277	52	5	3	7	15	32	122	144	11	0	334
G3 行政公共組織	103	31	1	2	6	47	45	22	10	3	0	135
G4 市民団体	74	43	1	1	2	10	18	41	43	2	1	118
G5 経済労働団体	37	5	0	1	1	4	16	15	5	0	0	42
G6 その他一般市民	32	19	2	1	7	13	11	13	8	0	0	53
計	753	190	10	14	33	186	251	240	212	16	1	953
実人数	733	191	18	13	34	191	253	236	193	13	9	942

注：無選択者や重複選択者がいるため，実人数と計は一致しない。

2. アンケート調査の結果

この節では，調査票Aの結果を，自市への評価の構造，重要課題，将来目標，発展のために期待する主体について紹介し，そこにあらわれた地域グループの特性について考えよう。

▶2.1……自市への評価の構造[※6]

自市および北河内地域についての現状の判断を問う第4問へのグループ別の回答結果を「大いにそう思う」を10点，「まったくそう思わない」を0点として平均点で示すと**表12-❷**のようになった。この表にあるように，以下では，6グループをG1，……G6で指すことがあるのと同様に，第4問の12の小設問もQ1，……Q6と略記することがある。

全体としては，Q1「工業発展」およびQ8「所得水準」についての評価平均が3点台と低く，Q5「教育・文化」およびQ11「大阪府下での(相対的)発展度合」，Q7「公園・運動施設」についても4点台前半の評価にとどまっている。それに対して，Q6「都市インフラの整備」とQ12「住みやすさ」は6点台と評価が高い。

グループ別にみると，第6グループの「その他一般市民」がQ7「公園・運動施設」を除いて全般的に低い評価を与えていることが目につくが，第2グループ「自治会役員」でもQ1「工業発展」，Q2「医療・保健」，Q5「教育・文化」，Q8「所得水準」，Q11「府下の発展度合」において評価の平均が低い。第5グループ「経済団体役員」もQ1「工業発展」，Q5「教育・文化」，Q8「所得水準」，Q11「府下の発展度

	Q1 工業	Q2 医療・保健	Q3 安全	Q4 近隣	Q5 教育・文化	Q6 都市環境	Q7 公園・運動施設	Q8 所得水準	Q9 歴史・自然	Q10 市民活動	Q11 府下発展度合	Q12 住みやすさ
全体	3.60	4.88	5.02	5.41	4.19	6.22	4.48	3.25	5.65	5.50	4.07	6.40
G1 市政関係者	3.68	5.12	5.21	5.51	4.24	6.58	4.21	3.49	5.71	5.61	4.44	6.60
G2 自治会役員	3.50	4.60	5.03	5.49	3.96	6.09	4.52	2.96	5.51	5.59	3.75	6.41
G3 行政・公共	3.77	4.87	4.84	5.51	4.72	6.43	4.90	3.80	5.98	5.43	4.49	6.36
G4 市民団体	3.33	5.27	5.20	4.91	4.48	6.10	4.60	3.18	5.41	5.66	4.14	6.24
G5 経済団体	3.65	5.37	4.84	5.33	3.89	6.25	4.13	3.65	6.08	5.48	3.59	6.91
G6 一般市民	3.84	4.60	4.44	4.61	3.66	4.94	4.64	2.50	5.47	4.44	3.47	5.60
G1+3	3.71	5.04	5.09	5.51	4.39	6.53	4.44	3.59	5.80	5.55	4.45	6.52
G4+6	3.51	5.04	4.97	4.84	4.24	5.73	4.61	2.94	5.41	5.31	3.94	6.05

表12-❷：グループ別の自市評価（10点満点，中位5点）

合」で3点台になっているが，全体の平均値との差はどの項目についても大きくない。

第1グループの「市政関係者」と第3グループの「行政および公共組織関係者」は，Q6「都市環境」に高い評価を与えていて，Q5「教育・文化水準」もQ11「府下の発展度合」もそれほど遅れているとは感じていない。ソーシャル・キャピタルにかかわる設問と考えられるQ4「近隣の親しみ」とQ10「市民活動」についても，この2グループの評価は第2グループ「自治会役員」とともに高めの評価を与えている。第4グループ「市民団体役員」は，Q10「市民活動」に高評価を与えているがQ4「近隣の親しみ」についての評価はそれほどではない。仔細にみれば，このような差異があるが，単純平均で見るかぎり，全体としての評価傾向に大きく反するものではなく，自市の現状に対する意識・評価に大きな差があるとは思われない。❖7

▶2.2……重要課題・将来目標・問題に取り組む主体

次に第5問の現下の「重要課題」である。ここでは，5位まで選択させ，1位から5位まで，順に5点，4点，3点，2点，1点とウェイトを付けて集計した。課題ごとの総得点が選択肢全体の総得点のうちのどれだけの割合（百分率）になるかを，6グループに分けて示したものが**表12-❸**である。

全体としては，第1位「高齢化問題」のあと，「安全・治安」，「医療・保健」，「教育・文化」がほぼ同程度で続き，そのあとに「商工業振興」が続いているが，その他の項目はかなり差がつけられている。グループ別に見るために**図12-❷**のグラフを示したが，ここでは回答者の実態がはっきりしないG6「その他一般市民」を外し，また回答傾向と回答者属性の類似しているG1「市政関係者」とG3「行政・公共団体関

❖6……この調査は自分が居住ないし勤務している市の範囲を超えた「北河内」という地域についての認知度およびイメージを探ることも目的にしていたので，ほとんどの設問で，自市についてと北河内全体について2通り回答してもらっている。しかし，本稿では自市についての回答だけを取り上げる。

❖7……自市評価の構造について，摂南大学の研究チームのメンバーである山本圭三准教授が興味深い多変量解析を試みてくださった。同氏は，問4への回答のデータから，「社会関係資本」として解釈できる主成分を，他の主成分（「所得・文化水準」，「経済資本」，「都市公共資本」）とともに析出し，それが自市評価に与える影響をグループに分けて計測している。本章ではそれを紹介する余裕がないが，並行して執筆「『摂南大学地域総合研究所報』第2号（2017年）に掲載を予定している2014年アンケート調査分析ではそれを含めて論じているので，関心のある方は参照されたい。

表12-❸：現在の重要課題の判断（グループ別）

現在の重要課題	G1 市政関係者	G2 自治会役員	G3 行政・公共	G4 市民団体	G5 経済団体	G6 一般市民
1 安全・治安	13.8	27.1	13.1	10.8	9.6	12.2
2 高齢化	17.3	13.6	19.6	20.7	18.4	22.9
3 医療・保健	11.5	9.9	14.0	11.2	10.6	15.1
4 商工業振興	11.5	11.2	9.9	9.9	22.3	8.9
5 教育・文化	14.9	7.2	13.5	11.7	9.6	11.8
6 行財政改革	2.9	5.4	3.8	6.3	6.0	7.9
7 公園・街路	5.9	4.1	5.1	5.1	3.9	4.8
8 貧困・失業	5.5	6.3	4.8	4.7	4.2	3.9
9 都市インフラ	7.0	4.5	5.5	5.1	6.0	4.2
10 市民活動	2.5	3.7	2.5	6.1	2.4	1.9
11 男女共同参画	6.1	1.1	6.6	4.8	4.2	4.1
12 国際化	0.6	0.6	1.0	1.7	2.1	1.0
13 その他	0.6	5.4	0.5	2.0	0.5	1.3

注：5位まで選択してもらい点数化。

図12-❷：現在の重要課題の判断（グループ別）

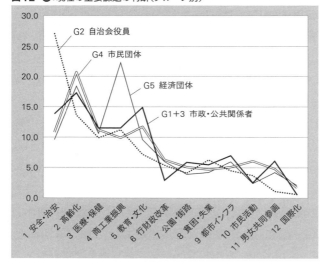

係者」をG1＋3「市政・公共関係者」にまとめて見やすくしている。

自分の町が「将来進むべき目標」として5つのイメージから3位までを選択させた第6問についての同様な結果を**表12-❹**，**図12-❸**に示している。ここでも「健康で安全な地域」が圧倒的だが，「親しみと助け合いのある地域」と「教育・文化の水準の高い地域」では地域自治会役員グループと市民活動グループが置く優先度が他のグループを10パーセント程度上回っている。

最後に**表12-❺**と**図12-❹**は，地域の発展主体を誰に求めるかである。

▶2.3……地域リーダー層の特性

前項では地域リーダーのグループの自市に対する評価の分析結果を紹介した。

表12-❹：地域の将来目標（グループ別）

地域の将来目標	G1 市政関係者	G2 自治会役員	G3 行政・公共	G4 市民団体	G5 経済団体	G6 一般市民
健康で安全	35.9	35.3	37.8	31.6	26.1	37.9
商工業活発	13.0	11.9	11.9	13.7	30.2	14.6
教育文化高水準	26.9	22.4	25.7	21.8	20.4	21.0
近隣の親しみ助け合い	16.4	24.3	17.8	23.1	12.2	18.8
創造的な地域	7.7	6.2	6.7	9.7	11.0	7.8

注：5選択肢から3位まで選んでもらい点数化。

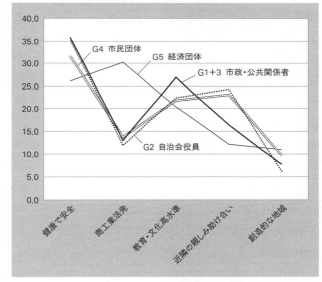

図12-❸：地域の将来目標（グループ別）

地域リーダーの評価構造とその相互関係という本稿の関心事項からすると，興味深いのは以下のような結果であろう。

1） 市政リーダーのグループ（G1）と行政・公共団体関係者（G3）の意識は類似しているが，若干の微妙なズレも存在した。両者はともに市政や行政の管轄事項である「都市公共資本」に強い関心をもち，それにかかわる自市の状態について高く評価し，また「所得水準」「教育・文化水準」「府下の発展度合」においても平均以上の評価をする傾向がある。「所得水準」「教育・文化水準」「府下の発展度合」における相対的な高評価については，「所得が低い」「発展が遅れている」というマイナスイメージに引きずられがちな他グループ以上に客観的な知識を有していることによるだろう。

　両者ともに，現在の重要問題を「高齢化問題」ととらえ，将来目標を「健康で安全な地域」においているが，発展のカギとなる主体の想定においては「市長」および「国・府の施策」を重視する受動的（上位依存型）な態度をとっている。「市長」，「国・府」以外では，「地域住民組織」（自治会），「市民の自発的活動」，「企業・事業者」に期待している。この2グループは「社会関係資本」の意義についても認

表12-❺：地域の問題に取り組むにあたって重要な主体（グループ別）

問題に取り組むにあたって 重要な主体	G1 市政関係者	G2 自治会役員	G3 行政・公共	G4 市民団体	G5 経済団体	G6 一般市民
1 国・府の施策	12.6	11.3	12.7	7.8	12.3	11.4
2 市長と市行政	22.7	21.9	22.1	20.2	21.9	20.2
3 市議会・議員	8.1	9.9	6.6	8.8	9.6	9.1
4 住民運動	2.5	3.9	4.0	5.9	4.3	3.9
5 各種行政団体	3.4	5.7	3.8	5.4	7.8	6.6
6 企業事業者	9.4	4.9	6.6	5.7	12.5	8.0
7 経済団体	2.2	1.6	2.8	2.1	5.0	1.7
8 政党	0.2	0.5	0.2	0.6	0.0	0.0
9 労組・生協	0.6	0.2	0.1	0.4	0.8	0.5
10 福祉・保健・医療関係者	6.1	9.4	7.5	6.4	4.3	11.2
11 学校教育・社会教育	7.1	8.1	8.9	6.1	5.6	6.6
12 住民地域組織	11.1	12.3	11.2	11.0	7.2	9.5
13 市民自発的活動	9.9	6.4	9.4	9.5	5.1	8.7
14 学生・若者	3.7	2.9	4.0	5.1	3.0	2.7
15 旅行者・移住者	0.4	0.6	0.4	1.0	0.5	0.0
16 その他	0.1	0.5	0.1	4.0	0.2	0.0

注：5位まで選んでもらい点数化。

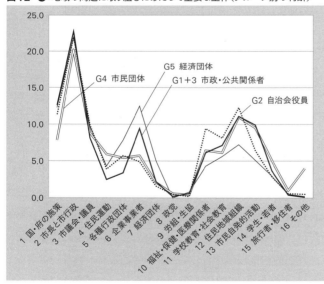

図12-❹：地域の問題に取り組むにあたって重要な主体（グループ別の判断）

識しているが，とくにG3の場合には，そうした認識が総括的な自市評価に影響していない。それは，この市政・行政関係者グループにおいて「社会関係資本」にかかわる近隣関係や市民活動は，それについての認識はあっても，いまだ副次的な課題にとどまっていると解釈できるかもしれない。

　G1とG3の相違は，リーダー層（G1）より現場に近い層（G3）の差と解釈できるかもしれない。つまり，**図12-❶**の中心に位置する基礎自治体の人的ピラミッドは，市政リーダー層だけでなく現場行政担当者および関連団体関係者にまで拡が

っているが，現場との距離によって個々の問題に対する評価や優先度は変わりうるということであろう。

2） 自治会・町内会の役員層は「近隣の親しみ」を重視しているが，現下の課題として「高齢化」「安全」「教育・文化」を優先し，総括的な評価においては医療・保健を含む「経済資本」の影響力が強い。期待する発展主体として「市長・市政」を首位においているが，2位に自らが担っている「地域住民組織」を選び，その後に「福祉・保健・医療関係者」，「学校・社会教育関係者」を続かせている。「市民活動」は，その後になる。このような受動的な態度は，このグループが地域現場の実態に最も縛られているだけでなく，彼ら自身の大半がすでにかなりの高齢者になっているという実態を反映するものであろう。

3） 市民社会論の観点からすれば，「市政関係者」とそれ以外の市民活動関係者の関連が重要になってくる。A票では，G4「市民団体役員」のグループとG6「その他一般市民」グループが選択によって分かれていた。そのうち後者は，少数にとどまりながらも，多くの項目で低評価をくだす特異なグループとしてあらわれたが，残念なことにその実態を探る方法はない。各種団体やその公式見解から外れた，一種の「不満分子」のようなグループかもしれない。人数として倍以上になる「市民団体役員」グループは，「教育・文化水準」と「市民活動」を重視している。期待する発展主体としても，首位「市長」の後に，「地域住民組織」と「市民活動」が差をあけてあらわれる。このグループも，将来の目標として「近隣の親しみ」を重視しているが，「経済団体役員」グループと並んで「創造的な地域」を将来目標に加えていることも見逃せない。統計分析の操作上仮にひとくくりにして「社会関係資本」と名づけたものについても，近隣型（町内会型）と市民活動型の2類型が含まれていると考えるとよいかもしれない。

なお，自治会，経済団体ルートと別に，市とその市民活動のとりまとめ部署，市民活動センター，NPO事務所への直接郵送等のルートによって配布されたセットのなかのグループ別調査票（B-2）では，「市政関係者」（364人）と「民間関係者」（116人）とのあいだの認識のズレが鮮明にあらわれている。たとえば，「現在市政は，市民の要望に十分にこたえているとお考えですか」という設問に対して，「市政関係者」は「十分にこたえている」「どちらかといえばこたえている」あわせて75.6パーセントに

なるのに対して,「民間関係者」はそれが32.8パーセントで,「どちらかといえばこたえていない」「こたえていない」あわせて67.3パーセントになっている。「市政の情報は住民に十分伝わっていると思われますか」という設問に対する回答では,両グループ間のコントラストは弱まって,「十分伝わっている」「だいたい伝わっている」あわせての比率が「市政関係者」で48.6パーセント,「民間関係者」で43.1パーセント,「あまり伝わっていない」「まったく伝わっていない」あわせてが,「市政関係者」で51.1パーセント,「民間関係者」で56.9パーセントになっている。しかし,「市民の声を市政に反映させる方法」の選択においては,「市政関係者」では1位「世論調査や市民意識調査」(53.3パーセント),「市議会での審議・市会議員の活動」(41.5パーセント)という間接的方法が選好され,4位,5位,6位に「市政懇談会」(36.5パーセント),「公聴制度(市民相談など)」(36.3パーセント),「市政モニター」(30.2パーセント)があらわれるのに対して,「民間関係者」では,「世論調査・市民意識調査」は「市政懇談会」と並ぶ同率首位(39.7パーセント),続いて「公聴制度」(37.1パーセント),次に同率(34.5パーセント)で「市議会・市会議員」と「モニター制度」というようなズレが存在している。「民間関係者」においても,「請願・陳情」や「直接請求」のような制度化された直接民主主義の手段は選好されず,「市議会・市議」による間接民主主義も信頼されているとはいいがたい。「市政関係者」も「民間関係者」も公的というよりアドホクな非制度的な方法を選好しているようである。

4) 最後に「経済団体関係者」であるが,このグループは北河内地域の経済団体への直接郵送と,この地域内3市(枚方,寝屋川,交野)を統括する北大阪商工会議所のルートを通じて調査票を配布したが,団体役員層に対象を限定したため,配布数も回収数も少数にとどまらざるをえなかった(回収数92)。このグループの特性は,現状認識としては全体平均に沿った傾向を示しているが,予想通り「商工業の促進」と「企業・事業者」を一貫して重視している。行政との関連では,「市長と市行政」を期待主体のトップにあげながら,他方では「市政の効率化」を望む最右翼であるので,その企画力・行動力からいって基礎自治体のピラミッドにとっても,無視できない影響力をもつ存在であろう。

3. 北河内地域の地域リーダーとその組織

前記の意識アンケートだけでは，地域市民社会の構造を考えるには圧倒的に情報が不足している。本節では，地域リーダーたちが置かれている構造について概括的な構図を得るために，第2節で示した概念図に対応させて北河内地域における市民社会のチャンネルの組織を概観し，それと結びついた地域リーダーの人数の目安をつけてみよう。

▶3.1……市長・市議・市職員

選挙で選ばれる市長と市議には，政党ないし会派の影響が強い。この地域の政治は，もともとは自民党，公明党，共産党，民主党(現民進党)の既存諸政党が無所属勢力とともに合従連衡しながらおこなわれてきたが，この数年「大阪維新」が進出したことで世代交代をともなう大きな変動が生まれている。7市のうち4市(守口市，枚方市，門真市，四條畷市)で，「維新」およびその系統の市長が誕生し，また市議会でも，既成政党に並ぶ有力な会派を形成している。「維新」系は市政改革(行財政改革)を他党派以上に強調して現役・若者世代にアピールしているが，個別の政策分野になるとその差異は必ずしも鮮明ではない。市議会では，強固な基盤をもつ公明党議員団が第一会派である場合が多いが，共産党も公明党に拮抗しうる勢力を有している。自民党は保守無所属と一緒に，時には複数の会派をつくっている。民進党系市議は連合が選挙に関与した枚方市議会では多いが，門真市議会では壊滅している。2016年夏現在の市議の会派別構成とその選挙の際の投票率を示したものが**表12-❻**である。自民党・民進党は党名では会派をつくっていない場合があることに注意されたい。

市の職員数は近年の行財政改革によって人口あたりでもかなり減少している。一般行政部門の職員数は7市全体で5千人弱，住民人口比では0.41パーセントである。そのうち課長級以上(私たちがリーダーと想定した層)は1千人強である。アンケート調査(B票)では，市の行政職員を「少数精鋭」にすることに支持が集まっていたが，現実の職員数を多いと見るか少ないと見るかについては見解が分かれること

❖8……当初は「労働団体」も含んで想定していたが，実際の配布・回収は事業関連団体の役員に限られた結果となった。

表12-❺：北河内7市の市議会の構成および選挙投票率

所属政党 所属会派	定数	公明党	自由民主党	日本共産党	大阪維新	民進党	諸派・無所属
守口市	22	7	2	4	2	0	無所属7
		公明党	市民会議1 市民の風1	共産党	大阪維新		市民会議3，改革ク2 市民の風1，無会派1
枚方市	32	8	4	4	5	6	無所属5
		公明党	自由民主党	共産党	大阪維新	民進市民3 連合市民の会3	連合市民の会4 平和・自治・市民1
寝屋川市	27	7	5	5	4	3	無所属5
		公明党	新風ねやがわ	共産党	大阪維新	新生ねやがわ	新風ねやがわ2 新生ねやがわ1
大東市	17	4	3	2	3	0	無所属5
		公明党	自民翔政会2 自民と無所属の会1	共産党	大阪維新		清新会3，自民と無所属 の会1，無会派1
門真市	21	7	4	4	1	0	無所属5
		公明党	自由民主党	共産党	緑風ク		緑風ク3 無会派2
四條畷市	12	3	0	1	1	0	無所属7
		公明党		無会派	なわて政新会		畷ビジョン3 なわて政新会3，無会派1
交野市	15	3	2	3	2	2	無所属3
		公明党	自由民主党	共産党	大阪維新	市民クラブ	無会派3

出所：選挙管理委員会の選挙結果報告および各市市議会サイト。

であろう。

▶3.2……自治会・町内会

　地域近隣社会の情報伝達や交流の機能を果たす自治会や町内会については，近年，日本における「社会関係資本」を体現するものとして再評価が進んできた。社会関係資本にも，自由に出入りできるアソシエーション型のものばかりでなく，地域で絆を共有するコミュニティ型のものがあると考えれば，日本の自治会・町内会はそれを体現するものである。しかし，最近の都市では自治会への加入も任意制であり，加入率が低い自治会が多数あるだけでなく，そもそも自治会が成立していない

表12-❼：北河内7市の市職員（2015年度）

	一般行政部門職員数	人口千人あたり職員数	課長級以上の職員数	全部門職員数	人口千人あたり職員数
守口市	622	4.3	72	853	5.9
枚方市	1,808	4.4	577	2,846	7.0
寝屋川市	862	3.6	109	1,145	4.8
大東市	445	3.6	69	599	4.8
門真市	477	3.8	145	832	6.6
四條畷市	246	4.3	59	332	5.9
交野市	316	4.0	103	536	6.9
計	4,776	4.1	1,134	7,143	6.1

出所：平成27年版大阪府統計年鑑及び各市サイト。

選挙実施日	候補者数
	投票率(%)
2015.4.26	26
	45.91
2015.4.26	46
	45.51
2015.4.26	37
	49.54
2016.4.17	26
	43.62
2015.4.26	27
	41.95
2015.4.26	16
	47.67
2015.4.26	19
	55.71

居住地域もある。

　北河内地域でいえば，寝屋川市，門真市の住民世帯の自治会加入率は90パーセント前後あるとされているが，枚方市は低く，2016年3月末の加入率は70パーセントを切っている。といっても，大阪府下には池田市，箕面市，豊中市などの豊能地域のように加入率が50パーセントを割り込む地域もある。

　枚方市には全体で約540の自治会があり，交野市では約360，寝屋川市では約200，守口市では182，門真市では104，大東市では90，四條畷市では32の自治会があるとのことである。人口比で自治会が多い市と少ない市があるが，自治会の規模はその成立事情を反映して大小さまざまである。小は100世帯程度から大は1000世帯を超える自治会もあり，内部で班や組をつくって運営されている。最近では地域というより，団地や大規模マンション単位で自治会ができていることもある。

　会計は，「自治会費」あるいは「協力費」などといった名称で加入世帯から徴収される金額[9]と，「防犯灯・電気代」「広報配布委託」「コミュニティ活動奨励」等の市からの助成金・補助金で運営されている。支出としては，子ども会・老人会・消防団への補助，社会福祉協議会への賛助金，防犯灯や公民館の電気水道代，公民館借地料，広報配布手数料，赤い羽根・歳末助け合い・赤十字などの募金，防犯・防災活動，花壇・公園整備，慶弔見舞金，さらに餅つき大会などの独自の行事の費用，会議費，事務費などがある。

　交野市や四條畷市のような都市化が遅れた市では，市域を地区に分け，それぞれの地区を担当する区長を委嘱して，市と自治会・住民のあいだを連絡・調整させる伝統的な方式が維持されている。しかし最近では，小学校ないし中学校の校区単位で自治会を集め，それに社会福祉協議会や防犯・防火組織，老人会やPTAなどを加えたローカル・レベルの自治協議会（名称は市によって異なる）の設立・普及がはかられている。市の地域行政活動や，福祉活動，学校行事への協力もこの単位でおこなわれることが多い[10]。また，各市も個々の自治会にまで直接連携をとるに

　❖9……筆者の加入している自治会では，月300円である。また会計について，この自治会の収支決算報告書をもとに記述している。

表12-❸：北河内7市の自治会・町内会

市	守口市	枚方市	寝屋川市	大東市	門真市	四條畷市	交野市
自治会数	182	約540	約200	90	104	32	約360
中間組織とその数	地域コミュニティ単位協議会	校区コミュニティ協議会45	校区地域協働協議会24	連合自治会（51の区）	地域会議（14校区）	地域町づくり協議会（21区長）	連合自治会区長（24区長）

出所：各市ホームページ，市役所担当課・自治会関係者からの聞き取り。

は人手不足なこともあって，これらの中間自治協議会の組織化・運営補助に力を入れている。個別の自治会の側でも，独自で行事をおこなったりするには規模が小さいこともあって，こうした中間レベルでの組織化を受け入れている。これらの中間協議会や連合自治会は基本的に自治的に運営されていて，市側の担当部署は，サポート役にとどまっている。市政の住民組織に対するかかわり方は，「自治推進」「地域協働」というもので，個別の自治会に直接指示するというより，各種の「補助金」や人的サポートによって市政への協力を間接的に誘導するという方式がとられている。

▶3.3……市民活動団体

全面的に責任を負わずに地域の諸主体の活動を促進するために行政（基礎自治体）がとる「協働」というスタンスは，NPOや市民団体，市民サークルの活動の促進施策にも貫いている。これらの市民活動のなかには行政とはまったくかかわりのない趣味や健康法などについての団体やサークルもあるが，福祉や都市美化，社会教育などの部面における活動は行政とも接点をもっている。各市は市民活動で利用できる施設を充実させるとともに，市民活動振興室や市民協働課を設けてこれらの市民活動をサポートしている。しかし，市民活動に直接行政が立ち入ることは好ましくない。また，これらのグループのリーダーたちの意識が，市政・行政に対して批判的な傾向が強いことも前節で指摘した。

そうしたなかでNPOどうしの協力や，調整事務，宣伝活動等の世話をするNPOが出現していることが興味深い。枚方市では，2002年に市民活動団体の公共施設利用，宣伝，補助金申請などの連絡・調整をおこなうための「ひらかた市民活動センター」という名称のNPOが設立されている。同様なNPOセンターは，門真市にも存在する。寝屋川市では，全体をまとめたセンター的な組織は生まれていないが，専任事務員を置けるNPOが他の団体の会計を補助している事例がある。

私たちは，2014年のアンケート調査の際に枚方市の「ひらかた市民活動支援センター」の協力を得たが，このセンターは登録された市民活動団体・サークルについ

て，オンラインの冊子で一覧的に紹介している。それを見ると，登録150団体の分野別内訳と，参加人数は**表12-❾**のようになっている。団体・サークルのうちには，参加者が1桁台の小規模なものから数百人の参加者・会員のある大規模なものまで大小さまざまであるが，ここ

表12-❾：枚方市の市民活動団体*

活動分野	団体数	市内会員	女性比率(％)
保健・医療・福祉の増進	42	970	62.8
社会教育推進	15	731	58.0
町づくり推進	5	153	52.5
観光振興	2	6	77.5
学術・文化・芸術・スポーツ振興	31	1,552	57.4
環境保全	9	443	34.2
災害救援	1	31	不明
人権擁護・平和推進	6	1,203	89.3
国際協力	7	246	62.0
子どもの健全育成	27	1,148	45.3
情報化社会の発展	2	835	62.2
科学技術振興	1	3	0.0
職業能力開発・雇用機会拡充	2	11	81.8
全体	150	7,332	60.7

*ひらかた市民活動支援センター利用登録団体(2016年8月現在)。一部推定含む。

では上記冊子に市内在住の会員として記入されているものを単純集計した。多くの団体・サークルはメンバー外の任意参加者向けの活動をしていることが多いので，全体の市民活動参加者はこの数字の数倍になるだろう。ざっくりとした計算でいえば，各団体に4,5人は中心的なメンバーがいると考えれば，枚方市のこのセンター関連で言えば，5,6百人のコアメンバーがいて，数千人から1,2万人程度の参加者を得て活動しているというようなことになるであろう。もちろん，その背後には，このセンターに登録していない市民活動のサークル・団体や，他市に登録しているサークル・団体の市内での活動もあるだろうが，活動内容や規模についての推測の基礎になるだろう。

　この団体・サークルのなかには婦人運動や母の会のように女性中心であることを明らかにしているものもあるが，アウトドアの活動が多い環境保全活動や科学技術振興などの分野を除くと参加者は女性が多い。私たちのアンケート調査でも，市民活動団体の役員は性別では女性が多かった。しかし，年齢層でいうと60～70歳代が多く，さきの「センター」の役員も，スタッフの高齢化を嘆いていた。

▶3.4……経済団体

　この地域の経済団体として代表的な組織は，枚方・寝屋川・交野3市を管轄範囲

❖10……寝屋川市は2013年に策定した「地域協働推進プラン」にもとづいて，市内24の小学校区で「地域協働協議会」の設立を呼びかけ，2015年春に全校区でそれを成立させた。

にしている北大阪商工会議所で，2015年3月末で3100社が加盟している。会頭・副会頭(4名)のもとに議員140人，常議員46人の会をもち，専務理事・常務理事を置いている。守口市・門真市には守口門真商工会議所，大東市には大東商工会議所がある。四條畷市は小規模なため，商工会になっている。

　商工会議所は組織がしっかりしていて，また会議・研修ができる会館ビルも保有しているので，各市の工業も商工会議所と連携して活動することが多い。

　商業の部面では，地元の業者と大手流通業者の関係があるので組織が複雑になっている。末端には，商店会や商店街組合があるが，市単位では地元業者は商業連盟，あるいは商業連合会をつくっている。地域を超えた大手流通業者は「商業連盟」には加入していないが「商業団体連合会」には加入しているので，大店法にもとづく調整なども含めて地域の商業振興の全体は，この「商団連」レベルでおこなわれているのであろう。

4. 地域市民社会の構造と性格について：暫定的なまとめ

　再度，地域リーダー・アンケート調査からのファインディングをまとめると以下のようになるだろう。

1) 市政に直接関与している関係者だけでなく，多様な公式・非公式な行政関連組織が存在していて，その関係者の意識は直接の市政関係者のそれに近い。
2) 地域の自治会役員，市民活動関係者の意識は，市政・行政関係者のそれと対立するものではないが，地域での親しみや助け合いの活動により関心が高い。
3) 市の行政サービスとその情報周知にかんする評価・判断においては市政関係者とそれ以外の回答者のあいだにギャップが見られる。
5) 全体としては，「都市インフラが整備されている」ことや「住みやすい」と判断しているが，所得水準や発展の度合の点では遅れがあると感じられている。
6) 最も重要な課題として感じられているのは「高齢化問題」と「安全・治安対策」で，少し下がって「教育・文化水準の向上」と「商工業振興」がくる。
7) 将来目標としては，「健康で安全な地域」がトップに位置し，やや差をもって「教育・文化の水準の高い地域」があがっている。

8） 地域発展の担い手として，関係市域では市長と行政に対する期待が大きいが，企業と事業者，地域住民組織と学校教育についての期待も無視できない。高齢者は一般に国の施策への期待度が高いが，若い世代には市民の自発的活動に対する期待の兆候が見られる。

　地域の発展への貢献を期待する主体が関係市については市長と市政，北河内地域については府と国の施策になるというのは，活発な市民活動，経済活動と文化活動とそれを支えるソーシャル・キャピタルの存在（自立した市民社会）を期待する向きに対してはやや落胆させる結果である。おそらく市の職員や市政関係者の見解が多めに代表された結果であろう。しかし，自治会・町内会関係者は地域住民組織の役割をなお評価し，市民団体は市民の自発的活動への期待を失ってはいない。本調査で回答者の割合が少なかった若年層では，自発的な市民活動への期待の兆候がある。また，企業や事業者，教育や保健・医療関係者への期待も無視できない。それに対して，政党や労働運動・社会運動に対する期待はゼロに等しい。
　したがって，私たちが地域リーダーを抽出するさいに用いた「地域住民ケア」，「市民活動」，「経済活動」という「3つのチャンネル」が運動としてではなく，ゆるく制度化されたなかでの基礎自治体の行政・住民サービスをめぐる領域として存在しているという構図を描くことができるだろう。地域リーダーは，一方ではその関係する世帯・住民・市民活動参加者・企業・事業者のニーズの掌握に努めるとともに，市政・行政担当者とそのサービスをめぐって交渉しあっている。地域リーダーの有するソーシャル・キャピタル（信頼と交渉の能力）はこの両面で発揮されているものと考えられる。しかし，調査票Aでは行政サービスの効果と情報周知についての評価判断において市政関係者とそれ以外の回答者とのあいだにギャップが生じている場合があった。グループ別B-1票が対象とする地域保健・看護・医療活動においても，住民組織のリーダー層の認識と実態が乖離する可能性がある。市民活動を取り上げたB-2票では，市政関係者とそうでないグループの認識の差は大きい。

❖11……北河内地域は通勤者が多いので所得が大阪市など外部から流入してくる地域であるが，消費などにおいて魅力的な店舗等が少ないために，地元での支出を確保することができず，多くの金額を外部に流出させている。2014年には，北河内全体でこうした問題について経験や意見を交換する場として，北河内商業連絡協議会が生まれている。

地域リーダーの地域社会における位置をソーシャル・キャピタル論的に解明するためには、この人たちがその基盤となる住民・参加者・事業者のニーズに対して有する関係や、地域リーダー自身が周囲の環境のもとで有する文脈的意味の把握が必要であろう。それは、全体的なアンケート調査よりも、より基盤実態に即したケーススタディ的なフィールド調査や個人相手のヒアリングなどが適切な方法であると考えられる。

　2006〜2007年に、自治会・町内会の画期的な全国調査をおこなった辻中豊らのグループは、この調査の報告書で日本の自治会・町内会を「行政媒介型市民社会(straddling civil society)」という概念で特徴づけている。この語を創始したのは、辻中グループに属するロバート・ペッカネンであるとのことだが、それは日本の自治会・町内会が情報伝達、共同募金、行政代行、ときには選挙運動も含めて行政(市区町村)の下働きをする組織として機能してきたという歴史的遺産に注目し、地域社会と行政=市政の政治社会をまたいで存在していることに注目したものである。この行政に対する「下働き」は、同時に行政に対して地域社会の利害や要望を伝達・実現するためのルートとして「利益媒介」的にも機能してきた。辻中やペッカネンは、そのような組織に対しても「市民社会」の概念を与えることにためらいをみせていない。

　しかし、戦前の全戸強制加入型の町内会と異なって、少なくともたてまえ上は、民主主義的な「自治組織」である「自治会」「町内会」に対する市政・行政のスタンスは指令的というより「誘導的」である。行政は、個々の自治会・町内会に対して直接に面倒をみるだけの人的余力はなく、自治会の動きを補助金などの助成策で誘導するしかない。弱体な自治会の活動は市の広報の配布や回覧板、ごみ集積所の管理程度にとどまり、なんらか特別な活動をおこなうとなると自治会の連合会レベルになることが多い。この連合自治会の範囲は、小学校ないし中学校の校区となることが多い。寝屋川市の場合は、約200の自治会があるが、市は住民自治の活動を強化するために小学校校区単位の「地域協働協議会」を設立させ、それぞれの「地域協働協議会」にそれを補助する市職員を割り当てている。私たちは2015年に同市の2つの地域協働協議会がおこなった住民意識調査に協力したが、どちらの場合も高い回収率が得られ、調査結果の報告会も盛会であった。

　これらの地域自治組織に対する自治体の基本的な立場(たてまえ)は、「協働」である。財政力にも人的資源にも制約のある自治体のエクストラ業務に関する基本的なスタンスは、その地域の住民・市民・企業・団体との「協働」である。一方では、

「指定管理者」制度等を利用して，業務の民間委託をはかるとともに，地域住民組織にテコ入れしながら効率的な「協働」をはかろうとするものである。つまり，「行政媒介型」のなかに「協働」というスタンスがはいり込んでいる。

❖12……辻中豊を代表とするこの調査は，全国890市区町村に協力を求め，3万3438票を配布しその55パーセントの回収に成功した画期的な全国調査で2006～2007年に実施されている。辻中豊／ロバート・ペッカネン／山本英弘著『現代日本の自治会・町内会：第1回全国調査にみる自治力・ネットワーク・ガバナンス』木鐸社，2009年がその報告書である。
❖13……調査結果は，『摂南大学地域総合研究所報』創刊号(2016年)および同『所報』第2号(2017年)に掲載された。

災害の空間・時間構造と市民的公正

第13章

はじめに

　2011年3月11日に起きた東北地方太平洋沖地震は，岩手，宮城，福島の東北3県から関東地方にまで及ぶ広域に被害を及ぼした。とくに太平洋岸沿岸部の港湾・集落・都市は，この地震が引き起こした巨大津波によって壊滅的な惨状に陥った。この地震の震動および津波はさらに福島第一原子力発電所の事故を引き起こした。この原発事故は広島型原爆の168.5倍の放射性物質（セシウム137など）を外部に放出し，現在にいたるまで事故処理を終えられないまま，長期にわたって住民が帰還できない放射能汚染地域をつくりだした。この事故は，災害の後にすぐに復興が続くものでないことを如実に示している。

　災害は被災区域とその外部の災害によって影響を受ける区域を有している。これを災害の空間構造といおう。また，災害以前にどのように災害を予想し，それに備えていたかという事前の状態と，災害そのもの，さらに災害後の影響および復興のあり方という事後の状態からなる時間構造がある。この2つを結びつけたものを災害の空間・時間構造ということができるだろう。[1]

　この章では，東日本大震災という災害，収束していない原発事故，またさらに今後未来において起きるかもしれない災害に対して，民主主義をたてまえとしている日本という国家とそこで生きている人びととの社会はどのように対応すべきか，という問

❖1……宮本（2013）は，すでに1960年代の半ばに「素因，必須要因，拡大要因」という原因の三重構造論，被害の社会構造論をコアにした「災害論」が存在したとして，現代の段階で災害論を「環境の科学」として構築することを提言している。

題を，災害のもつ空間・時間構造をもとにして原理的に考えてみたい。

1. 災害の空間・時間構造

　東日本大震災は，それが東京を中心とした首都圏に対して複雑な地方意識をもつ東北地方で起きたこともあって，その災害がもつ特異な地理的意味合いがしばしば指摘されてきた。震災前から「東北学」を唱えていた赤坂憲雄さんの思想・文化的な側面からの考察はその代表と言えるであろうが，政治経済学あるいは地域経済学の面からの考察も可能である。被災地となった東北地方が，明治以来日本経済，とくに首都圏に対する労働力・食糧・エネルギーの供給基地として開発が進められた地域であった。それは平成期においても変わっていなかった。津波が浦々の漁港を総なめにした三陸地域はその豊かな水産物によって，内陸深く浸入した海水が耕地に塩害をもたらした仙台平野は味のよさで知られる「ひとめぼれ」などの米作によって，またいまは放射能汚染およびその風評に悩む福島県はその果物・キノコ・畜産によって，首都圏のレベルの高い消費者の需要に応えていた。製造業においても，多くの大企業が首都圏では期待できない安定かつ信頼できる労働力を求めて被災地域に関連・協力工場群を展開していた。そしてなによりも電力である。戦時期以来の奥只見の水力発電にとってかわるように出現した福島県浜通りの原子力および火力の発電所が首都の電力をまかなっていたのである。震災は，日本経済全体，とりわけ首都圏経済の東北地方へのこうした依存構造を明らかにした。

　1995年の阪神・淡路大震災と対比してみよう。このときの地震の震源地は淡路島北部沖であったが，主たる被災地は豊中・尼崎・西宮から神戸市・明石市におよぶ帯状の地域で，関西大都市圏のなかにあった。神戸市では東灘区，灘区，中央区，兵庫区，長田区，須磨区，垂水区と倒壊被害の多い区が並んでいるが長田区・兵庫区では消防設備が寸断されたなかで火災が多発し，その延焼を止めることができなかった。被害状況は，耐震性のない家屋や零細工場の密集などの大都市の地域構造を反映していた。しかし，倒壊家屋が撤去され火災の跡が整理されるとすぐに都市インフラの再建が始まり，被災の跡は速やかに消えていき，物的な復興への大きな障害はなかった。それに対して，東日本大震災の場合には，津波被害地の市街部は高台移転か現地再建かの対立もあって復興が遅れ，漁港・水産

表13-❶:災害の空間的構造

	阪神・淡路大震災	東日本大震災	福島原発事故
災害	建物倒壊・火災 全壊10万4906戸	建物倒壊(全壊12万6419戸)・津波	原子炉事故・放射性物質排出
加害施設			原子力発電所
被災地	都市部 (被害は都市圏内地域経済構造を反映)	主として海岸地域(港湾,都市,漁村,農地)	避難指示区域(事故発電炉から半径20キロと北西方向に40キロ)と周囲の低汚染地域
被災自治体	阪神都市圏の25市区町	東北3県を中心に241市区町村	福島県内11市町村
広域への影響	(地場産業:ケミカルシューズ,清酒)(神戸港を通じた通運)	農林水産業・製造業をつうじて首都圏経済に影響	首都圏への電力供給/放射能広域汚染の可能性/風評被害

出所:各年度『防災白書』等より作成。

表13-❷:災害の時間的構造

	阪神淡路大震災	東日本大震災	福島原発事故❖2
過去との関連	予想外の地震	予想外の巨大地震 津波の高さは想定外 (対策不備・過信)	想定外の事故 (リスク無視・対策不備)
取り返し 不可能な損失	死者6434名 行方不明者3名	死者1万5886名 行方不明者2620名	放射能高汚染地域
避難	31万人	47万人 広域避難も	約10万人 自主避難も
経済的被害 (資本ストック損害)	約9兆6千億~9兆9千億円	約16兆~25兆円	?
被災地復興	10年(緊急復興計画3年)	10年(集中復興期間5年) 復興の遅れ	事故未収束 除染による帰還準備
未来に 残る影響	心理的影響 地場産業の苦難 神戸港の後退	人口減 地域社会・産業の衰滅?	放射能被曝の晩発性発症? 残る放射能汚染と事故の危険 被災町村の存続?

出所:各年度『防災白書』等より作成。

設備の復旧にも,農地の塩害除去にも時間がかかった。さらに原発事故による放射能汚染は今後何世代をへても帰還できない地域や立ち入ることはできても居住困難な地域を生み出した。また事故により外部に放出される放射性物質は風向きしだいでは首都圏住民の総避難が必要になるほど広域化する可能性を有していた。これらの地理的あるいは空間的配置を対比的に著したのが**表13-❶**である。

次に,このような対比を災害の時間的側面についておこなってみよう。それが**表13-❷**である。阪神・淡路大震災を引き起こした南兵庫地震はまったく予想されていない直下型の地震であったが,東日本大震災の場合は地震多発が予想され,津波対策もそれなりにされているなかで想定外の規模で起きた地震とそれが引き起こした巨大津波による災害であった。時間面でみるとなによりも重要なのは建物や農地の損失以上に,人命の取り返しのつかない損失である。阪神・淡路大震災の

❖2……加害者の存在する原発事故を災害として津波等による大地震の被害と並べることには批判があるかもしれない。

際にはそれが第二次大戦終了後最大の規模で起こり，2011年の大震災ではそれをさらに数倍した規模の犠牲者が出た。

　現状および未来について考えると，東日本大震災は当初47万人もの避難者を生み出した。災害が起きて3年以上過ぎた2014年5月でも避難者の総数はいまなお25万8219人に及んでいる（『平成26年　防災白書』）。阪神・淡路大地震の避難者は当初は30万人を超え，約5万戸の仮設住宅が建設されたが，避難者数はしだいに減少し，5年後には最後の仮設住宅が閉鎖された。東日本大震災では，3年をへても仮設住宅の入居戸数4万4千戸，入居者9万6千人を数えていて，その数はすぐに減少しそうにない。

　未来に持ち越す災厄ということがだれの目にも明らかなのは，福島第一の原子力発電所の事故である。主要な放射性物質であるセシウム137の半減期は約30年で，現在年間積算放射線量が50ミリシーベルトを超す地域は5年たっても，避難指示解除の基準とされている20ミリシーベルトまでも下がらない「帰還困難地域」となっている。事故原発が立地した双葉町・大熊町だけでなく，事故炉から半径20キロ域内の富岡町全域，浪江町・楢葉町の大半，さらに南相馬市の市街地を含む一部，田村市，葛尾村，川内村の山間部が避難指示区域になったが，放射能プルームが北西方向に流れたことが判明すると福島第一から30キロ以上離れた飯舘村の全域，川俣町の一部もそれに加えられた。避難指示区域からの避難者数は約10万1千人で，他区域からの避難者も加えると約12万7千人になる。うち避難指示の解除の準備区域からの避難者は約3万2千人であるが，残存する放射能不安，いまだ収束していない事故原発への不安，さらに生業維持の困難などからそれらの人も復帰に踏み切れないであろうことは容易に想像される。原発事故直後は，避難指示区域と要注意地域，そして平常区域の3ゾーンに分断されていた南相馬市はその市街地の大半が居住可能地域となったが，福島県太平洋岸の通称「浜通り」の交通が遮断されているので，かつての賑わいを望むことは不可能である。

　この避難者解消の遅れは東日本大震災の被災地の復興・復旧の遅れを反映している。東日本大震災は，被災地の範囲が格段に広く財政力の弱い農村部を含んでいただけでなく，復興方針をめぐる対立（高台移転するかどうか，港湾施設を集約するかどうかなど）や基礎自治体の職員を含む地域リーダーの損失，そして災害によって加速した人口減などが重なりあって復興を遅らせた。主な被災地が大都市部に

あって都市インフラが再建されればすぐに人口が戻った阪神・淡路大震災の場合と違って，東日本大震災は日本社会が人口減少に転じたなかで高齢化の傾向がとりわけ強い地域で起きた。災害による人口流出は地域社会の衰微・崩壊をも招きかねないのである。

　福島第一の原発事故は，阪神・淡路大震災になかったような長期にわたる時間軸上の問題を引き起こした。炉心の安定的冷却と放射能汚染水の流出防止という事故処理自体が完了しておらず，放射能汚染の拡大や再事故の可能性がまだ残っている。事故炉のコントロールに見通しが立ち，除染によって居住可能とされる線量水準にまでもってきても，子どもを心配する子育て世代や外で仕事を得た人たちは汚染されたふるさとに帰還することには踏み切れないだろう。ふるさとに戻ろうとする人たちと戻らない人たちの対立が現在，避難指示の解除区域で起きている。被災町村は，域内帰還者と域外避難者に分裂し，衰微・消滅の可能性すら否定できない。

　すべての災害は取り返しのつかない損失と未来への影響を有している。復興の過程では，前者はしだいに忘れられ，後者は新しい発展を生み出す可能性として位置づけられる。損失や未来への影響が埋め合わせ可能な金銭的価値で測られる場合はとくにそうであろう。しかし，東日本大震災の人命の損失はあまりに多く，空間面でもなお残る放射能汚染・津波の危険によって生活空間の回復が妨げられている。経済的利便によってそれらの損失を埋め合わせることはできない。被災地はもともと人口流出と高齢化に悩んでいた地域であり，大都市圏内部のように居住者の回復を期待することはできない。そのため，すでに始まっている未来においても，地域社会自体の分散・衰微・解体が生まれかけている。東日本大震災を特徴づけるのは，人命などの取り返しのつかない損失の大きさもさることながら，同時に，未来に持ち越す災厄の影響の持続性であろう。

2. 2012年福島シンポジウム

　2011年3月に大震災が起きたとき私はある学会の代表者をしていた。そのような立場になければ私は，おそらく，防災や原発問題を専門的に研究してこなかったものとして，震災・原発問題についてなにかを論じるような文章を公にすることはなか

ったであろう。この学会自体をとってみても，政治的要素を含む社会的歴史的視点をもって経済学を研究する総合学会であることを謳う学会ではあったが，震災や原発問題にすぐに対応できるような組織ではなかった。逆に，政治的な要素に敏感であるだけに，学術的性格を維持するために，対外的に意見を公表するようなことを意図的に避けてきていた。しかし900人近い社会科学研究者の学会がなにも発言・行動せずに済ますことが許されるのであろうかと私は自問した。たしかに，自分についても，また私が代表する学会についても，いま言うべきことを持ち合わせているか，いやなにかを言うことのできる権利を持っているのかという疑念はいまも私のうちに残っている。しかし，学問研究が公的な活動である（と信じる）かぎりでは，研究者は準備が整っていなくても舞台にあがらなければならないというのが私を駆り立てた思いであった。

　私は震災1ヵ月後に開かれたこの学会の幹事会で，震災・原発事故に対して学会として取り組む声明を発し，年次大会で全員参加の特別セッションを設けることを提案し，賛同を得た。さらに秋の幹事会・会員総会では，福島在住の会員の協力を得て，経済学関連の他学会に呼びかけて震災の1年後に福島市で震災・原発問題についての市民公開シンポジウムを開催することを決定した。問題が起きている現地で，市民の目の前でそれぞれの学会の立場を踏まえて討議し合うことが重要であると考えたからである。

　このシンポジウムは2012年の3月17，18日の2日間，共催4学会からなる実行委員会の主催で福島駅前の「こらっせフクシマ」を会場として催された。参加者は会場の定員いっぱいの120〜130名で，主催学会に所属しない現地の市民も参加してくれた。初日は福島現地の声を聴いて考えることを主眼として被災自治体の首長，農民運動の活動家，福島支援イベントの実行者の講演などがプログラムに盛り込まれた。二日目は，学術会議前会長の広渡清吾さんを含む各学会の代表がそれぞれの学問研究とこの震災・原発事故問題とのかかわりについて問題を提起する発表をおこない，さらにチェルノブイリ被害調査，ドイツなどの海外諸国の脱原発の動きの紹介によって視野を世界大に拡げた。

　実行委員会はこの集会を単なる学術会合としないために，フロア全体の討論によって集会宣言を採択することを目標にしていた。そのため，初日と第二日と集会宣言案をめぐってフロア全体での討議がおこなわれた。ありがたかったことはこの集会

宣言をめぐる討議にも一般市民が参加してくれたことである。この集会宣言をまとめるなかで私が気づかされたことは，原発事故問題で生まれた科学者の信頼喪失は自然科学にとどまらず社会科学にも及んでいるということであった。しかし，それは科学に対する一般的拒否ではない。むしろ科学者に判断を丸投げせず，自分たちで調べ，科学者に尋ね，自分から問題提起をしていくという主体的な態度を意味するものであった。私たちはそれに応えなければならない。科学者は民主主義社会のなかにいる存在だからである。私はそのことを知っただけでも，福島でシンポジウムを開いた意義があったと思った。

　このシンポジウムの討議を熱心に聴いていたベルリン自由大学のミランダ・シュラーズ（ドイツ政府原発問題検討倫理委員会委員）は，二日目最後の彼女の講演の冒頭で「日本の民主主義がこうして始まっているのですね」と評してくれた。私も自分のレポートのなかで「原発事故を引き起こした体制の対極にあるものは，地域の住民の自治・主権にもとづく国土と経済，ネイションの形成である。福島はローカルではあるが，いまや中央政府が代表するネイションの下の一地方ではない。むしろ，グローバルな市民社会と連動しながら，ネイションを再形成していく場所である」と発言した。[3] 本書への執筆の誘いに私が応じたのは，シュラーズのいう「民主主義の開始」，私自身の発言の「ネイションの形成」について，このシンポジウムのときよりもさらに深めて論じてみたいと思ったからである。

　この年，私はさらに東日本大震災について公開の場で考えさせられる経験をした。それはNHK Eテレの「日本人は何を考えてきたか」シリーズ企画に出演して河上肇と福田徳三の思想について話すことになったことである。私は自利心にもとづく経済学からの脱却を願った河上肇と生存権にもとづく社会政策という思想を関東大震災の復興政策に活かした福田徳三という二人の先達経済学者について，この回の案内者である内橋克人さんと共感しながら語り合った。それは，この二人の先達経済学者の思想が東日本大震災後の日本にとって意義あるものだということを確認しあった対談になった。[4]

❖3……八木（2012）90ページ。
❖4……NHK Eテレの「シリーズ　日本人は何を考えてきたか」第8話「人間復興の経済をめざして――河上肇と福田徳三」（2012年8月4日放映）で，その後NHK取材班（2012）に要約収録された。

3. 災害リスク認識の再形成

　震災・原発事故によってあらためて気づかされたことは多い。日本が地震国であるということはおそらくみんなが知っていたが，マグニチュード9という巨大地震が日本近辺で起こり，波高20メートルという巨大津波を生み出すとは地震学者も含めて予想していなかった。2011年3月に起きたような巨大地震や巨大津波は，起こるとしてもきわめて低い確率でしか起こりえないとされ，原発や防波堤も含め大半の建造物は技術的・経済的に適当な範囲の線引きで定められた「想定」のもとで，耐震および津波対策が施されているにすぎなかった。しかし後になって調べてみると，平安時代の貞観津波とそれを引き起こした地震のように，2011年地震に近い規模の地震や津波が過去に起きていたことが判明した。2011年自身の余震もまだ頻発している。また，日本列島周辺はプレート間の圧力が不安定になっていて，巨大地震が起こりやすい時期にはいったと言われている。そのため，原発にせよ，その他港湾や沿岸地域の設備・建造物にせよ，防災・耐震の「想定」基準が変更されている。それだけではない。防ぎえない災害があることを前提として被害を最小にする減災という考えが有力になった。[5]

　情報が隠されていた場合もそうでない場合も含めて，（少数の専門家以外は）多くの人が無知であるか無関心であった事柄も多く存在している。原発事故問題に関することは，この種のことばかりである。まず，原発で事故が起きた際の規模と被害の深刻さである。これについては，チェルノブイリの実例があるにもかかわらず，日本のようなハイテク国の原子炉ではそのようなことはありえないとして真面目な検討がなされていなかった。ここでも低確率であることを理由に事故の危険は自動車事故やたばこの害よりもはるかに小さいといった言が横行していた。深刻かつ重大な危険のある場合には低確率がそれを埋め合わせすることはできないというリスク論の基本が認識されていなかった。しかも，その事故確率の低さは，事故につながる多数の事象が独立した事象であるという乗法的な想定を前提に考えられていた。[6] しかし原発事故の過程をたどると，事象は独立的にではなく連鎖的に進行したのである。

　さらに，CO_2などの温室効果ガスを排出しない安価な準国産エネルギーとして政府が推進してきた原子力発電の費用の検討も，電力会社の提供する数字だけが用いられ，批判的な見解には十分な注意が払われなかった。首都圏の電力供給の基

幹をなす原子力発電所が，一般には東北地方とされる福島県太平洋岸や北陸柏崎のような遥かに離れた場所に立地していたことも，たとえ知らないわけではなかったにせよ，停電騒ぎになってあらためて気づかされた人が大多数であろう。危険施設は首都地域には置けないから距離が離れた辺鄙な地域に置かれているのだという程度の知識のあった人でも，原発立地自治体にはそれ相応の利益がまわっているはずだから，原発立地地域のことについて心配する必要はないと思っていたのであろう。

さらに使用済み核燃料の貯蔵や年限のきた原発の廃炉費用やその方法の問題がある。あげくの果てに，保守の論客から日本が原発を維持しなければならない理由として，核兵器を迅速に備えるというオプションを持ち続けるためであるという日本国憲法に明らかに背反する本音が飛び出した。そのようなことが原発維持の目的であるならば，使用済み核燃料もプルトニウムも溜まれば溜まるだけますます都合よいことになる。

こうした原発関係の知識が普及せず，原発の危険への関心が低調であった理由の第一は，原発が核兵器と切り離された原子力の商業利用とみなされ，市場経済の領域に属するとされていたことだろう。言うまでもないことだが，市場経済では，価格が主要なシグナルであって，供給者，需要者双方の具体的な情報は捨象される。供給側に原発事故の危険があるにせよ，それに対する防止費用も，立地市町村を懐柔する費用も，すべてが電力価格に反映されているはずである。したがって，電力の需要者側は電力がどのように生産されるかについて関心を持つ必要はないというのが市場経済の論理である。価格に対するそのような理解を前提にして，原子力発電はコストの低い発電方法であるとされていた。しかしその際には重大事故の費用や廃棄核燃料や廃炉関連の費用は過小に見積もられていたのである。

第二は，通常の産業以上に公益性の強い電力事業には経済産業省の厳格な監

❖5……災害も事故も原因があって起こる。自然災害の危険はいくらご先祖の警告があっても生活の便宜のために忘れられ，事故に対する多重防御の壁もそれぞれの段階ごとに存在する穴をたどるように起こるプロセスで破られる。畑中(2011)参照。

❖6……加藤尚武さんは原子炉の安全性の設計システムが確率論的な合理主義で支えられ，しかもその確率が乗法的に算定されていることを批判している。確率論的な安全評価は「過失責任」に対応する考えであっても，「異常な危険」を予防するための，「無過失責任」に対応する考えではない(加藤2011，103ページ)。

督があるとともに，とくに原子力発電については文部科学省のもとにある原子力安全委員会が設置され，科学者の視点から審査をおこなっているとされていたことであろう。こうした公的制度は，本来は社会（国民）の側からの公益産業・危険施設に対する規制・監視を実施するためのものであるが，実際にはそれが存在すること自体によって当該の産業・施設に対する市民の関心を弱めることが多い。規制機関は市民のこれらの産業・施設に対する直接的な規制を排除するものであるから，それらの産業・施設と一体になって市民の監視をも忌避するようになりかねない。そもそも原子力発電に乗り出すよう電力会社に促したのは政府自身であったから，政府は基本的に原子力発電事業の保護者の立場に立っていた。規制者が実は保護者であった。これは「規制者の罠」と言われる現象の最たるものである。

これとかかわって第三に専門家および研究者をも含んだ原子力発電推進派の利害共同体（いわゆる原子力ムラ）が形成されたことがあるだろう。監督官庁はその専門家委員会に原発に批判的な研究者を排除して推進派を集めて，そのとる対策に対して信頼を要求する。それ以上に原子力発電について問題にしようとする人に対しては，無用な波風を立てるアウトサイダー扱いしてその影響を周辺化する意向が，政府・官僚・財界はもちろんのこと，科学技術界においても言論界においても働いていた。反対者の排除と孤立化，これが一般的な無関心の第三の理由であったであろう。

これらのすべてにかかわる認識が，現実に震災・原発事故が起きたことによって変化した。震災・事故が起こる確率やその規模についての認識や，各人がそれらを重視する度合が変化した。原発問題について言えば，細川，小泉の両元首相の脱原発への転換や，地方政治における脱原発の浸透，さらに財界のなかでも脱原発の賛同者があらわれてきたように，原子力発電を問題視することはもはや少数者ではなくなった。世論調査をみても，原発の再稼働に対してはつねに反対あるいは慎重論が多数になっている。しかし，市民の積極的な関心・監視を抑制する上記の3要因はいまなお存在して，保守政権の復帰とともにその力を回復し始めている。

4. 市民的政治体形成の理論

それでは，災害および事故の発生によって起きた認識の変化は「民主主義」ある

いは「ネイション形成」に対してどのような意味をもつのであろうか。

　市民的な政治体あるいはネイション形成の古典的理論としては人びとが一致して政治体の設立に合意するという「社会契約」論が知られている。しかし，人びとが一堂に会して一致して合意するということが現実としてありえないことはだれもが認めるところであろう。またそのような「社会契約」を人びとに強制するようなアナーキーな「戦争状態」が社会的動物としての人類の自然の常態であるとは考えられない。こうした主意的な「社会契約」論に対立するものとして，それぞれの地域の自然・文化環境のもとに暮らす諸民族が歴史的経緯のもとで形成する政治的なまとまりがネイションであるというモンテスキュー的な風土論や，利害構造によって区分されるグループ（階級）の関係のなかから国家が形成されるというマルクスの唯物史観が存在する。

　にもかかわらず「社会契約」論が魅力的なのは，社会秩序あるいは規範を市民各人の意識的な承認と結びつけているからである。20世紀に社会契約論を復活させたとされるジョン・ロールズは，その『正義論』で人びとが不平等な世界のなかでどの人に自分がなるのかその確率さえわからないという「無知のベール」におおわれた原初状態を仮定すれば，最も不利な立場に立たされる人の利益が最も大きくなるような基本財の配分が望ましいという，いわゆるマックスミンの原理が成り立つと論じた[7]。基本財というのは，衣食住など人間の人格を保つ生活に必須な物資で，趣味の品やぜいたく品などは含まない。もし国民のある割合の人がこの基本財の配分において最も不利な立場にあるならば，基本財の配分においてこれらの人びとの不利を埋め合わせるような配分が望ましいという合意が成立しうるということである。この原理を直接に被災者に対して適用するという合意が成立するならば，そこには新しい社会契約が生まれたことになるであろう。

　しかし，幸不幸の確率さえわからない「無知のベール」というのは，純粋に独立した個人（魂）を選択者としたうえでマックスミンの原理への賛同を導くための不自然な工夫にすぎない。現実には，それぞれに異なる資産を有し異なる所得を得ている人びとが自分に対して降りかかるかもしれない不幸に備え，また他者に対するなんらかの連帯心にもとづいて社会的再分配を含む公共セクターに対する費用負担に合意しているのである。ロールズが想定するような「負荷のない個人」は成り立たないという

---

[7]……ロールズ（2010）159ページ以下。

マイケル・サンデルらのコミュニタリアンのロールズ批判は至極もっともである。現実の世界では「負荷」をもった個人が集まって社会的な意思形成をおこなっている。「負荷」のなかには，共感と同時に偏見もあり，経済的利害にかかわる認識も存在しているのである[8]。

しかし，大規模な災害が起きると，規範的な問題が人びとの前にあらわれる。平常状態であれば，既存の約定（法律）にもとづく住民・企業からの徴税によって維持される公共セクター（中央および地方の政府）が提供する公共サービスがすべての人に利便を生む公共財となり，また不利な人びとに対する公的扶助になっていたはずである。災害というのは，このような公共財が機能せず，予想以上の不利をこうむる人びとが出現することを意味する。このような予想外の事態が起こったとき，不利をこうむらなかった人たちは，過去に応分な負担をしたことだけで許されるのであろうか。

私はこの点では，ある経済学者[9]が提案している「過誤に対する支払いとしてのマックスミン原理」が成り立つと思う。自分が不利益をこうむらずに済んだのは自分の行為によるものではなく，他のだれか（津波の被災者，原発事故の避難者）が安全でなくなったのもその人の行為によるものではない。したがって，災害が発生しなければそのかぎりでは平等であったはずで，安全不安全の差は自分の貢献によって生まれた積極的なプラスではない。しかも，もし私が公共セクターにより多く費用負担しておけば，公共財がよりよく機能してその差は生じないか，あるいはより小さくなっていたかもしれない。

東日本大震災に対して寄せられた義援金・寄付金は震災後1年間で少なくとも4400億円にのぼり，現地ボランティアに向かった人は100万人を超えた。あるアンケート調査によれば，震災直後に被災者・被災地域を支援したいという気持ちを抱いた人は回答者の83.6パーセントを占め，その数値は2年後になっても76.6パーセントを維持した。また2年間のあいだに寄付や募金をおこなった回答者は62.8パーセントでその平均額は1万9207円であった[10]。

これらの人の多くは，単に親切や同情以上のなんらかの，起こってしまったことに対する「責任」意識によって行動に駆り立てられたのではないかと思う。理由なしに被害を受けた人を直接・間接（報道を介して）知ったなかで，被害を受けなかった自分はなにもしないでいいのかという衝動である。それはすでに起きてしまったことに

起因する「支払い」の行動であるが，事前の約定にもとづくものではない．それに参加した人たちのあいだには，マックスミンの原理が「事前」の合意ではなく，「事後」の合意として生まれたのである．

しかし，被災者以外の人びとの過去の態度に対して，「過誤」というようなきつい表現を用いることができるだろうか．被災しなかった人びとの過去の行動は事前の「合意」に反したわけではないのだから，それは法学的に言えば実定的な意味での「過誤」ではない．あるとしたら，それは主観的な「過誤」であり，私は二通りの場合がありうると思う．

第一は，被災者は自分でもありえたと考える場合である．このような予想もつかない災害であれば，私も被災者でありえた．被災者は津波の被害が及ぶところに，あるいは原発の付近に住んでいたかもしれないが，地震それ自体は東京でも大阪でも起こりうるのである．被災者が本人・家族の生命・財産を失って恐怖と危険にさらされているなかで私が安全でいられるという差は，被災者の過ちによるものでもなければ，私の活動によって生まれたものではない．災害を受ける可能性という点では私も被災者も平等であった．それは社会にプラスを付け加える積極的な差ではなく，その逆である．したがってこの差を当然とすることは私の側の「過誤」であり，それは正されなければならない．

第二には，それらの災害に対して，私がなんらかの意味で加害者の立場にいたとか，あるいは不作為の罪を犯していたと感じる場合である．被災者は津波の危険のある海岸地域や原発事故が被害を及ぼしうる地域に住んでいたかもしれないが，そこで取れた海産物，原発で生み出された電力を消費していたのは私たちである．被災者たちを危険のあるところに住まわせていたのは私たちではないのか．災害を直接生み出したのは私たちではないにせよ，私たちは津波の危険のある海岸地方，原発付近の住民の生活のリスクや，原発事業者のリスク対処の不備についてまったく無知であるか，せいぜい不十分な理解しかもっていなかったのではないか．被災

❖8……日本の公共哲学者からの3.11大震災への対応については，山脇（2011）を参照．
❖9……これは小島（2004）でロールズの正義論を検討したうえで提案されたアイデアである．このアイデアの震災問題に対する適用について小島氏は私信で賛同の意を表された．
❖10……「助けあいジャパン」が2013年2月15～20日にインターネットで岩手・宮城・福島3県を除く全国44都道府県で15～69歳の男女1000名を対象としておこなったインターネット調査の結果である（助けあいジャパン 2013）．

地と自分の状況とのあいだのコントラストを感じる人びとのなかには，そうした認識不足あるいは無関心であったことを自らの「過誤」と感じて，贖罪のような意識をもって行動する人があらわれるかもしれない。

再度確認しておけば，これらの「過誤」は事前の合意に違反したものではないから人為の約定（法）にかかわるものではない。それは形而上的あるいは宗教的な意味での「過誤」と言ってもよいかもしれないが，私はそれを人間自然の共感にかかわるものであると解したい。それは，被災をまぬがれた人と被災者の災害に対する可能的な平等性，あるいは前者の後者に対する責任性が感じられるなかで事後的に生まれているものである。近年ではリアルな報道によって共感の可能性の幅は過去とは格段に拡がっている。もし，ここで被災しなかった人と被災者とのあいだに運命的な共属性が確認されるならば，それはネイションの再形成と言えるだろう。この共属性の認識があれば，「過誤に対する支払い」は未来に対する「責任」に転化する。

このように，災害への責任を既成の人為的約定を超えた次元で認識し，被災者の不利を可能なかぎり取り除く合意が生まれるならば，それは事後的な「社会契約」と呼べるであろう。私たちは何度も手痛い経験を忘れてしまうことによって災害と事故を生み出すが，そのたびに半ば後悔とともに被災者に共感する。それは「忘却」のプロセスに対抗する「学習」のプロセスである。

司法試験カリスマの伊藤真さんがそのブログで留意を求めているように[11]，日本国憲法は，「われらは，全世界の国民が，ひとしく恐怖と欠乏から免かれ，平和のうちに生存する権利を有することを確認する」と前文で全世界に対して宣言している。それを災害被災者に適用するならば，〈災害によって不利な状況に陥った被災者たちの状況は優先的に回復させられなければならない〉ということが引き出される。このような原則を承認することは，そのきっかけが災害の深刻さを知ってからであれなんであれ，日本国憲法が認めている生存権を実質化することであろう。

5. コモンウィールの再形成

事後における認識の再形成は未来に対する「責任」の自覚につながる。それは被災地の経済復興とそれを包む日本全体の経済社会・政治体制の再形成に発展する

表13-❸：政治経済学の3層構造とガバナンス

政治経済学	富のレベル	ガバナンス
市場の経済学	既存資源による富	市場（効率的市場／投機）
再生産の経済学	再生産される富	再生産のシステム／再生産を保証する正常な価値
生活安全の経済学	基盤的な富	公共的ガバナンス（地域・国家・グローバル市民社会）

出所：八木（2012）。

だろう。

　さきに言及した福島で開催したシンポジウムでのレポートで私は，東日本大震災と原発事故問題は経済学の研究者に対して，市場の経済学と安全の経済学の関連とそれらを通じるガバナンスのありようについての問いを提起していると論じた。私がそこで示したのが**表12-❸**である。現代の経済学者はとくに市場領域での経済学（エコノミクス）に視野を限定することが多いが，その基礎にある生産者と生産の諸条件の再生産の経済学，さらにその基礎にある生活安全の経済学にまで視野を拡大しなければ災害への対応ができないであろう。

　最も下部において市民の生活の安全・存続を保証する自然環境（自然資本）および人工的環境（社会共通資本）が整備され，その上で市民の経済的活動が継続的に成り立っている。この生活安全を保証するのは地域から国民国家，さらにグローバルな市民社会にいたるまでの公共的（集団的）なガバナンスである。その上に，自給自足的な生業的から商業的なビジネスにまで及ぶ経済活動を通じた社会的再生産の次元が存在する。それは市民の経済的再生産のための労働力と生産手段の再生産を含んでいる。競争と営利を特質とする市場経済はその上のレベルに位置し，下位のレベルを一部包摂しながらダイナミックに発展する，これらの3層が調和しているとき，それはコモンウィール（共同の富）が形成されている状態で，その政治的表現が共和国（コモンウェルス）である。経済学はポリティカル・エコノミーというのがその伝統的な名称であるが，それが近代的な科学として成立したのは，各国の繁栄の基礎が国民の経済活動によるコモンウィールにあることが認識されたことであった。

　政治経済学のこの3層の構造が災害の空間・時間の構造と交錯することは容易に

❖11……伊藤（2011）。私は大災害をきっかけにした共属感の成立が政治体の再形成につながることを「ネイションの再形成」と表現したが，この「ネイション」は世界に開かれたものであり，世界的な市民社会にも発展しうるものである。憲法前文の規定が「全世界の国民」に対して平和的生存権を確認していることにも留意されたい。

見て取れる。

　震災は自然環境と社会インフラからなる生活基盤におよぶ災害であった。自然環境の維持自体は現在の状況ではグローバルな視点からの国際的な協働を必要とする。また災害からの復興にあたっては，この生活基盤の回復がその地方にとどまらない国全体の公共的な課題になる。しかし，この生活基盤は地域と結びついたローカルなものであるから，その地域のコミュニティの再建とその自主的決定を支持するかたちでなされなければならない。これが最下層における公共的なガバナンスの問題である。

　次に被災した住民自身の生活を再建し，義援金・支援金に依存せずに済むように，農業・漁業を含む経済活動を再開し，被災住民とそのコミュニティが再生産される経済的基礎を築く課題がある。生活の再建から経済的基礎の再建に進まなければならないのである。これは最下層の「生活安全の経済学」から中間に位置する「再生産の経済学」のレベルへの移行の領域である。しかし，被災後の最初のステージである生活再建の段階でも，自然災害の被災者に対して弔慰金や義援金以外の公的な援助が与えられるようになったのは，阪神・淡路大震災の被害の大きさに人びとが気づいてのことである。この大震災をきっかけにして家屋の損壊を基準にした被災者生活再建支援法が成立したが，それまでは私有財産の損壊に対して公費を投じることは一般に否とされていた。これは「過誤からの支払い」の意識が作用して立法の過程にまで進んだ典型例であろう。

　東日本大震災に際してはこの生活再建支援法がそのまま適用されただけでなく，所得税および法人税の増徴をともなって「大規模災害からの復興に関する法律」が成立した。復興に対する国の責任が，内閣府のなかに総理大臣を長とする復興対策本部が設けられることで明らかにされている。ただし，原発事故からの避難者に対しては，生活再建支援法は適用されていない。原発事故は自然災害にはあたらないので，賠償責任は東京電力にあると解釈されているからである。しかし，東京電力の原発事業を終始支援してきたのは国であり，東京電力が破綻するようなことがあれば被災者救援の責務は国に移行する。国策として遂行されてきた原発事業の事故被害[12]から公的責任を排除することは土台無理な話である。

　津波被災者にせよ原発事故避難者にせよ，生活再建のステージからいま一歩進んで，生業の再建および雇用の保障にまで進まなければ被災者の生存権は名目だ

けのものになり，地域社会の再生産は保証されない。そのためには地域インフラの充実とともに，被災地の勤労者に対して公正な賃金が支払われる雇用が確保され，その地域の産物が公正な価格で取引される条件が整備されなければならない。福島産の農産物についても，放射能汚染に対する十分な配慮をもって出荷されたものに対して，公正な流通・取引がおこなわれるように条件整備に努めることは公共的ガバナンスの課題である。福島産の農産物を優先的に購入して援助せよということではない。福島産の農産物が公正に取引されるということが福島の農業の再建の第一条件である。被災者の雇用についても同様である。被災者・被災地がこうむったハンディを回復させたうえで，そのような公正な経済を可能にすることが経済復興の課題であろう。被災者の経済生活の再建はネイションとしての責務である。

　さきに述べた2012年3月の福島シンポジウムでは，当時福島大学が設置した「うつくしまふくしま未来支援センター」のセンター長をされていた山川充夫さんにも話していただいた。山川さんはこのシンポジウムをもとにとりまとめた本に「原災地域復興グランドデザイン考」と題した玉稿を寄せられ，復旧・復興のための以下の5原則を示された。[13] 内容の紹介は省かざるをえないが，このように整理されただけでも考え方のガイドになりうると思う。

　　　第一原則「安全・安心・信頼を再構築すること」
　　　第二原則「被災者・避難者に負担を求めず，未来を展望できる支援を促進すること」
　　　第三原則「地域アイデンティティを再生すること」
　　　第四原則「共同・協同・協働による再生まちづくり」
　　　第五原則「脱原発・再生可能なエネルギーへの転換を国土・産業構造の転換の基軸とすること」

　表13-❸の最上層の営利的な市場経済については，その下の基盤的富・再生産

❖12……原発事故の被害と補償問題については大島・除本(2012)を参照。原発事故による被害者への共感＝共属性の認識という次元から加害責任追求という実定法的な次元に立ち入ることができるであろうが，本稿執筆の際にはその余裕がなかった。
❖13……山川(2012)133-166ページ。また災後数年の論考をまとめられた山川(2013)はきわめて有益である。

される富を基礎にして，そのうえで創意ある競争によって営利活動が発展することが経済的復興のカギになる。営利的な市場経済は大規模な企業組織や金融という上部構造によって，全国いや全世界の経済的資源と結びついている。この領域においては競争がガバナンスの中枢的な機構であるから，特定の企業に対する公的支援はできないが，被災地域の復興のためにさまざまな特例や優遇措置がとられることや外部からの事業の誘致も有意義なことであろう。営業活動にかかわる規制を緩和する「特区」という構想も使われ方しだいでは有益かもしれない。しかし，そのことが基盤的富と再生産を支える社会的共通資本（ソーシャル・キャピタル）の解体をもたらすものであれば本末転倒の事態になるであろう。とりわけ資金力を背景とした投機や，農業にせよ水産業にせよ，住民の生業基盤の買い占めが起こるならば地域経済の復興ではなくその解体が引き起こされるであろう。三陸水産業の復興がいくつかの協同組合によって先導されていることもこの点で参考になる。❖14

関東大震災に際して福田徳三はこうした大災害の場合には，私有財産の権利よりも被災者の生存権が優位に立つと論じた。彼が警鐘を鳴らしたのは「特約」をたてにした保険の不払いと土地投機である。彼はまた，被災者の生存権は，被災者が援助を受けるだけの受動的な立場に立つのではなく，被災者に職（雇用）を与えて自立への展望をもたせることにあると論じて「人中心の復興」を唱えた。❖15

> 「私は復興事業の第一は，人間の復興でなければならぬと主張する。人間の復興とは，大災によって破壊せられた生存の機会の復興を意味する。今日の人間は，生存する為めに，生活し営業し労働せねばならぬ。即ち生存機会の復興は，生活，営業及労働機会（此を総称して営生の機会エルヴェルプス・ゲレーゲンハイトといふ）の復興を意味する。道路や建物は，この営生の機会を維持し擁護する道具立てに過ぎない。それらを復興しても，本体たり実質たる営生の機会が復興せられなければ何にもならないのである。」（福田 2012, 133 ページ）

福田がいう「営生の機会」というのは，**表13-❸**では「再生産の経済学」の階層にあたる。それが零細な「生業」であれ，あるいは全国の市場を相手にしたビジネスの

もとでの雇用であれ，重要なことは人びとがその労働に対して正当な代価を得ることができ，それによって経済生活の再生産が可能になるようにすることである。

❖14……これも福島シンポジウムで話していただいた濱田武士さんが紹介する三陸岩手県重茂漁業協同組合の復興を主導した活動が印象的である(濱田 2014 参照)。
❖15……利己心肯定の経済学からの脱却をめざし，『貧乏物語』(1917年)によって貧困問題の解決を世に問うた河上肇もまた，現代の生存権思想の先駆者と言えるであろう。彼は論争相手であった福田が1930年に急逝したときには当時非合法の日本共産党の政治活動に従事していたが，雑誌『改造』に追悼の文章を寄せて，「ブルジョア学者としては，今日までの日本にあって最も有能な最も博識の学者であった」と当時の河上としての最大級の賛辞を贈った。

参照文献

◆伊藤真(2011)マガジン9(伊藤真のけんぽう手習い塾)第10回「憲法から東日本大震災を考える」(http://www.magazine9/juku3/110511 access 2014/10/3)。
◆NHK取材班(2012)『日本人は何を考えてきたか(大正編)「一等国」日本の岐路』NHK出版。
◆大島堅一・除本理史(2012)『原発事故の被害と補償──フクシマと「人間の復興」』大月書店。
◆河上肇(1930)「福田徳三博士追悼」,『改造』第12巻6月号。
◆加藤尚武(2011)『災害論──安全性工学への疑問』世界思想社。
◆国土交通省(2014)『平成26年版 防災白書』政府刊行物。
◆小島寛之(2004)『確率的発想法』NHKブックス。
◆助けあいジャパン(2013)「数字で知る復興のいま──東日本大震災後の助けあい実態調査レポート」(http://tasukeaijapan.jp/?p=32483 access 2014/10/3)。
◆畑中洋太郎(2011)『未曾有と想定外──東日本大震災に学ぶ』講談社現代新書。
◆濱田武士(2014)「新たな連帯の模索──重茂漁協の軌跡から何が見えたのか」,『社会運動』第414号(2014年9月号)。
◆兵庫県(2014)「阪神・淡路大震災の復旧・復興の状況について」(https://web.pref.hyogo.lg.jp/wd33/documents/hanshin_awaji_fukkyufukkou_140124_.pdf access 2014/10/3)。
◆福田徳三(2012)『覆刻版 復興経済の原理及若干問題』(山中茂樹・井上琢智編)関西学院大学出版会。
◆宮本憲一(2013)「災害論の構成──東日本大震災をふまえて」,『季刊 経済理論』第50巻第1号。
◆八木紀一郎(2012)「震災・原発事故が政治経済学に問うもの」,後藤康夫・森岡孝二・八木共編『いま福島で考える──震災・原発問題と社会科学者の責任』桜井書店。
◆山川充夫(2012)「原災地復旧・復興グランドデザイン考」,後藤康夫・森岡孝二・八木紀一郎共編『いま福島で考える──震災・原発問題と社会科学者の責任』桜井書店。
───(2013)『原災地復興の経済地理学』桜井書店。
◆山脇直司(2011)『公共哲学からの応答──3.11の衝撃の後で』筑摩書房。
◆ロールズ,ジョン(2010)『正義論(改訂版)』(川本隆史・福間聡・神島裕子訳),紀伊國屋書店(John Rawls, *A Theory of Justice*, Revised Edition, 1999)。

資本主義に未来はあるか
ニーズ指向の経済への転換

第14章

1. 「長い20世紀」の終焉

　21世紀は，9・11事件とともに始まった。ウォール街に近いWTCビルには，モルガン・スタンレーやソロモン・ブラザーズなどの投資銀行をはじめとして，多数の金融会社が事務所をかまえていた。アルカイダは金融資本の牙城であったこのビルを破壊すれば，資本主義を倒すことができると考えていたのかもしれない。この事件が起きた2001年半ば，米国経済はITバブルの崩壊によって景気が後退し始めていた。しかし，連邦準備制度（FRB）の舵取りをしていたグリーンスパンは事件直後に緊急利下げをおこない，年末までの数回の利下げをへて米国金融史上で最低水準の金利をもたらすことで経済状態の悪化を防いだ。アメリカ国民は大統領ブッシュの対テロ戦争を熱狂的に支持し，圧倒的な軍事力を誇示した米国に，不安定さを怖れる世界の余剰資金が流れ込み，米国経済の繁栄が持続した。

　9・11事件はその鮮烈な光景にもかかわらず，米国の金融資本主義をすぐに終わらせるものではなかった。その7年後の9月15日に，さしもの米国金融資本を破綻ないしその瀬戸際に追い込み，全世界に金融危機をもたらしたのは，アルカイダのような外の敵ではなく，資本主義それ自体のなかにウィルスのように拡がったCDSなどの金融派生商品（金融デリバティブ）であった。

　この災厄をもたらした金融デリバティブのかなりの部分は，2001年以来の超低金利政策を背景にして急増したサブプライム・ローンを材料につくられたものであった。サブプライム・ローンとは十分な返済能力のある優良な借り手以下の借り手を対象にした高めの利率の住宅ローンである。「オーナーシップ・ソサエティ」（財産所有者の社

会)の理想をかかげたブッシュ政権は，サブプライム・ローンの借り手に税制上の特典や補助を与え，その利用を促進した。それは，軍隊に志願するような中低所得の市民にも，あるいは，黒人・ヒスパニック系の市民にもマイホーム実現の夢を与える施策であったからである。

このように見ていくと，2001年と2008年の2つの9月は連動している。それは，米国の経済覇権で特徴づけられる「長い20世紀」(ジョバンニ・アリギ)の終わりを告げるものである。アリギのいうところでは，経済的な覇権は，はじめ産業的な覇権に始まり，最後に金融的覇権で終わるサイクルを描く。「長い20世紀」は，1870年代から1890年代にかけて，世紀末大不況に陥っている欧州を尻目に，米国が産業的能力を発展させたときに始まった。新しい覇権国米国は，20世紀前半にあっては，その巨大な生産力でもって二次にわたる世界大戦を自陣営の勝利に導き，20世紀の後半には，ドル基軸の世界経済を樹立するとともに，金融領域における覇権をロンドンのシティから奪ってニューヨークのウォール街に移した。しかし，20世紀末には，米国自動車産業ビッグ3の相継ぐ危機に見られるように産業的覇権を失い，世界全体を相手にした金融活動による収益が経済の柱になっていた。この金融資本主義の最終段階の主人公が，モルガン・スタンレー，ソロモン・ブラザーズ，リーマン・ブラザーズなどの投資銀行であった。

2. 新興経済大国が台頭した世界

2008-09年のグローバル金融危機が世界同時不況に発展するなかでも，中国，インドなどの新興市場大国は減速しながらも成長を維持した。一時はV字型の回復を見せるかと思われた先進国経済は，日米欧それぞれに困難をかかえている。先進国中心の世界経済の構造が崩れたことは明らかである。改革・開放への転換後40年をへた中国は「世界の工場」となっただけでなく，巨大な貿易黒字を積み上げ，米国国債の最大の買い手となり，中国と米国の協力／対抗関係が世界経済の基軸になり始めている。現在の日本経済にとっても，輸出・輸入の両面で中国の占める割合はアメリカのそれを凌駕している。

中国，インドの力強い経済発展は，従来の西洋優位の世界史像の転換をももたらし始めている。1970年代に従属理論を唱えたアンドレ・ガンダー・フランクは，す

でに1998年に,『リオリエント——アジア時代のグローバル・エコノミー』を著して,約2世紀続いた西洋優位の時代が終わり,中国やインドが世界経済の中心であった状態に戻りつつあると論じていた。アンガス・マディソンの推計した野心的な長期経済統計もそれを裏づけている。

しかし,中国のGDPが日本のそれを抜き,早晩米国のそれを追い越すとしても,この国が豊かな先進国になるわけではない。生産年齢期の人口がそれ以外の年齢期の人口の2倍以上になる「人口ボーナス」期が終わる2030年代まで高度経済成長が持続するとしても,中国国民の平均的な所得水準は現在の先進国の水準に追いつかない。中国よりも長期にわたって「人口ボーナス期」が続くと予想されるインド,ブラジル,インドネシアも同様である。したがって,これらの国は大きな貧富の格差を残しながら経済大国になっていくであろう。これらの国は,自国の経済成長に必要な資源の入手には積極的な態度をとるが,国際公共財の提供を率先しておこなうとは思えない。10億人の人口をかかえた国家の関心が,国際的な調和よりも国内的な安定に向かうのは当然であり,中国,インドはオランダ,英国,米国というこれまでの外向的な覇権国とはちがってより内向的な国にとどまるであろう。

米国の経済覇権が崩れ去っても,新しい国際経済秩序が生まれるわけではない。これらの先進国になりきれない新興経済大国の台頭は,豊かな先進国と貧しい発展途上国が対峙する世界経済の構造を変えている。IMF,WTO,世界銀行などの国際機関も,先進国中心の運営はもはや維持できない。巨大な人口をもつ新興経済大国の経済成長を取り込んだ世界経済を,地球規模の資源・環境の保全と両立させること,いまなお人口増加と貧困の悪循環のなかにいるアフリカ諸国などの底辺民衆の経済生活の確立につなげていくことが課題になっている。すぐに新しい覇権秩序が生まれそうにないだけに,国連などと提携した国際的な市民社会が参加することによって,旧世紀から引き継がれている金融ジャングルに監視と規制の体制を導入して,新しい国際経済秩序を形成していかなければならないだろう。

3. 潜在成長率の低下

日本に目を転じよう。2011年末に内閣府政策統括官室が公表した『日本経済2011-2012』は,主要機関が推計した日本経済の潜在成長率が1990年代以来,

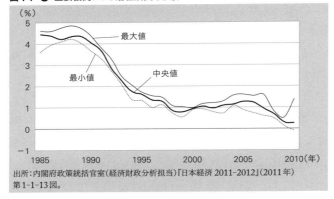

図14-❶:主要機関による潜在成長率試算

出所:内閣府政策統括官室(経済財政分析担当)『日本経済 2011-2012』(2011年)第1-1-13図。

当初の4.5パーセント程度から三次にわたって低下し,現在では1.2パーセントから0.2パーセントの範囲にあることを伝えている(図14-❶)。

内閣府自体の最新の推計結果は,諸機関の推計のなかでも最も低い0.2パーセントであった。この推計にはエネルギー供給の制約は含まれていないので,その制約がきついとすればマイナスの数値にもなるであろう。民主党政権は「成長戦略」をかかげ,増税を含む財政・年金改革においても平均実質1.5パーセント強のプラス成長を見込んでいる。その政府中枢のひざもとでも,そのような見通しをまったく非現実的なものとする数値が出ているのである。

内閣府の分析によれば,リーマンショック期の潜在成長率の低下には,全要素生産性(技術・技能等の向上の貢献と考えられる),非製造業の資本投入量の上昇率の低下とともに,就業者数と労働時間の減少が寄与している。そのうち就業者数が主要なマイナス要因としてあらわれたことと非製造業の資本投入による寄与の減少が,以前の成長率低下の時期と比較して目新しい要因である。前者は高齢化にともなう労働人口の減少によるものだが,非製造業の大宗は商業・サービス業であるから,これも日本の人口がピークを越えたことに関連している。

労働時間の減少は国民福祉と結びついているので,その増加を政策目標とすることは不適当である。また,製造業の資本投入の寄与度は落ちていない。このことから,人口減少と高齢化のもとで日本経済が成長を維持するためには,これまで就業率の低かった女性や高齢者,障害者の労働参加率を増やして就業者数の減少を防止すること,非製造業において新しい業態・サービスを創造して,非製造業における投資を活性化させることが重要なことがわかる。

もちろん,他の要因の寄与がマイナスでも全要素生産性の上昇がそれを打ち消せば成長率はプラスになる。しかし,成長会計の計算方法からいって,全要素生産

性というのは資本投入の増加によっても，労働投入の増加によっても説明しきれない残差に名前をつけたものにすぎない。そこには，技術，技能，知識，協働，組織など，資本と労働という2つの生産要素の投入の数量増加では説明できない質的な要素がすべて含まれている。技術進歩や組織革新が生産性をあげる可能性をもっていても，それらを体現した生産設備や労働者を抜きにして生産性の上昇が実現できるわけではない。

　人口が減少し，労働の投入量が減少したとしても，労働生産性がそれを補うほど上昇すれば，経済成長率が正にならなくても，国民一人あたりの所得，したがって福祉水準を維持ないし向上させることができるかもしれない。しかし，製造業の場合には，労働生産性の上昇率と産出量の成長率とのあいだに正の相関関係が経験的に成り立つことが知られている。フェルドーン法則と呼ばれるこの関係が非製造業も含む経済全体に成り立つとすれば，経済成長率の低下は労働生産性上昇率の低下をともなうので，経済成長率の低下と国民福祉の維持・上昇を両立させることはかなり困難である。科学・技術に奇蹟を期待するのでなければ，労働面では，女性や高齢者・障害者が働きやすい環境を整備して労働参加率を引き上げ，同時に労働者の技能・知識のレベルアップをはかること，資本投下においては生産性の重荷になるような投資ではなく，労働生産性を上昇させる最新技術を採用した投資，人びとの潜在的なニーズを引き出す革新的な事業に向けられた投資が実現するように，個々の改革を進めていかなければならないだろう。

4. 人口減少社会へ

　日本の総人口は2010年に1億2806万人を数えているが，今後50年に平均年率0.78パーセントで減少し，2060年には8700万人になると予測されている。国外からの大規模な移住が起こらないとすれば，いま私たちが迎えているのは人口が減少する縮小社会である。

　資産の面からみるならば，人口減少社会には，人口増加社会にない利点が存在する。それは，自然環境への負荷の増大を減少させ，これまで蓄積された私有・公有の資産が提供する便益をゆとりをもって享受できるという利点である。しかし，それと同時に，資産の維持と効率的な保有という新しい難題があらわれた。森林，

海岸，湖沼・河川などの自然資源もその環境的質を維持するためには人手が不断に必要であった。山間地や島嶼部など交通不便な地域では，住民数の激減と高齢化によって，ますます多くの集落が消滅の危機に瀕している。都市部では，多くの自治体が人口急増期に急ごしらえで整備した学校・上下水道施設や，財政余裕期に開設した公園・文化会館・病院などの維持に悩んでいる。それらの社会資本の維持費用と便益効果にかかわる効率性を高めるとともに，ゆとりをもったサービス提供力を維持することが自治体の課題になっている。

　人口減少社会は，個人に対して，住宅事情の好転をもたらし，より快適な生活の可能性を与える。しかし，代々親から子へ，あるいは人の手から手へとわたる社会的な資産であるためには，耐用期間がすぐに来るような安普請の建築や，改修・リフォームに適さないものであってはならない。既存の資産の効率的な配分のためには，市場機構が有用であろうが，それが国民の福祉を増すためには，取引される資産の質を維持しながら個性的な利用を可能にするような技術と対個人サービスの発展が必要であろう。

　日本の将来の社会が，人口の減少に加えて高齢化が進む社会であることを考えると，ニーズは物財の量で測られるのではなく，自由な活動や社会参加の能力（ケイパビリティ）の保証の観点から測られなければならない。そのような視点から考えると，人口減少社会における資産を完全に私有原理のもとにおくのが適切であるとは思われない。マイカーの利便によって公共輸送機関を失うことは愚であるが，近隣の相互利用も考えられてよい。高齢社会のなかでの住居は，集合住宅であろうとなかろうと，電力・ガス・水道などのライフラインや，日常的交際や相互扶助を含む社会的居住環境とセットになったものである。そのなかで，社会的な共有部分と排他的な私的専有部分の組み合わせになった資産として整備されるのが適切であろう。

5. 資本主義の選択肢

　世界経済には巨大な人口をかかえる新興大国が登場しているが，先進国経済は停滞し，日本はいちはやく人口減少社会にはいろうとしている。ヒスパニック系が急増しているアメリカは人口増加を維持しているが，それは自ら自身のなかに格差の大きい新興経済を抱え込んでいるようなものである。そのような情勢のなかで，資本

主義経済はどこに行くのだろうか。

　第一の選択肢は，2000年代の初頭と同様に，金融緩和の支援を受けながら再度バブル景気をつくりだすことである。成長経済の見果てぬ夢をなおも追いかけようとしている日本の政治家や実業家もこの選択肢の支持者に数えられるであろう。オバマのグリーンディールははかばかしい発展をもたらさなかったが，中国等の新興経済大国が資源や食糧の海外調達に乗り出したことで，資源価格と食糧価格の高騰が続いているので，それをもとにしたブームをエネルギー開発部門や大規模農業部門でつくりだせるかもしれない。これは金融主導資本主義延命の道であるが，2008年の金融危機でバランスシートが大きく傷ついた米国の金融機関や企業がこれにすぐに呼応するとは思えない。また，このような金融緩和の基礎になるドルの信用自体が低下していて，その信用は実質上，中国がドル勘定を維持し，米国国債を保有し続けるかどうかにかかっている。

　第二の選択肢は，新しい時代の潜在的ニーズへの資本主義の一種の転向である。世界の多国籍企業の一部は，世界の富裕な10億人ではなく，貧しい40億人のニーズに応えようとする「BOP(ボトム・オブ・ピラミッド)」ビジネスに乗り出している。この考えの提案者たちによれば，この領域に進出するときの要点は，富裕層向けの商品の品質・価格を少しずつ下げていくのではなく，はじめから可能なかぎり底の層に受け入れられる商品をつくり，しだいに上層に商品展開をしていくボトムアップ型の開発戦略をとることだという。人類の大多数を占めるこの人びとたちをパートナーにして，資源保全的でコミュニティを維持する持続可能な経済の実現に，資本主義企業が蓄積した人的および知的資源を振り向けるというのである。

　多国籍企業のこのような活動は，企業のCSR(社会的責任)の自覚のもとにおこなわれ，国連などの国際機関や人権NGO等の監視を受けている。また，地域コミュニティやNGOの活動にも近づいたり，あるいは競合したりしている。グラミン銀行の創設者ムハマド・ユヌスが提唱するソーシャル・ビジネスは，利潤を目的にしない点でBOPビジネスとは異なるが，ローカル社会のなかにビジネスを埋め込ませようとする点では，共通している。

　人口減少社会のなかで，隠れている現実のニーズ，新しいニーズに対応する経済活動を，労働市場の周辺ないし外部にいる人びとを労働に参加させながらおこなうという日本経済の課題は，こうしたBOPビジネス，あるいはソーシャル・ビジネス

の課題と共通性がある。また，日本企業も海外を舞台にしてBOP型，あるいはCSRの一環としてソーシャル・ビジネスを展開することで，日本の人口減少社会の枠を超えて，新しい世紀の世界と結びつけるだろう。いいかえれば，資本主義のビジネスと金融が新しいグローバルな社会のなかに埋め込まれることが第二の望ましい選択肢であろう。

参照文献

- ◆ジョバンニ・アリギ『長い20世紀――資本・権力，そして現代の系譜』(土佐弘之・柄谷利恵子・境井孝行訳)作品社，2009年。
- ◆スチュアート・L・ハート『未来をつくる資本主義(増補改訂版)』(石原薫訳)英治出版，2012年。
- ◆アンドレ・グンダー・フランク『リオリエント：アジア時代のグローバル・エコノミー』(山下範久訳)藤原書店，2000年。
- ◆松久寛編著『縮小社会への道』日刊工業新聞社，2012年(とくに宇仁宏幸筆の第7章「日本経済の縮小」)。
- ◆ムハマド・ユヌス『ソーシャル・ビジネス革命』(岡田昌治監修・千葉敏生訳)早川書房，2012年。
- ◆Angus Maddison, *Contours of the world economy, 1-2030AD: essays in macro-economic history*, Oxford University Press, 2007.

あとがき

　1989年秋，ベルリンの壁が崩れ，街頭に出た市民の圧力によって東欧各国の政権が次々に倒れていくとき，私は西南ドイツの大学のゲストハウスの一室で，急遽買い入れた中古テレビの画面を注視しながら，欧州の将来について思いをめぐらせていた。東ドイツの経済を研究していた旧知の若い研究者（新田光重さん）が日本からやってきて，数日滞在して私の議論の相手になってくれた。その後，科学技術政策の専門家になった彼が，40歳代半ばで病没したことが惜しまれる。大晦日の夜は，私のホストであった老教授（テオドール・ダムスさん）の自宅に招かれ，ブランデンブルク門の上に花火が打ち上げられる情景を一緒に，しかし無言で，見ていた。教授は時の西ドイツの政権の対応の仕方に批判的であったが，最後に「これでいいんだ」とつぶやいて寝室に引き揚げて行った。

　開いたのはブランデンブルク門だけではない。かつて欧州を東西に分断する「鉄のカーテン」と呼ばれていた障壁がいっせいに取り払われた。欧州Europeという理念がはじめて現実のものになる展望が切り開かれていた。ウィーンに行くと旧王宮の目立たない建物の一つに全欧安保会議事務局という看板がかけられているのを見つけたが，これまで見捨てられたような存在であったこの会議も再生するかのように思われた。東西ドイツをそれぞれワルシャワ条約機構とNATOから脱退させ，中立化されたドイツを欧州の中央に置く構想すら提案されていたのである。

　東欧の優等生と言われていた東ドイツの経済も実際には崩壊寸前で，ドイツの再統一は東側の西側（ドイツ連邦共和国）への吸収として実現した。年が明けてベルリンに行ってみると，「ベルリンの壁」は穴ぼこだらけの惨めな姿になっていた。国会議事堂裏の壁のすぐ傍の建物の窓には，「ここはシュタージの事務所ではありませ

ん，働いているのは実直な公務員です」という弁解がましい貼り紙がされていた。フンボルト大学を訪ねると，ここはまだ左翼が強いらしく，改革派コムニストのパンフレットが売られていたが，新味のあるものではなかった。「今が買い時，増刷なし」という立札のもとに，東独版の『資本論』が積み上げられていた。西ドイツ・マルクの実勢で買えたので，信じられないほどの安値になっていた。

　コール首相は東ドイツ・マルクを実勢以上に有利な交換比率で西ドイツ・マルクに替えることを約束して，3月の東ドイツの自由選挙を保守党の勝利に導いた。しかし，東ドイツ市民の財布を一時的にあたためただけの通貨統一は，東の製造業の終焉をもたらし，経済の崩壊を加速化した。それ以来，西部ドイツは「統一基金」あるいは「連帯税」で，旧東ドイツ地域の経済復興を支え続けている。

　かつての社会主義諸国の市場経済への移行は，東ドイツのそれ以上に苦難に満ちたものになった。西欧諸国は旧東欧地域の不安定化を回避するために旧東欧諸国の市場経済への移行を支援したが，それは後にEUへの加盟準備の支援として位置づけられるようになった。ロシアの支配から脱した旧東欧諸国は，防衛面でもNATOへの加盟を切望した。21世紀になってEU-NATOの域外に残されたのは，旧ユーゴスラヴィア，アルバニアの紛争地域とイスラム教のトルコ，そして軍事力および資源保有によってなお欧州に対する脅威であり続けるロシアとその周辺国であった。

　欧州から帰ったあと，中国をはじめて訪れたが，滞在した上海の大学のキャンパスでは学生たちが軍事教練をさせられていた。天安門での抗議運動に学生たちが共鳴したことに対する締めつけの名残であった。経済面での開放は開始されていて，私が見せてもらったオートバイ工場は，低開発諸国に華僑ルートで販売する安物オートバイを製造していたが，技術開発にはまったく無関心のように見受けられた。整地されたばかりの浦東地区にポツンと開発事務所があって，そこの係員は日本の投資家の関心が低いと嘆いていた。私はゲストハウスの一室で，中国と日本の鉄鋼業のデータを比較して検討したが，どう考えても中国鉄鋼業に分はなかった。しかし，他方で，食料の自由流通が開始され，開かれたばかりの株式取引所に人が群がっていて，市場経済化の大勢に後戻りがありえないことが察された。その10年後には，中国は世界市場と結びついた大工業国に変貌していた。中国製品は欧州市場をも席捲し，欧州周辺国の軽工業を窒息させた。本書で私の貧しい見聞を披露しているメキシコは，巨大な米国市場と結びついた国境経済となることで，その中進国と

しての地位を辛うじて保持した。

　私は経済思想史研究者として，ミーゼス，ハイエクにいたるオーストリア学派についても研究しているが，1990年代のハイエク・ブームには違和感を覚えていた。ハイエクの思想は社会主義の批判としては有益であるが，体制移行の理論を含むものではない。移行経済については，私はハイエク的な視点よりも，シュンペーター的な視点の方が有益であると考えていた。移行期において重要なのは，多様なイノベーションの叢生・淘汰による生産性の向上がカギであると考えたからである。移行経済の経路としても，全面的私有化のビッグバン方式よりも，進化的過程を蔵した「混合経済」の方が現実的ではないか，と1992年に京都で開催された国際シュンペーター学会で発言したこともある。そのとき，私の討論相手が，「混合経済」というのは「醜い言葉 Ugly Term」だとコメントしたことを覚えている。たしかに，本書の第4章で論じているような「市民社会」的なガバナンスを欠くならば，「混合経済」は「醜い」ものになるだろう。

　本書の最後の章で，私は「ニーズに志向した経済」というコンセプトに到達している。今になって振り返ってみると，20世紀前半の「社会主義経済計算」論争から，同世紀後半の社会主義体制批判の理論的課題は，個人的自由主義と政治的民主主義と両立する「ニーズ志向」の経済理論を発展させることであった。かつての社会主義の理論家たちは，それを市場経済に全面的に代替する「計画体制」の構想であると考えた。しかし，「混合経済」のもとでガイド的な役割を果たす基準あるいは装置と考える方が適当であろう。本書にそのような理論への実質的な貢献が欠けていることに気づき，恥ずかしく思わざるをえない。

　1989年以降の世界の市民社会は，グローバルな市場化とともにあった。欧州統合の理念も，今は忘れられたかのように思われる東アジア共同体の理念も，国民国家を超えた広域市場統合を前提したものであった。中国でも，開発主義的な権威主義を経由しながら開放経済に至るという発展経路が描かれた。たしかに，このリベラル・グローバリズムは，多くの地域・諸国で経済成長を始動させたが，格差の増大，宗教的・文化的衝突，自然および社会環境の破壊を生み出している。そのような摩擦ないし犠牲が，周辺世界や社会の周辺部で起きる場合には，先進国などの

中心世界や社会の多数派は，それを等閑視するか，特定の機関に対応させることで済ますことができた。しかし，2008年の世界金融恐慌以降の不安化した世界のなかで，とくにこの数年来起きていることは，周辺部の動揺が中心部における不満を刺激し，既存のコンセンサス（リベラルなグローバリズム）への挑戦を生み出すという連鎖的な反応である。

　それはもはや各国のトップエリートどうしの交渉で解決できるレベルを超えている。欧州金融トロイカに対するギリシアの反抗が欧州共通通貨の体制に亀裂をもたらしたことと並行して，中東・北アフリカからの難民，欧州周辺国からの移民が，欧州中心国の労働者に刺激を与え，反移民・反欧州の急進右翼の政治勢力を強めた。米国では，新興工業国からの輸入増大とメキシコ等からの認可・非認可移民の増加が庶民層のドナルド・トランプ支持に結果し，ヒラリー・クリントンを敗北させた。求心力を失った欧州統合，グローバリズムを捨てた米国はどこに向かうのであろうか。

　しかし，欧州中心国においても米国においても「移民社会」がすでに成立している。移住先社会への同化に困難をかかえている欧州の「新移民」も「移民2世」も，次第に成熟し発言権を増すだろう。米国におけるメキシコ系などのヒスパニック市民も，同様である。新旧の移民を含む新しいリベラルな社会を構築することが，次の政治課題であろう。

　本書では，国連などの国際機関の社会経済活動やEUの「結束政策」などを，ネオリベラリズムの路線を維持しながら，それを社会に「埋め込むembed」志向であると理解して，その紹介をおこなっている。それは問題の解決は期待できないにせよ，問題を緩和し顕在化を抑制するには役立つであろう。日本の社会では，移民問題は前面にあらわれていないが，自国美化のナショナリズムがすでにおどろくばかりに蔓延している。私はそれが世界的な市民社会のなかで，孤立した独善主義に陥らないように願うものである。

　日本社会の現下の問題としては，人口の高齢化・縮小のなかで，シニア層と現役勤労者層，そして青年層の対立が顕在化するおそれがある。労働市場の開放問題にどう対応するかという問題に触れずに考えた場合でも，ニーズに志向した経済の活性化とそれに向けた経済参加率・総合的な生産性の引き上げが課題である。そのうえで「社会的」な「埋め込み」が必要になる。公的福祉制度が制度化された「埋

め込み」であるとすれば，ボランティア，NPOから自治会・町内会にいたる任意活動は，非制度的な「埋め込み」である。それは日本社会のなかに存在する「社会関係資本(ソーシャル・キャピタル)」が発揮される「埋め込み」領域であろう。日本の地域社会は，豊かな「社会関係資本」を有しているが，その世代的連携・継承において問題をかかえている。

　私が研究者としてのキャリアを過ごしてきた大学という制度も，精神性(上部構造)と物質性(下部構造)を有した市民社会の一部であり，研究(精神的生産)とともに，とくに新世代の学修と教育という機能においてその存在意義を有している。大学の大衆化，社会貢献・地域貢献の重視も歓迎すべきことであり，市民社会内の制度としての大学が今後とも発展することを願っている。

　本書は，焦点をしぼった専門書，高度な分析にもとづいた学術書ではなく，タイトルが示唆するように，せいぜい准学術的な一般書にすぎない。しかし，私としては最初の現代論集であり，それなりに愛着のある書である。本書の制作は，経済理論学会の役員をしていたあいだ，ずっと学会誌『季刊 経済理論』でお世話になった桜井書店の桜井香さんにお願いした。丁寧な本づくりをしていただいたことに心から感謝します。最後に，これまで私の探究を支えていただいたすべての方々にお礼を申し上げます。

2017年2月24日　八木紀一郎

著者紹介

八木紀一郎……やぎ・きいちろう

1947年，福岡県に生まれる。東京大学で社会学，
名古屋大学大学院で経済学を学ぶ。
1988年，京都大学博士（経済学）。
岡山大学法文学部・同経済学部で「経済学史」，
京都大学経済学部，同大学院経済学研究科で「経済原論」，
「社会経済学」および「経済学史」，
摂南大学経済学部で「社会経済学」および「経済思想史」を担当。
現在，摂南大学学長。経済学史学会，経済理論学会，
進化経済学会，経済教育学会等に所属。

【主要著作】
『オーストリア経済思想史研究』名古屋大学出版会，1988年
『近代日本の社会経済学』筑摩書房，1999年
『ウィーンの経済思想』ミネルヴァ書房，2004年
『社会経済学』名古屋大学出版会，2006年
Austrian and German Economic Thought, Routledge, 2011.

| 現代政治経済学論集

国境を越える市民社会　地域に根ざす市民社会

2017年3月28日　初版

著者　八木紀一郎

装丁＋本文フォーマットデザイン　加藤昌子

発行者　桜井 香

発行所　株式会社桜井書店

〒113-0033
東京都文京区本郷1丁目5-17 三洋ビル16
電話 (03) 5803-7353
FAX (03) 5803-7356
http://www.sakurai-shoten.com/

組版＋印刷＋製本　株式会社三陽社

©2017 Kiichiro YAGI
定価はカバー等に表示してあります。
本書の無断複製(コピー)は著作権上での例外を除き，禁じられています。
落丁本・乱丁本はお取り替えします。

ISBN978-4-905261-35-3 Printed in Japan